국왕 숙종,
잊혀진 창업주
태조를 되살리다

국왕 숙종,
잊혀진 창업주
태조를 되살리다

국왕 숙종,
잊혀진 창업주
태조를 되살리다

1판 1쇄 찍은날 2013년 5월 30일
1판 1쇄 펴낸날 2013년 6월 10일

글쓴이 윤정
펴낸이 조영준 | 책임편집 최영옥 | 디자인 김민정
펴낸곳 여유당출판사 | 출판등록 395-2004-00068
주소 서울 마포구 서교동 451-48 2층 | 전화 02-326-2345 | 전송 02-326-2335
전자우편 yybooks@hanmail.net | 블로그 http://blog.naver.com/yeoyoubooks

ⓒ 윤정, 2013

ISBN 978-89-92351-43-0 03910

이 도서의 국립중앙도서관 출판시도서목록(CIP)은 서지정보유통지원시스템 홈페이지
(http://seoji.nl.go.kr)와 국가자료공동목록시스템(http://www.nl.go.kr/kolisnet)에서 이용하실 수
있습니다.(CIP제어번호:CIP2013005121)

■ 이 저서는 2007년 정부(교육과학기술부)의 재원으로 한국학중앙연구원의 지원을 받아 수행된 연구임.
  (AKS-2007-BE-4001)

| 조선 후기 왕실사적정비 연구 |

국왕 숙종, 잊혀진 창업주 태조를 되살리다

윤정 지음

여유당

처음 역사 공부를 시작할 때 관심은 16세기에 있었다. 집권 세력의 경제 정책을 통해 그동안 사림파에 치우쳐 있던 정치사를 새롭게 해명하고 싶었다. 하지만 박사과정에 들어가면서 주 전공을 조선 후기 사상사로 바꾸었다. 공부 환경이 달라진 탓도 있지만, 규장각에 있는 많은 책을 접하면서 그에 매료된 영향이 크다. 논리와 정황으로 추론해야 했던 많은 사건과 정책들을 당시의 자료를 통해 직접 해명할 수 있다는 것은 놀라운 경험이었다. 그래도 연구의 초점은 여전히 정치에 있었기에 필자의 주 전공은 '사상정책사'라고 부를 만한 것이다.

규장각 자료를 찾아보며 박사과정을 이수한 뒤, 2004년 서울을 떠나 진주로 생활 터전을 옮기면서 학위논문에 전념하게 되었다. 이때 학문의 여정에 결정적인 계기를 만났다. 세조에 의해 폐위되었던 단종이 숙종 때 이르러 복위된 이유가 무엇인지 탐구하면서 두 가지 중요한 깨달음을 얻은 것이다.

하나는 조선 후기의 정치적 필요에 의해 조선 전기 인물과 사적이 새롭게 해석되고 명분과 의의가 부여되고 있음을 확인한 것이다. 숙종에게 단종의 복위는 그 자체가 목적이 아니었다. 거듭된 환국으로 불안해진 세자의 위상을 확고한 것으로 만들려는 조치였다. 숙종은 원자를 정하는 것이 너무 성급하다고 비판한 송시열 등을 숙청한 후 사육신을 충신으로 공인하고 뒤에는 단종까지 다시 국왕으로 올렸다. 이를 통해 숙종은 자신과 후계자에 대해 신하들의 절대적인 충성을 요구했다.

비단 단종 문제뿐만 아니라 조선 전기의 역사로 우리에게 상식처럼 굳어진 일 중에는 당시 상황과 맞지 않는 것이 많다. 대부분 조선 후기에 새롭게 해석되고 정리된 것을 비판 없이 받아들인 결과다. 떠도는 이야기로 내려오던 것이 국가의 공인을 받아 역사적 사실로 바뀌고, 그것이 사회적으로 확대 재생산되었다. 사극이나 책을 통해 익숙해진 사실과 자료를 통해 찾아낸 역사적 실체가 충돌할 때 필자 스스로도 당혹스러움을 피할 수 없었다. 그러한 일들이 각기 어떤 정치적 배경과 필요에 의해 이루어졌는지 탐구하는 것이 이후 연구의 중요한 축이 되었다.

다른 하나는 숙종의 조치가 당대에 그치지 않고 영조와 정조의 정책으로 계승되어 나갔음을 확인한 점이다. 숙종대는 흔히 서인과 남인, 노론과 소론 사이에 이른바 '당파 싸움'이 극단으로 치닫던 시대로 사람들 머릿속에 새겨져 있다. 여기에 사극을 통해 널리 알려진 인현왕후와 장희빈 이야기가 더해지면서 극적인 흥미까지 지니게 되었다. 이에 비해 영조와 정조는 탕평책을 실시해 당파싸움을 극복하고 왕조의 중흥을 이룬 시대로 평가되었다. 자연 숙종대와 영조·정조대는 뚜렷이 나뉘었다.

그러나 정작 규장각에 있는 자료를 통해 당시 사회를 좀 더 가까이에서 들여다보니 영조의 정치적 행보는 숙종을 따르고 있었고, 영조 자신도 그 점을 누누이 강조하고 있었다. 영조의 충실한 계승자로 평가되는 정조 역시 숙종의 궤적에서 벗어나지 않았다.

이로부터 필자는 18세기 정치사를 숙종과 영조, 정조를 하나의 흐름으로 보는 시각에서 연구를 진행하였고, 그 성과를 정리하여 2007년 8월 박사학위를 받았다. 창업 사적의 재인식, 단종 복위, 『대학』 이해라는 세 주제를 선정하고 숙종·영조·정조 세 국왕에 걸쳐 사업이 제기되고, 계승 발전되고 종합 정리되는 양상을 분석하였다.

하지만 아쉬운 점도 있었다. 단종 복위나 『대학』 이해는 주제가 단순하여 내용 구성에 큰 어려움이 없었으나 창업 사적 재인식은 주제가 워낙 포괄적이었다. 모든 조치들을 다룰 수 없어 각 국왕별로 핵심적인 주제를 하나씩 잡아 논지를 연결하였다. 어쩔 수 없이 그 사이에 있던 많은 조치와 정책이 빠지면서 일관된 흐름의 논지를 구성하는 데 한계를 가지게 되었다. 부득이 이들은 학위 취득 후의 연구 과제로 남겨 두었다.

그런데 이 부분을 채워 나갈 기회가 의외로 빨리 찾아왔다. 필자가 학위논문을 마무리할 즈음 한국학중앙연구원에서 한국학기획연구사업의 일환으로 '왕실문화총서'를 공모한 것이다. 조선 후기에 진행된 태조나 단종 등 선대의 사적을 정비하는 사업이 공모 주제에 부합한다고 판단했다. 전문 연구서가 아니라는 점은 부담이었지만 그 사이 봐 두었던 여러 주제들을 체계적으로 탐구할 수 있는 좋은 기회라 여겼다. 이에 공모에 응했고 지원 주제로 선정되었다. 이 책은 바로 그 최종 결과물이다.

필자가 신청한 주제는 '조선후기 왕실 사적 정비 연구'였다. 당초 태조 말고도 여러 국왕의 사적을 포괄할 예정이었다. 우선 1단계로 3년 동안 지원하는 것이었지만, 성과가 좋을 경우 3단계까지 10년 동안 연구를 연장할 수 있어 주제를 포괄적으로 잡았고, 우선 연구 대상은 태조와 관련된 사적이었다(아쉽게도 뒤에 3단계까지 지원하는 프로그램은 폐지되었다).

그런데 관련 주제를 찾아 정리해 보니 생각했던 것보다 내용이 많았다. 특히 숙종대 전 기간에 걸쳐 태조와 관련된 다양한 정책과 조치가 이루어졌고, 그 각각에는 뚜렷한 정치적 배경과 의도가 담겨 있었다. 단순히 사적 정비의 내용만 찾아 정리하는 것이 아니라 그 의미까지 천착하다 보니 연구 기간 3년에 출판을 위한 2년, 그리고 기한 연장 6개월까지 합쳐 5년 6개월이라는 시간이 모두 흘러 버렸다. 그 사이 진주교육대학교에 부임하면서 새로운 환경에 적응하느라 마무리에 애를 먹었다. 그래도 무사히 책을 내게 되어 다행이다.

출간을 앞두고 책 이름을 '국왕 숙종, 잊혀진 창업주 태조를 되살리다'라고 정했다. 조금 길다는 것이 마음에 걸렸지만, 하나하나 의미가 있기에 그 내용을 살리고자 하였다. '국왕 숙종'은 태조 사적의 정비가 숙종에서 시작된 것이며, 거기에는 '국왕'으로서 숙종의 강한 자의식이 깔려 있다는 의미이다. '잊혀진 창업주'는 태조가 조선을 세운 창업주임에도 미미한 존재로 잊혀져 있었다는 점을 드러낸 것이다. 조선에서는 태조보다 태종과 세조의 권위가 우선하였다. '태조를 되살리다'는 그렇게 잊혀져 있던 태조를 숙종이 되살림으로써 이후 정치적 행보를 뒷받침하는 상징이자 명분으로 확립되었다는 의미이다.

책 내용은 크게 네 부분으로 구성되어 있다. 먼저 1부에서는 창업주 태조가 잊혀지는 과정을 살폈다. 2부에서는 숙종대 이루어진 태조 사적 정비를 차례로 정리하면서 각각의 조치들이 지니고 있는 정치적 의미에 천착하였다. 3부에서는 숙종의 사업을 계승한 영조와 정조의 사적 정비를 압축해서 다루었다. 책 제목을 '숙종'이라 해 놓고 영조와 정조까지 다룬 것은 숙종의 사업이 당대에 끝나지 않았기 때문이다. 영조와 정조를 알려면 그들이 모범으로 삼은 숙종을 알아야 하고, 영조와 정조의 행보를 통해 숙종 정치의 의미를 확인할 수 있다는 생각에서였다. 다만 태조와 관련된 영조와 정조의 정책까지 다 다룰 수는 없기에 핵심 주제에 덧붙여 그 내용을 소개했다. 앞으로 연구가 더 진전되면 다시 자세히 정리할 기회를 가질 것이다. 마지막 '글을 마치며'에서는 숙종이 태조의 기억을 환기하여 정치 과정에 끌어들인 이유를 정리했다.

역사는 진실을 찾아가는 고단한 길이다. 얼마 남지 않은 자료를 가지고 진실을 재구성하는 것도 어렵지만, 도중에 재해석이 이루어져 본래와 달라져 버린 것을 다시 본모습으로 이해한다는 것은 더 어렵다. 사람들이 모르는 것을 알려 주는 것보다 잘못 알고 있는 것을 고치는 것이 더 부담스럽다. 잘못 알고 있는 데는 반드시 이유가 있다. 그것이 의도적 왜곡이든 의도하지 않은 오류든 진실로 알려진 것이 사실이 아님을 알려야 할 때, 왜곡이 일어난 원인에 대한 책임 있는 고찰이 필요하기에 부담은 더욱 커진다.

　그래도 진실을 찾아가야 하는 것이 역사학자의 존재 이유이다. 내가 믿고 싶은 대로 이해하는 것이 아니라, 그 당시의 시각에서 그 시대를 해명하는 것이 내가 살고 있는 지금의 인간과 사회, 유구한 인간의 역사를 이해하는 가장 중요한 방법이라 믿는다.

　이 책은 그러한 원리를 다시 확신하는 시간이 되었다. 사람들에게 들려줄 이야기를 담았지만, 내 자신에게는 역사를 공부하는 이유를 되짚어보는 계기가 되었다.

2013년 4월

윤 정

차례

[1부]
태조를 다시 살리기까지

1

잊혀진 창업주, 태조

태종, 자신의 힘으로 왕위에 오르다

태조 이성계는 조선을 세운 임금이지만 후대 국왕들에게는 정치적 권위를 그다지 인정받지 못했다. 후대 국왕들이 '창업주'로서 그의 위상을 부정하지는 않았으나, 그렇다고 태조를 등에 업고 자신의 권위를 과시하지도 않았다. 이러한 분위기는 신하들도 마찬가지였다. 국왕의 정치를 평가할 때나 정책을 건의할 때, 태조를 전범으로 삼거나 전례로 인용하는 경우는 극히 드물었다.

이처럼 태조가 후대 국왕들과 신하들에게 미미한 존재로 남게 된 근본 원인은 무엇일까? 그것은 한마디로 자신의 의지대로 후계자를 선정해 왕위를 잇지 못했기 때문이다. 태종은 왕자의 난을 일으켜 자신의 힘으로 왕위에 올랐고, 그의 직계 후손인 후대 국왕들은 태조의 정책이나 행적에 크게 구애받지 않았다. 그만큼 태조의 정치적 영향력은 미약했다.

잘 알려진 대로 태조에게는 부인이 두 명 있었다. 첫째 부인은 아들 여섯을 둔 신의왕후 한씨요, 두 번째 부인은 아들 둘을 둔 신덕왕후 강씨이다. 강씨는 태조가 즉위할 때 왕비 자리에 오른 인물이다.

태조의 두 부인이 낳은 아들과 딸을 표로 정리하면 다음과 같다.

		신의왕후(神懿王后) 한씨(韓氏)	신덕왕후(神德王后) 강씨(康氏)
아들	1	진안대군(鎭安大君) 방우(芳雨)	무안대군(撫安大君) 방번(芳蕃)
	2	영안대군(永安大君) 방과(芳果) ➡ 정종(定宗)	의안대군(宜安大君) 방석(芳碩)
	3	익안대군(益安大君) 방의(芳毅)	
	4	회안대군(懷安大君) 방간(芳幹)	
	5	정안대군(靖安大君) 방원(芳遠) ➡ 태종(太宗)	
	6	덕안대군(德安大君) 방연(芳衍)	
딸	1	경신공주(慶愼公主) ⇒ 이거이(李居易)의 맏아들 이저(李佇)	경순공주(敬順公主) ⇒ 흥안군(興安君) 이제(李濟)
	2	경선공주(慶善公主) ⇒ 심덕부(沈德符)의 여섯 째 심종(沈淙)	

강씨는 한씨가 살아 있을 때 맞아들인 부인이다. 오늘날 관점에서 보면 첩이지만, 당시에는 한씨와 마찬가지로 태조의 정식 부인이었다. 조선 건국 무렵까지만 해도 일부일처 원칙이 반드시 지켜져야 하는 분위기는 아니었기 때문에 혼인 절차를 제대로 밟아 맞이한 한씨와 강씨 모두 이성계의 정처*였다. 즉위한 뒤에 맞아들인 후궁과는 의미가 달랐던 것

●정처(正妻) : 법적으로 자격을 갖춘 정식 부인.

이다. 처음 결혼한 부인만을 정처로 인정하는 원칙은 태종 때 비로소 확립되었다.

즉위 당시 태조에게는 다 자란 아들들이 여럿 있었지만, 정작 태조가 선택한 세자는 막내 방석이었다. 세자로 책봉될 당시 방석의 나이는 겨우 11세. 그가 형들을 모두 제치고 세자가 된 결정적 이유는 '왕비의 아들'이라는 점이었다. 한씨는 태조가 왕위에 오르기 바로 1년 전(1391년, 공양왕 3)에 사망한 탓에 태조가 즉위하면서 왕비로 책봉한 사람은 다름 아닌 강씨였다. 죽은 한씨에게도 왕비에 버금가는 예우가 있었지만 그 권위는 살아 있는 강씨를 따라갈 수는 없었다. 한씨의 아들들 역시 엄밀한 의미에서 왕비의 자식은 아닌 셈이었다.

태조는 왕비의 아들을 후계자로 삼고자 했다. 그래야 신하들에게 혈통상의 권위를 온전히 인정받을 것이며, 태조 자신의 권위도 탄탄한 후계자를 가질 때 높아지기 때문이었다. 그러자면 강씨의 두 아들 중에서 세자를 선택해야 했다. 그런데 강씨의 큰아들 방번은 고려의 마지막 왕인 공양왕의 조카사위였다. 방번을 세자로 삼으면 공양왕의 동생이 세자의 장인이 되며, 그의 아들들이 유력한 외척이 될 것이다. 새 왕조로서 면목이 서지 않는 상황이다. 이에 태조는 방번을 제쳐 두고 막내 방석을 세자로 지명했다.

태조에게는 나름 합리적인 선택이었지만 아버지의 건국 과정에 적극 참여했던 한씨 아들들의 생각은 달랐다. 그들은 아버지의 조치가 부당하다고 생각하여 따르지 않았다. 한양으로 천도한 직후 강씨가 사망하자 세자가 가지고 있던 혈통상의 우위는 약화되었다. 한씨 아들들은 1398년(태조 7) 쿠데타를 일으켜 방번·방석 형제와 이들을 지지했던 개국공신

정도전·남은 등을 죽이고 권력을 잡았다. 이것이 널리 알려진 1차 왕자의 난이다.

이후 한씨의 둘째 아들 방과가 즉위했는데, 그가 조선의 두 번째 임금 정종이다. 큰아들 방우는 개국 당시에는 살아 있었지만 1393년(태조 2) 사망했다. 왕자의 난 당시 태조의 "첫 부인의 살아 있는 큰아들"은 방과였다. 이를 근거로 정종은 아버지의 잘못된 후계자 선정을 바로잡고 자신이 태조의 '적장자'로서 왕위에 오른다는 명분을 내세우며 태조로부터 왕위를 물려받았다. 왕위를 내어준 태조는 상왕으로 물러났다.

그러나 정종이 즉위한 지 얼마 되지 않아 정종의 후계자 자리를 두고 동생들끼리 싸움을 벌였다. 2차 왕자의 난이다. 결국 다섯째 방원이 넷째 형 방간을 물리치고 권력을 잡았다. 그리고 "임금과 신하의 의리는 아버지와 아들의 의리에 해당한다"는 명분 아래 형인 정종의 세자로 책봉된 뒤 왕위를 물려받아 즉위한다. 그가 조선의 세 번째 임금 태종이다.

태종의 즉위는 아버지나 당시 국왕이었던 형의 선택이 아니라 온전히 자신의 힘으로 차지한 자리였다. 그는 즉위를 정당화하기 위해 자신이 창업에 크게 이바지했다는 점을 내세웠다. 창업에 있어서 태종의 역할이 두드러질수록 태조의 역할은 상대적으로 낮게 평가될 수밖에 없었다. 나아가 '태조의 적장자'라는 명분으로 즉위한 정종마저 왕위를 빼앗기면서 태조의 권위는 더욱 실추되었다. 반면 태종은 자신의 의지대로 후계자를 선정하고 왕위를 물려줌으로써 확고한 권위를 누리게 되었다.

태종, 세자를 교체하다

태종은 큰아들 양녕대군을 세자로 책봉했으나 나중에 셋째 충녕대군(세종)으로 교체했다. 적장자가 왕위를 잇는다는 일반 원칙에 비추어 많은 사람들이 세자 교체와 뒤이은 충녕대군의 왕위 계승에 궁금증을 갖는다. 그러면서도 대부분은 세종대의 많은 업적을 생각하며 충녕대군의 자질이 뛰어나 부왕의 선택을 받은 것이라고 해석한다. 하지만 세종의 즉위는 자질과는 다른 차원의 문제였다.

태종은 즉위한 뒤 적장자 계승의 원칙에 따라 양녕대군을 세자로 책봉했다. 거듭된 변란을 수습하고 왕조 안정을 위해 후계자 선정을 서둘러야 했고, 거기에는 모든 사람들이 동의할 수 있는 명분이 있어야 했다. 그리고 무엇보다 태조의 인정을 받을 수 있어야 했다.

태조는 정종과 태종이 권력을 차지한 데 대한 불만이 컸지만, 그렇다고 자신이 새로운 후계자를 내세울 수도 없었다. 이미 왕위를 차지한 자식들과 맞선다면 혼란은 물론, 자칫하면 새 왕조를 스스로 무너뜨릴 수 있었다. 태조는 후백제를 세운 견훤의 사례에서 익히 감지하고 있었다. 견훤의 큰아들 신검은 아버지가 지명한 후계자 금강을 죽이고 권력을 잡은 뒤 아버지를 금산사에 가두었다. 이곳을 탈출한 견훤은 고려에 투항하여 신검에 맞섰으나, 결국 자신이 세운 나라의 마지막 운명을 속수무책으로 바라보아야 했다.

태조 역시 같은 기로에 섰지만 태종과 맞서지 않았다. 그의 왕위를 인정하는 대신 태종에게 창업주로서 권위를 인정받는 쪽을 택했다. 태종의 후계자 선정을 추인하는 것은 그러한 명분을 살리는 방안이었다. 태조가 정종에게 왕위를 물려준 것은 적장자가 왕위를 계승해 나간다는 명분에 동의했기 때문이다. 방번과 방석이 죽었기 때문에 '왕비의 아들'을 후계자로 삼는다는 원칙을 유지할 수 없었기에 적장자 계승으로 원칙을 바꾼 것이다. 태종이 양녕대군을 세자로 책봉한 것도 같은 원칙에서 이루어졌다. 결국 양녕대군은 "태조의 인정을 받은 후계자"라는 명분을 갖게 된 것이다. 이로써 태조는 자신에서부터 내려가는 왕위 계승의 원칙을 수립할 수 있었고, 태종 역시 태조의 권위를 빌려 자신의 즉위를 정당화할 수 있었다.

하지만 이것은 멀리 내다봤을 때 태종에게 부담이었다. 태조의 인정을 받은 세자가 장성하면 태종보다 더 확실한 권위를 누릴 것이기 때문이었다. 태종은 형 정종의 아들이 되는 무리수를 두면서까지 이 원칙에 따르려 했지만, 양녕대군의 위상이 강화될수록 즉위 과정에서 생긴 자신의 흠집 또한 두드러질 수밖에 없었다. 이 문제를 타개하기 위해 태종은 세자의 권위가 커지는 위험 요소들을 철저히 막았다. 세자를 책봉한 뒤 외척을 제거한 것은 대표적인 예이다.

태종의 부인 원경왕후 민씨에게는 남자 형제가 여럿 있었다. 태종은 이들이 세자를 등에 업고 다른 대군들을 죽이고 자신의 왕위를 위협한다는 명목을 내세워 죽였다. 정통성 있는 세자의 권력을 뒷받침할 세력을 미리 제거한 것이다.

또한 태종은 자신이 죽기 전에 미리 세자에게 왕위를 물려주겠다며 여러 차례 전위* 소동을 벌였다. 그렇다고 정말로 왕위를 물려주겠다는 게 아니라, 자신의 즉위를 태조에게 재확인받으려는 노림수가 있었다. 실제로 태조는 태종의 전위를 나서서 말렸으며, 태종은 그 내용을 신하들에게 널리 알렸다. 태조에게 자신이 세자보다 우위에 있다는 인정을 받고자 한 것이다.

그러나 1408년(태종 8) 태조가 사망하자 태종의 태도가 바뀌기 시작했다. 태조가 사라진 마당에 더 이상 태조에 기대어 자신의 권위를 확보할 필요가 없었다. 이제는 스스로 권위를 만들 필요가 있었다. 그 최종 목표는 바로 세자 교체였다. 양녕대군은 태종의 의지로 결정한 후계자가 아니라 태조의 권위를 업고 지명된 후계자였다. 태종은 세자의 자질에 하자가 있다며 계속 문제를 제기했고, 마침내 그를 폐립*하고 충녕대군을 새 세자로 책봉했다. 그리고 곧바로 왕위를 물려주었다. 이 과정은 1418년(태종18) 전격 진행되었다.

태종의 세자 교체는 매우 파격적인 사건이었다. 세자가 즉위 전에 죽으면 새로 세자를 책봉해야 했지만, 버젓이 살아 있는 세자를 바꾼 적은 없었다. 국왕이 의지에 따라 후계자를 바꿀 때에는 세자를 제거하는 극단적인 방법이 동원되었다. 소현세자가 죽은 뒤 동생인 봉림대군(효종)을 세자로 책봉한 인조나 사도세자를 뒤주에 가둬 죽인 뒤 세손(정조)을 후계자로 삼은 영조가 그 예이다. 그만큼 왕정에서 살아 있는 후계자를 교체하는 것은 쉽지 않았다.

이처럼 세종의 즉위는 전무후무한 일이었기에, 훗날 많은 사람들이 훌륭한 자질을 가진 세종을 왕위에 올리기 위한 과정이라고 해석한 것이다. 태종이 충녕대군을 후계자로 삼고자 한다는 사실을 안 양녕대군이

● 전위(傳位) : 살아 있을 때 후계자에게 왕위를 물려주는 것. 양위(讓位), 선위(禪位), 선양(禪讓)이
　라고도 한다.
● 폐립(廢立) : 세자나 왕비의 자격을 박탈하는 것.

스스로 파격적인 행동을 일삼아 폐립을 불러왔다거나, 효령대군 또한 출가하여 스스로 후계자 자격을 버렸다는 일화도 전승되었다. 하지만 이는 세종의 즉위를 미화하기 위해 후대에 만들어진 이야기일 뿐, 세종의 즉위는 철저하게 태종의 시나리오에 따라 진행된 정치적 작품이었다.

태조 재위 동안 세자 양녕은 태조의 후광에 힘입어 태종의 왕위까지 함께 보증할 수 있었다. 그러나 태조가 죽은 뒤에는 혈통상 정당성을 확보한 세자와 그렇지 못한 태종이 명확히 대비되었다. 이 문제를 근본적으로 해결할 최선의 방법은 자신의 명분에 부합하는 새 후계자를 세우는 것이었다. 결국 태조 사후 세자 폐립은 예정된 과정이었으며, 효령대군의 출가와 충녕대군의 세자 책봉 또한 모두 준비된 절차였다.

양녕대군의 일탈 행위조차 태종이 조장하고 과장한 측면이 강했다. 태종은 세자의 행실에 사사건건 시비를 걸고 신하들 앞에서 공공연하게 비난을 가했다. 사건이 거듭되면서 신하들은 태종이 세자를 부정하고 있음을 확인했다. 이제 세자 폐립은 시간 문제였다.

세종이 왕이 된 진짜 이유

세자 폐립이 가시화되자 원칙상 생각할 수 있는 후계자는 둘째 효령대군이었다. 그런데 태종은 효령대군이 불교에 심취해 있어서 국왕 자질이 없다는 문제를 제기했다. 하지만 당시 불교 신앙이 후계자의 자질을 논하는 기준이 될 수는 없었다. 부처 숭상은 신라에 도입된 지 천여 년에 걸쳐 국왕 숭상과 결합되어 있었다. 고려는 물론 조선 초기에도 불교는 국왕의 권위를 높이는 중요한 구실을 했기에 국왕은 불교에 많은 관심을 기울였다. 세종이 훈민정음을 창제한 뒤《용비어천가》와 함께 부처의 공덕을 노래한《월인천강지곡》을 지은 것은 비단 개인 취향의 산물이 아니라, 불교를 통해 조선 국왕의 권위를 높이려는 깊은 뜻을 담고 있었다.

이처럼 효령대군의 신앙이 문제될 상황이 아니었음에도 이를 내세운 것은 후계자로 삼지 않겠다는 의지의 표현이었다. 불교에서 출가는 곧 속세의 모든 관계와 권리, 재산까지 버린다는 의미였다. 따라서 효령대군의 출가는 왕위 계승과 관련된 모든 권리를 포기한다는 선언이었다. 이는 물론 본인의 의지가 아니라 아버지의 뜻에 떠밀려 이루어진 것이다. 효령대군이 아버지의 뜻을 알고 밤새 북을 치다가 출가했다는 이야기에서 그가 감당해야 했을 마음 고생을 추측할 수 있다.

태종이 효령대군까지 배제한 데에는 그럴 만한 이유가 있었다. 태종은 원리상 형 정종의 '세제'가 되어야 할 상황이었다. 그럼에도 '세자'로서 왕위를 물려받았다. 동생이라도 계승권을 인정받을 수 있으니 세자까지 될 필요가 없다는 신하들의 반대에도 불구하고 태종은 세자가 되겠다고 우겼다. 동생 자격으로 왕위를 잇는다면 결국 왕위를 놓고 형제끼리 피 흘리고 싸웠다는 치부를 스스로 인정하는 모양새가 됨을 우려한 것이다.

형제들이 함께 벌인 일이기는 하지만 앞서 방번과 세자 방석을 죽인 것도 부담인데, 다시 친형과 싸워 왕위를 차지했다는 비난까지 받고 싶지는 않았던 것이다. 세자가 되면 정종의 아들로서 왕위를 계승한다는 명분이 서고, 그전에 있었던 싸움과도 선을 분명히 그을 수 있었다.

● 세제(世弟) : 동생으로서 왕위를 계승하는 후계자.

정종에게는 15명이나 되는 많은 아들이 있었지만, 정작 왕비인 덕비에게는 아들이 없었다. 태종은 형에게 '적자'가 없는 것을 '아들'이 없다는 의미로 바꾸어 놓고, 자신이 형의 아들로 들어갔다. 정종의 즉위와 마찬가지로 '적장자 계승'이라는 포장을 씌운 것이다.

그런데 태종은 정종의 유일한 동생이 아니었다. 같은 자격이 있는 형 방간을 밀어낸 만큼, 선택받는 명분으로 자신의 능력을 부각시킬 필요가 있었다. 이른바 '택현'●의 원리를 가져온 것이다. 택현은 혈연의 순서에 따른 자동 세습이 아니라 국가를 운영할 수 있는 자질을 갖춘 사람을 후계자로 삼는다는 이념이다. 이는 태종이 조선 건국 과정에서 태조에 버금갈 공헌을 했다는 평가를 바탕에 깔고 있다. 이 논리가 작동하면 왕위를 놓고 형제끼리 싸웠다는 사실은 태종의 왕위 계승과는 다른 차원의 문제가 되며, 태종의 정치적 부담도 그만큼 줄어든다. 동생이 형의 아들이 되는 전례 없는 상황은 바로 태종의 집권 과정이 낳은 정치적 산물이었다.

하지만 택현의 이념은 태종의 즉위에서 끝나는 문제가 아니었다. 태종 또한 같은 근거로 왕위를 물려주어야만 비로소 택현의 이념을 완성할 수 있었다. 그런데 양녕대군은 태종의 적장자로서 세자로 책봉되었으므로, 그가 왕위를 잇는다면 택현의 이념은 설득력이 없었다. 더구나 양녕대군이 세자로 책봉된 데는 태조의 인정이 중요한 기반이 되었다. 양녕대군 이후 적장자 계승이 이어지면 그 출발로서 태조의 권위는 두고두고 이어

● 택현(擇賢) : 요(堯)와 순(舜) 임금이 천자의 자리를 아들에게 물려주지 않고 가장 어진 이를 택하여 후계자로 삼은 데서 나온 원리이다. 세습 왕조에서는 적장자 계승 원칙을 따르지 않고 여러 아들 중에서 뛰어난 사람을 선택해 후계자로 삼는 것을 의미했다.

지는 반면, 태종은 그에 파묻혀 버릴 것이 분명했다.

결국 태종이 정종을 계승한 데는 적장자 계승과 택현의 원칙이 모두 녹아 있었다. 정종에게 적자가 없는 상황에서 태종이 아들이 되어 왕위에 오른 것은 적장자 계승 원칙을 따랐지만, 여러 동생 가운데 자신이 선택된 데에는 택현의 이념을 적용했다. 양녕대군의 세자 책봉은 적장자 계승 원칙에 따랐으

연주암 효령대군의 영정

므로, 그가 즉위하면 적장자 계승 원칙이 확고해진다. 적장자 계승 원칙이 가져올 명분적 부담을 훤히 알고 있던 태종은 택현의 이념을 전면에 내세우기 위해 세자를 교체한 것이다.

여기서 둘째인 효령대군이 선택받을 수 없었던 이유가 분명해진다. 큰아들에게 문제가 있어 폐립하고 그 자리를 둘째에게 물려준다면 이 또한 적장자 계승 원칙을 따르는 셈이 된다. 적장자인 방우가 죽자 둘째인 방과(정종)가 적장자로서 왕위를 계승한 것과 같은 원리이다. 따라서 택현이 되기 위해서는 효령대군을 건너뛰어야 했다.

물론 택현에 따르면 그 대상이 반드시 셋째일 필요는 없었다. 넷째 아들이 왕위를 이어도 상관없었다. 충녕대군이 처음부터 세자로 지목되었던 게 아니라는 뜻이다. 그런데 넷째 성녕대군이 요절하면서 태종으로서

는 대안이 없었고, 그렇다고 계획을 마냥 미룰 수도 없었다. 충녕대군마저 문제가 생기면 태종은 택현으로 왕위를 물려줄 수 없기 때문이다. 성녕대군이 죽자마자 세자를 교체하고 곧바로 왕위를 물려준 것은 바로 이 때문이었다.

세종, 창업의 주역으로 태종을 띄우다

세종의 즉위는 태종이 철저히 기획한 작품이었다. 이를 통해 태종은 자신의 즉위 과정에서 드러난 명분상의 부담을 모두 해소할 수 있었다. 동생을 죽이고 형을 내쫓은 뒤 왕위에 오른 게 아니라, 어디까지나 아버지의 훌륭한 아들로서 택현을 통해 즉위한 것이 되었다. 앞서 일어난 두 차례 왕자의 난은 아버지 태조의 잘못된 후계자 선정과 형 방간의 헛된 욕심 때문에 일어난 사건으로 정리되었다. 이제 정종이 먼저 즉위한 것은 태종이 양보했기 때문이며, 태종의 즉위는 뛰어난 자질과 조선 건국의 공로에 따라 택현이 실행된 결과가 되었다.

태종은 충녕대군을 세자로 책봉한 뒤 곧바로 왕위를 물려줌으로써 자신이 기획한 정치적 작품을 마무리했으나, 여전히 남는 과제도 있었다. 사정상 어쩔 수 없이 자리를 물려주었다 해도, 그렇다고 아예 정계에서 은퇴할 생각은 아니었다. 더구나 오랜 기간 세자로 있었던 양녕대군과 달리 충녕대군은 세자로 책봉되자마자 왕위에 올랐기 때문에 정치적 기반이 취약했다. 상왕이 된 태종은 세종을 지킨다는 명목으로 군사권과 외교권을 그대로 쥐고 있었다. 한 나라의 운명을 책임지는 핵심 권력을

경남 사천시 곤명면에 있는 세종대왕 태실

국왕 세종이 아닌 상왕 태종이 가진 것이다. 이 때문에 세종은 태종이 죽을 때까지 4년 가까이 국왕으로서 실권을 행사할 수 없었다.

상왕으로서 실권을 쥔 태종은 국왕이 주로 지내던 창덕궁 바로 옆에 수강궁을 짓고 그곳에서 머물렀다. 수강궁은 성종대에 증축하여 창경궁이 되었다. 세종은 문안 인사를 명분으로 매일 수강궁에 들러 태종에게 정무 전반에 대해 재가를 받았다. 그렇게 세종은 태종의 뜻에 따라 충실히 역할을 수행했다.

그러한 세종의 역할이 극명하게 드러난 것이 바로 정종의 묘호 문제였다. 국왕이 죽고 상례를 치르고 나면 신주●를 종묘에 모셨는데, 이 과정

●신주(神主) : 죽은 사람의 관직과 시호 등을 적어 사당에 봉안하고 제사를 지내는 대상으로 삼은 것. 위판(位版), 신위(神位)라고도 한다.

을 '부묘'라 한다. 그리고 신주를 부묘할 때 왕 이름을 정해 올리는데 이를 '묘호'라 한다. 우리가 흔히 태조나 태종, 세종이라 부르는 칭호가 바로 묘호이다.

세종이 즉위한 이듬해에 정종이 세상을 뜨자 상례가 진행되었다. 그런데 어찌 된 일인지 정종에게 묘호를 올리려는 움직임이 없었다. 정종은 결국 묘호도 받지 못한 채 부묘되었고, 이후 공정왕(恭靖王)이라는 시호[*]로 불렸다. 그리고 200여 년이 지난 1681년(숙종 7)에서야 비로소 '정종'이라는 묘호를 얻었다.

세종은 왜 정종에게 묘호를 올리지 않았을까? 정종은 태조를 도와 창업에 참여하고 그의 적장자로서 왕위를 계승한 임금이다. 그런 그에게 예법상 '태종(太宗)'이란 묘호를 올리는 게 당연했다. 그런데 태종은 태조와 함께 '불천지주(不遷之主)'가 되는 중요한 존재였다는 점에서 이 일은 간단치 않았다.

신주를 사당에 모신 뒤 제사를 지내는 후손이 4대를 넘게 되면 더 이상 제사를 지내지 않았다. 제사를 받는 사람과 제사를 지내는 사람 사이에 '친진(親盡)', 곧 혈연으로 맺어진 의리가 소멸되었다고 보았기 때문이다. 친진이 되면 해당 신주를 사당에서 내와 땅에 묻었는데, 이것을 '조천(祧遷)'이라 한다. 이제 살아 있는 사람들에게 죽은 사람이 기억되거나 구속되지 않는다는 것을 상징하는 조치였다.

하지만 그가 남긴 공적이 각별한 경우에는 대수가 멀어져 혈연상 의미

● 시호(諡號) : 죽은 사람의 공적을 반영하여 정한 칭호. 조선 국왕의 경우 중국에서 보내 준 시호와 다음 국왕이 올린 시호로 구성되었다. 정종의 시호인 '공정'은 명나라에서 보내 준 것이다.

가 없더라도 예외적으로 조천하지 않고 제사를 계속 모셨다. 그가 남긴 행적과 공업이 대를 이어 영향을 미칠 만큼 중요하며, 따라서 많은 사람들의 뇌리에 계속 남아야 한다는 의미였다. 이런 경우를 가리켜 '불천지주' 또는 '부조지위(不祧之位)'라 한다. 조선의 종묘에서는 조천되는 신주를 땅에 묻지 않고 옆에 따로 전각을 만들어 봉안했는데, 이것이 영녕전이다. 영녕전은 당대 국왕의 4대조와 불천지주를 제사하는 공간인 태묘와 함께 종묘를 이루었다.

세종이 정종에게 묘호를 올리지 않은 데에는 두 가지 이유가 있다. 하나는 정종에게 '태종'이라는 묘호를 주지 않기 위한 것, 곧 아버지에게 '태종' 묘호를 올리기 위한 예비 조치였다. 이것은 물론 당시 실권자였던 상왕 태종의 뜻이었다.

다른 하나는 태조와 태종의 관계를 부자 관계로 되돌리기 위한 것이었다. 태종이 정종의 아들이 되는 바람에 예법으로도 커다란 혼선이 빚어졌다. 곧 정종이 죽었을 때 세종이 어떤 상복을 입어야 하는지 문제가 된 것이다. 할아버지인지 아니면 큰아버지인지를 결정해야 그에 따른 상복도 결정할 수 있었다. 세종이 할아버지에 대한 상복을 입으면 태종이 정종의 아들임을 인정하는 것이 되고, 큰아버지에 대한 상복을 입으면 태종이 정종의 아들임을 부정 혹은 취소하는 의미가 된다. 세종은 당연히 후자를 택했다. 그리고 묘호를 올리지 않음으로써 이러한 의지를 공식적으로 천명했다.

나아가 세종은 태종을 실질적인 창업주로 높이고자 했다. 세종이 훈민정음을 창제한 뒤 처음으로 지은 《용비어천가》 1장에는 "해동(海東) 육룡(六龍)이 ᄂᆞᄅᆞ샤 일마다 천복이시니"라는 구절이 있다. 해동 육룡이란 태조의 4대조인 목조·익조·도조·환조와 태조, 그리고 태종을 가리킨다. 태종이 태조의 아들로서 정식 후계자로 인정되고, 태종과 세종이 직접 상왕으로 모셨던 정종에 대해서는 그 공로를 인정하지 않은 것이다.

《용비어천가》의 내용은 조선의 건국이 하늘의 뜻이며 그 징조가 여러 대에 걸쳐 나타났다고 역설하고 있다. 그런데 그 내용에 태종까지 집어넣은 데는 결국 조선 창업을 마무리한 존재가 태종이라는 점을 강조하려는 의도가 있었다. 조선 창업은 목조 때부터 징조를 보이기 시작하여 태종이 완성했으므로 조선 창업의 무게가 태종에게 실릴 수밖에 없었다. 태조는 명목상 조선의 첫 임금이지만, 처음에는 고려의 신하와 백성들의 추대를 받아 고려의 국왕으로 즉위하는 형식을 빌렸다. 반면 태종은 창업을 방해하던 무리를 제거하는 등 결정적인 공헌을 한 존재로 평가되었다.

조선 개국을 앞두고 태종과 정몽주가 주고받았다는 시조는 태종의 역할에 대한 평가를 반영하고 있다. "이런들 어떠하리 저런들 어떠하리"로 시작하는 〈하여가〉는 태종이 정몽주에게 개국에 참여하여 영화를 누릴 것을 권유하는 내용이다. "이 몸이 죽고 죽어 일백 번 고쳐 죽어"로 시작하는 〈단심가〉는 이러한 권유를 거부하고 끝까지 고려의 충신으로 남겠다는 의지를 담은 내용이다.

정몽주는 조선의 개국에 맞서며 이성계를 위험에 몰아넣은 인물이기 때문에 조선 건국 직후에는 죄인으로 규정되었으나, 뒷날 나라에서 그의 충절을 인정하여 사면을 받았다. 이를 배경으로 그의 충절을 기리기 위해 누군가가 노래를 만들었다는 해석도 있다. 두 노래는 고려 충신 정몽주를 찬미하는 의미가 있었지만, 한편으로는 조선 건국을 이끈 태종의 역할을 부각시키는 효과도 내고 있다.

정몽주의 충절을 찬양한 영조와 고종의 선죽교비와
정몽주가 살해당한 곳으로 알려진 선죽교(아래)

조선 태종의 사적은 당 태종의 사적과 자주 견주어졌다. 수나라가 기울자 이세민은 군사령관이었던 아버지 이연(高祖)과 함께 당나라를 세웠다. 그는 태자였던 형, 그리고 다른 동생과 권력 투쟁을 벌인 끝에 이들을 제거하고 아버지에게서 양위를 받아 즉위했다. 그는 실질적인 당나라의 창업주이자 국가 체제의 기틀을 잡은 황제로 평가받았다. 그의 통치는 후대 군주들의 귀감으로 인식되었는데, 이를 가리켜 흔히 '정관의 정치[貞觀之治]'라 한다.

세종은 아버지 태종을 당 태종과 같은 존재로 만들고 싶어 했고, 이를 위해 정종의 묘호를 올리지 않는 무리수까지 감행했다. 당 태종이 부각되면서 창업주인 고조가 묻혀 버렸듯이, 조선에서도 태종이 강조되면서 태조의 권위는 그만큼 위축될 수밖에 없었다. 명목상 조선의 창업주로서 태조의 존재를 아무도 부정하지는 않았지만, 그렇다고 누구도 태조의 권위에 주목하지 않았다. 말 그대로 태조는 '첫 임금' 정도로 기억될 뿐이었다.

국왕들은 대개 자신의 정책이나 조치에 명분을 싣고자 할 때 선대 국왕의 권위를 빌리는 경우가 많았다. '선왕의 조치', '선왕의 뜻'이 중요한 근거가 되었다. 그런데 조선의 국왕들이 권위를 빌려온 선대 국왕은 태조가 아니라 태종이거나 그가 인정한 후계자 세종, 그리고 역시 무력으로 왕위를 차지한 세조였다.

세조는 왕실을 위협하던 신하들을 제압하여 나라를 안정시켰고, 《경국대전》을 편찬하여 조선 국가 체제의 기틀을 잡은 임금이다. 이 때문에 후대 국왕들에게는 정치를 주도한 강력한 군주로 기억되었다. 세조는 자신의 권력을 합리화하기 위해 세종의 뜻을 따랐다는 점을 내세우곤 했다. 그 결과 기억해야 할 '선왕'으로 태종과 세종 그리고 세조가 굳게 자리를 잡았고, 태조는 그들의 그늘에 가린 채 기억에서 점점 희미해져 갔다.

태조를 기억한 선조와 광해군

조선 전기에 태조를 기억하고 창업주로서 그 위상을 세우려 한 임금이 없지는 않았다. 선조와 광해군이 바로 그들이다. 선조는 중종의 후궁이었던 창빈 안씨 소생인 덕흥군의 셋째 아들이다. 명종이 아들 순회세자의 사후 후계자를 결정하지 않은 상태에서 사망하자, 명종비 인순왕후 심씨는 하성군을 후계자로 지명했다. 하성군은 그동안 살던 집을 떠나 경복궁으로 들어와 명종의 장례를 치르고 왕위에 올랐는데, 그가 선조이다.

왕위를 계승한 선조는 혈통상의 기반이 취약했다. 무엇보다 그는 왕의 아들이 아니었다. 이후 그러한 예는 반정으로 즉위한 인조와 19세기의 철종과 고종 정도이다. 선조는 중종의 많은 손자들 가운데 한 명일 뿐이었다. 중종의 장자인 복성군은 왕비의 아들인 세자(인종)에 밀려 후계자가 되지 못했으며, 오히려 세자를 해치려 했다는 죄목으로 사약을 받는 비운을 맞았다. 또한 외가가 중종반정의 공신이었던 봉성군은 명종이 즉위한 뒤 역시 역모에 몰려 제거되었다. 반면 선조의 생부인 덕흥군은 정치적 숙청 대상이 되지 못했는데, 이는 반대로 종실*로서 별다른 기반이 없었음을 의미한다.

그럼에도 선조가 왕위를 이어받은 것은 바로 복성군의 후계자였기 때문이다. 복성군은 나중에 억울한 내용이 밝혀져 누명을 벗었다. 그리고 그의 제사를 받들 인물로 하성군이 지정되었다. 명종이 후계자 없이 죽자 중종의 장손이 되는 하성군이 왕위를 물려받은 것이다. 하지만 자신은 물론 친아버지와 양아버지가 모두 왕비의 자식이 아니라는 점에서 그의 기반은 그리 탄탄하지 못했다.

이 때문에 선조의 즉위는 다시 한 번 '택현'의 논리를 통해 보강되었다. 중종의 장손이어서 선택되기는 했지만, 국왕으로서 자질을 갖추었다는 명목을 부여하는 택현의 논리가 유효할 수 있었다. 이에 선조는 정치 운

●종실(宗室) : 국왕의 후손으로서 왕실을 구성하고 있는 사람들.

■ 중종–인조 왕계표

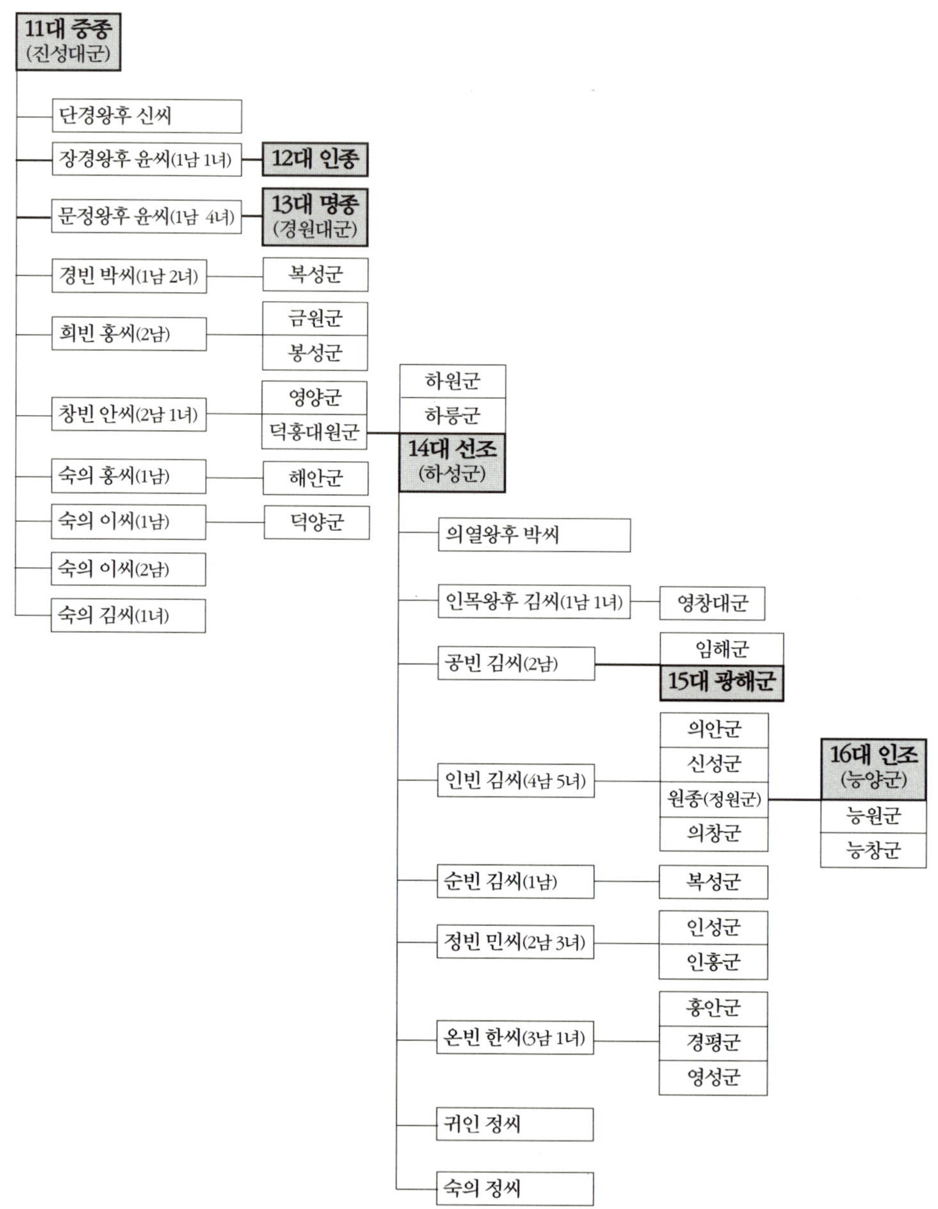

11대 중종
(진성대군)
단경왕후 신씨
장경왕후 윤씨(1남 1녀)
12대 인종
문정왕후 윤씨(1남 4녀)
13대 명종
(경원대군)
경빈 박씨(1남 2녀)
복성군
희빈 홍씨(2남)
금원군
봉성군
창빈 안씨(2남 1녀)
영양군
덕흥대원군
하원군
하릉군
14대 선조
(하성군)
숙의 홍씨(1남)
해안군
숙의 이씨(1남)
덕양군
숙의 이씨(2남)
숙의 김씨(1녀)
의열왕후 박씨
인목왕후 김씨(1남 1녀)
영창대군
공빈 김씨(2남)
임해군
15대 광해군
인빈 김씨(4남 5녀)
의안군
신성군
원종(정원군)
의창군
16대 인조
(능양군)
능원군
능창군
순빈 김씨(1남)
복성군
정빈 민씨(2남 3녀)
인성군
인흥군
온빈 한씨(3남 1녀)
홍안군
경평군
영성군
귀인 정씨
숙의 정씨

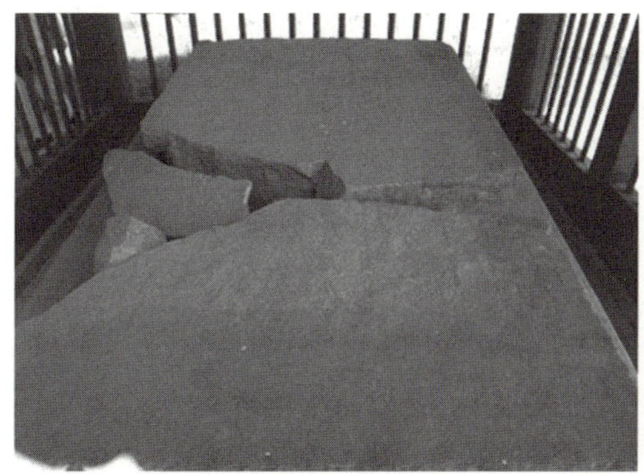

1945년 1월 17일 일제의 항일유적지 파괴 명령에
따라 파손된 황산대첩비와 탁본

영에서 신하들의 공론*을 적극 받아들이는
태도를 보였다. 이 때문에 후대 신하들은 선
조대를 '목릉성세(穆陵盛世)'라고 찬미하기도
했다. 목릉은 선조의 능을 가리킨다.

하지만 선조도 점차 혈통상의 한계를 극
복하고 국왕으로서 정치의 주도권을 잡고 싶어 했다. 이 주도권은 선왕
들의 후계자로서 자신의 권위를 다지는 방식으로 드러났다. 그 하나가
태조의 사적을 환기하는 것이었다. 1577년(선조 10) 고려 말에 이성계가
왜구를 대파한 운봉(전라북도 남원시 운봉면)에 황산대첩비를 세운 것이
그 예이다.

1380년(우왕 6) 9월 이성계는 경상도 일원을 노략질하다가 전라도 남원
쪽으로 이동하던 왜구들을 운봉에서 대파했다. 이 승리는 최영의 홍산대

● 공론(公論) : 다수의 신료들과 재야의 유림들이 유교적 명분에 입각하여 널리 합의하는 사항.

첩, 최무선의 진포대첩과 함께 고려 말 왜구를 격파하여 민생 안정을 이룩한 주요 사적으로 꼽힌다. 황산대첩비는 이러한 태조의 공업을 기리기 위해 선조가 세운 비로, 태조의 능(건원릉)을 제외하고 보면 조선에서 태조의 사적에 비석을 세워 기념한 첫 사례이다.

그런데 선조는 왜 200여 년이 지난 시기에 황산대첩비를 세웠을까? 여기에는 태조의 후손으로서 자신의 위상을 부각시키려는 의도가 고스란히 담겨 있다. 선조는 국왕의 아들이 아니라는 약점을 태조의 후손이라는 명분으로 메우고자 했다. 하지만 이 조치는 태조가 즉위 전 무장으로 활동하던 시절의 전공을 기린 것일 뿐, 국왕 태조의 행적을 '창업'과 연결하여 그 상징성을 직접 드러내지 않았다. 따라서 그 효과가 크지는 않았다. 하지만 훗날 국왕이 태조의 사적에 주목하는 하나의 단서를 마련했다는 점에 의미를 둘 수 있다.

태조 사적을 좀 더 적극적으로 기리고자 한 임금은 광해군이었다. 임진왜란 때 불타 버린 태조의 영정을 다시 그린 게 가장 대표적인 사례이다. 2부 2장에서 자세히 설명하겠지만, 조선 전기에는 개성과 평양, 영흥, 전주, 경주 등 다섯 곳에 태조의 영정을 봉안하고 있었다. 그런데 임진왜란으로 개성과 평양의 영정이 불타 없어졌다. 광해군은 전주에 있던 것을 원본으로 영정을 모사*하여 평양에 봉안하고자 했다. 하지만 모사를 마친 영정은 평양에 봉안되지 못하고 서울에 남아 있다가 인조 때 강화도로 옮겨진 뒤 병자호란으로 훼손되어 폐기되었다.

광해군이 새삼 태조에 주목한 이유는 부왕 선조를 태조와 같은 위치로

● 모사(摹寫) : 그림을 원본 그대로 옮겨 그리는 것. 이모(移摹)라고도 한다.

끌어올리기 위해서였다. 선조가 세상을 뜨자 처음에 결정된 묘호는 '선종(宣宗)'이었다. 광해군은 임진왜란을 이겨 내고 중흥을 이룬 선조의 공업을 반영하려면 묘호를 '선조(宣祖)'로 고쳐야 한다고 주장했다. 그러나 신하들은 '선(宣)'이라는 칭호에 이미 중흥의 공업이 담겨 있다며 묘호 개정에 반대했다. 광해군은 처음에는 신하들의 주장에 밀려 뜻을 이루지 못했으나 왕권의 기틀을 잡은 뒤 다시 논의를 붙여 묘호를 '선조'로 고쳤다.

본디 '조'는 공업이 많은 임금에게, '종'은 덕이 많은 임금에게 붙이는 것으로 이해되었다. 유교에서는 덕치(德治)와 인정(仁政)을 최고 덕목으로 평가하고, 부국강병책에 대해서는 패도(覇道)라 하여 비판적으로 인식했다. 그리고 선왕의 통치를 잘 유지하는 것은 새로 일을 벌여 부작용을 일으키는 것보다 훌륭한 통치 방식이라고 보았다. 따라서 공업이 많다고 해서 꼭 덕이 많은 쪽보다 우월한 것만은 아니었다. 결국 '조'는 창업주에게만 올리게 되었고, 이후 임금에게는 나라를 잘 유지할 책무, 곧 수성의 역할이 부여되었기 때문에 대개 '종'의 묘호를 받았다. 고려에서도 태조만이 '조'의 묘호를 가지고 있다.

그런데 반란을 진압하고 외침을 막아 내는 등 왕조의 위기를 극복한 임금의 공적이 창업에 버금간다고 평가될 경우 예외로 '조'로 올리기도 하였다. 원나라의 세조와 조선의 '세조'가 대표적이다.

몽골의 세조 쿠빌라이는 동생과의 권력 투쟁에서 승리한 뒤 수도를 대도(베이징)로 옮기고 나라 이름도 중국식으로 고쳐 '원'이라 했다. 그리고 남송을 멸망시켜 중국을 장악하고 고려까지 지배하는 등 세력을 사방으로 넓혀 나갔다. 원나라는 이 무렵부터 세계 제국으로 전성기를 누리기 시작했다. 그가 받은 묘호 '세조'는 이러한 공업으로 인해 사실상 나라를 창업한 것이나 다름없다는 평가를 받은 결과였다. 조선의 세조 역시 계유정난으로 왕실을 위협하던 무리를 숙청하고 나라를 다시 안정시켰다는 평가에 따라 묘호가 결정되었다.

광해군이 선조의 묘호를 '종'에서 '조'로 바꾼 이유는 선조를 명종의 계승자로 한정하지 않고 왕조의 중흥주로서 재정립하기 위해서였다. 하지만 자세히 들여다보면, 선조보다 광해군 자신의 위상을 확립려는 의도가 담겨 있음을 알 수 있다. 부왕을 태조처럼 평가함으로써 자신을 그 계승자인 태종에 견주고자 한 것이다.

태종은 태조의 후계자로서 창업에 참여했고, 왕업을 안정시키기 위해 동생과 형을 숙청하는 무력 행사도 마다하지 않았다. 광해군은 자신의 정치적 행보에 태종과 같은 명분을 부여했다. 곧 선조와 더불어 임진왜란을 극복했고, 선조의 장자이자 자신의 친형인 임해군을 제거했으며, 인목왕후 소생의 이복동생 영창대군을 옹립하려는 반역의 무리를 숙청하여 왕업을 안정시켰다는 명분이다. 이는 태종이 정종을 밀어내고 방석을 제거한 부분과 견주어 정당성을 보증할 수 있었다.

광해군이 《용비어천가》를 다시 간행한 것도 이러한 의도에서 나왔다. 앞서 말했듯이 《용비어천가》는 태조의 창업이 천명을 받아 준비된 과정임을 노래한 내용이지만, 여기에는 태종을 창업의 실제 주체로 높이려는 뜻이 담겨 있었다. 광해군은 태조의 창업 사적에 연결된 태종의 상징성에 주목했고, 이를 이용하여 자신의 즉위와 정치를 정당화했다.

이처럼 광해군이 선조를 통해 태조의 위상을 환기시켰다고 하더라도 궁극적인 관심은 태종에게 있었다. 따라서 태조 자체가 부각되는 데에는 분명한 한계가 있었다. 더구나 인조반정으로 광해군이 폐위되면서 그의 정치적 지향이 계승될 여지도 없었다. 그의 갖가지 정책들은 폐정으로 지목되어 비판을 받았다. 태조를 부각시키고자 했던 일련의 조치들 또한 비판의 대상이 되어 부정되거나 묻히게 되었다.

인조의 별장이 있던 곳에 세운 인조별서구기. 서울 은평구 역촌동 소재.

인조반정은 신하들이 공론을 바탕으로 폐정을 일삼는 국왕을 교체할 수 있다는 이념에 근거한다. 앞서 중종반정을 통해 잘못된 정치의 책임을 물어 연산군을 폐위시킨 전례가 있었다. 인조반정은 이 원칙이 재차 실현된 것이기 때문에 그만큼 공론을 주도하는 신하들의 역할이 강조되었다. 자연히 변혁기에 나타난 국왕의 역할은 상대적으로 평가 절하되고, 창업주 태조의 권위가 강조될 여지도 줄어들었다. 그 뒤 숙종대에 이르러 비로소 다시 태조에 주목하게 되는데, 그 사이에는 조선 후기 정치사의 핵심으로 꼽히는 북벌과 예송이 자리하고 있다.

북벌이 떠난 자리, 예송이 남긴 유산

병자호란과 척화론

1616년(광해군 8) 만주에 후금이 들어서면서 동북아시아에 긴장이 고조되었다. 광해군은 임진왜란 때 원군을 보낸 명나라와 관계를 유지하면서도 후금과 충돌을 피하기 위해 노력했다. 하지만 언젠가는 명나라와 후금이 정면 충돌할 것이고, 그렇게 되면 조선도 전쟁을 피할 수 없을 거라고 보았다. 이에 군비를 갖추고 성곽도 보수하는 등 대비책도 꾸준히 마련했다.

1618년(광해군 10) 명나라는 후금을 정벌하기 위해 조선에 원병을 요구했다. 명나라의 요구를 거절할 수 없던 광해군은 강홍립을 도원수로 임명하여 군사 1만 3000명을 이끌고 출정하도록 했다. 그러나 조·명 연합군은 후금에게 대패하고, 강홍립은 후금에 투항했다.

1623년(인조 1) 반정을 일으켜 광해군을 밀어낸 인조 정권은 대외적으로도 광해군의 정책을 전면 부정했다. 이들은 강홍립의 투항이 광해군의 지시에 따른 것이라고 의혹을 제기하며 후금에 적대 입장을 취했다. 그러자 후금은 명나라 공격에 앞서 1627년(인조 5) 조선을 침공했는데, 이것이 정묘호란이다. 인조와 신하들은 강화도로, 소현세자 일행은 전주로 피신했다. 결국은 후금이 조선과 형제의 맹약을 맺고 철군함으로써 전쟁은 마무리되었다.

청 태종 영정

1632년(인조 10) 후금은 만주를 장악하고 명나라 수도를 공격하면서 조선에게도 형제 관계를 군신 관계로 바꿀 것을 요구했다. 조선이 이를 거부하면서 두 나라는 다시 전쟁 국면으로 접어들었다. 1636년(인조 14) 국호를 청으로 고치고 황제를 칭한 태종 홍타이치는 조선이 계속 적대적인 태도로 일관하자 12월에 직접 군대를 이끌고 조선을 침공했다. 이것이 병자호란이다.

청 태종이 국경 지역의 저항을 피해 곧바로 한양으로 진격하자, 당황한 조선 정부는 종묘·사직의 신주와 세자빈, 원손˚, 봉림대군 등을 먼저 강화도로 보냈다. 이어서 인조 일행도 뒤따라 강화도로 들어가려 했으나 이미 청나라 군대에 의해 길이 막힌 뒤였다. 인조 일행은 어쩔 수 없이 발길을 남한산성으로 돌려 항전을 준비했다.

● 원손(元孫) : 왕위 계승의 우선권을 부여받은 손자. 계승자로서 정식 책봉을 받으면 세손(世孫)이 된다.

남한산성 전경

  그러나 얼마 못 가 남한산성은 청나라 군대에 포위되어 고립 상태에 빠졌다. 성안에 식량이 바닥나고 외부의 원병이나 의병은 기대하기조차 어려운 상황이 되자, 정부에서는 청나라와 강화를 맺어야 한다는 주화론(主和論)이 고개를 들었다. 이에 맞서 계속 항전해야 한다는 척화론(斥和論)도 만만치 않았으나, 사살상 어려움이 커지자 인조는 결국 항복을 결정했다.

  청 태종은 인조가 직접 나와 항복할 것, 두 나라의 관계를 악화시킨 주모자들을 잡아 청나라에 넘길 것을 선결 조건으로 내걸었다. 인조는 고민에 빠졌으나 강화도 함락 소식을 듣고 더 이상 버틸 수 없다고 판단하여 청나라의 요구 조건을 받아들였다. 1637년(인조 15) 1월 30일 인조는 마침내 조정 신하들을 거느리고 성을 나와 삼전도에서 청나라 태종에게

삼배구고두*라는 굴욕적인 항복 의례를 치렀다. 이 사건을 가리켜 조선에서는 정축년에 성을 내려왔다는 의미에서 '정축하성(丁丑下城)'이라 불렀다. 정축하성은 병자호란과 함께 조선에 치욕의 기억으로 남게 된다.

조선의 항복을 받아들인 청나라는 조건대로 소현세자와 세자빈, 봉림대군 일행을 인질로 데려가는 한편, 척화의 주모자로 지목된 홍익한·윤집·오달제 등 이른바 '삼학사(三學士)'를 잡아갔다. 이후 조선은 명나라와 관계를 끊고 청나라와 군신 관계를 맺어 사대하게 되었다.

그러나 인조 정권의 항복은 자기 모순을 불러왔다. 광해군의 대외정책을 명나라에 대한 배신이라고 매도하며 반정의 중요한 명분으로 삼았기 때문이다. 이 모순은 인조 정권의 정당성을 훼손함으로써 또 다른 변란의 명분이 될 수 있었다. 인조 정권은 이러한 모순을 완화시킬 논리가 필요했다. 공식적으로는 청나라에 사대하면서도 나라 안에서는 이를 거부하는 이중 태도가 그 산물이었다. 임진왜란 때 원병을 보내 준 명나라와의 의리를 변함 없이 이어 간다는 명분을 수립한 것이

청 태종의 공덕을 칭송한 삼전도비

● 삼배구고두(三拜九叩頭) : 무릎을 꿇은 채 두 손을 땅에 대고 절을 세 번 하되, 한 번 할 때마다 머리가 땅바닥에 닿을 때까지 세 번씩 숙이는 것. 결국 아홉 차례 머리를 숙이는 셈이다.

다. 이 명분은 명나라가 망한 뒤에 더욱 다져지는데, 이를 가리켜 '대명의리론(對明義理論)'이라 한다. 대표적인 예가 명나라의 마지막 연호인 '숭정(崇禎)'을 계속 사용한 것이다.

조선이 청나라에 사대하면서 국왕은 청나라 황제의 책봉을 받았고 청나라 연호를 그대로 썼다. 그래서 공식 문서에는 모두 청나라 연호가 나온다. 하지만 나라 안에서는 청나라 연호를 마다하고 숭정 연호를 계속 사용했다. 그래서 문집을 비롯한 비공식 글에서는 숭정 연호를 찾아볼 수 있다. 이를 통해 조선은 자신의 정체성을 확보하고 청나라에 항복했던 상처와 그로 인해 일어날 수 있는 문제를 상쇄하고자 했다.

그렇다면 조선은 왜 망해 가는 명나라와 관념적으로라도 관계를 유지하려 했을까? 그것은 청나라에 우호 정책을 펼친다면 결국에는 인조 정권을 부정하는 결과를 가져올 수 있기 때문이었다. 이념적으로라도 인조반정의 정신을 이어 간다는 명분을 세워야만 위기에 봉착한 정권을 수습할 수 있었기 때문이다. 효종대에는 무력을 통해 청나라를 굴복시킨다는 북벌론으로 확장되었다.

효종과 북벌

효종(봉림대군)은 인조의 둘째 아들로 병자호란이 끝난 뒤 형 소현세자, 동생 인평대군과 함께 청나라에 인질로 끌려갔다. 소현세자는 1645년(인조 23) 2월 귀국했으나 봉림대군은 그대로 청나라에 머물렀다. 얼마 뒤 소현세자가 갑자기 사망하자 돌아와 세자로 책봉되었고, 인조의 뒤를

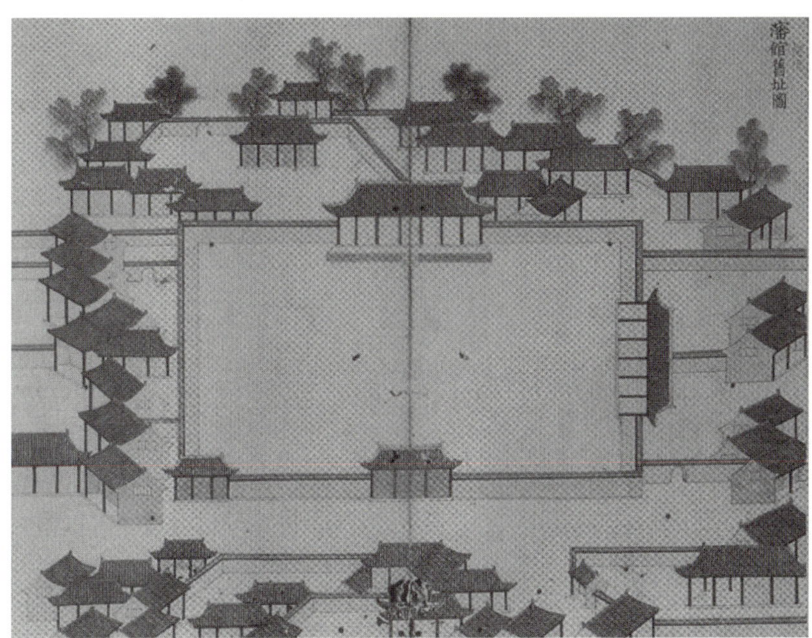

효종이 심양에 있을 당시 머물렀던 곳을 그린 심관구지도

이어 왕위에 올랐다.

소현세자가 죽었을 때 그의 큰아들 석철이 이미 원손으로 책봉되어 있었기 때문에 대다수 신료들은 원손을 세손으로 책봉하여 왕위를 이어 가야 한다고 주장했다. 그러나 인조는 여론을 묵살하고 봉림대군을 세자로 책봉했다. 이 때문에 소현세자의 죽음 자체가 인조의 정치적 선택이라는 해석이 일반적이다.

왕위에 오른 효종은 인조의 정책에서 더 나아가 청나라에 대한 복수설치(復讐雪恥)를 천명했다. 그는 조만간 한족(漢族)에 의해 중화 국가가 다시 수립될 것으로 전망하면서 그때 조선도 합세하여 청나라를 굴복시킬 수 있도록 준비해야 한다고 역설했다. 이 정책이 바로 '북벌'이다.

북벌 이념은 병자호란의 충격을 덜어 내는 한편, 명나라와의 의리를 지키고 청나라를 배격한 인조 정권의 정당성을 다시 환기하는 것이었다. 또한 전쟁 준비를 통해 인적·물적 자원을 평상시보다 강하게 통제함으로써 반대 세력의 성장을 막는 효과도 있었다. 북벌은 대외정책으로 제시된 이슈였지만, 실제 의미는 정권의 정당화와 체제 안정을 도모하는 속성을 띠고 있었다.

효종은 북벌을 위해 군대를 늘리고 양곡을 비축하는 등 군비 강화에 힘썼다. 이러한 정책은 청나라에 오랫동안 인질로 머물면서 군사 강국 청나라의 면모를 직접 확인한 결과였다. 그러한 청나라를 굴복시키기 위해서는 조선의 역량을 모두 동원할 수 있어야 한다고 판단했다. 특히 국난을 맞아 앞다투어 국가 보위에 나섰던 의병의 경험에 주목했다.

의병은 임진왜란 당시 국가의 정규군이 궤멸된 상황에서도 향촌에서 봉기하여 나라를 지키는 저력을 보여 주었다. 선조대 이래 지방에 서원을 비롯한 교육 기관들이 크게 늘어났고, 이를 바탕으로 지방의 명망가들 중심으로 지방민의 역량을 조직화했다. 이것이 국난 시기에 군사력으로 표출된 게 바로 의병이다. 대표 사례로 서부 경남 지역에서 조식의 문하인 정인홍·곽재우 등이 의병을 일으켜 큰 전과를 올린 것을 들 수 있다. 북벌을 준비하던 효종은 향촌의 산림*세력을 우대함으로써 그 역량을 북벌의 기치 아래 끌어 모으고자 했다.

그런데 북벌을 내세운 효종의 군비 강화 정책은 민생 안정을 우선해야 한다는 신하들의 반대에 부딪혔다. 여기에 건강이 악화되고 있던 효종은

●산림(山林) : 지방에 은거하면서 많은 제자를 길러내고 공론 형성에 큰 영향을 미치던 인물.

1659년(효종 10) 자신의 스승이자 당시 사상계의 구심이었던 송시열을 만나 북벌 정책을 유지하기 위한 협조를 구한다.

당시 효종은 다른 사람들을 모두 물리치고 송시열과 단둘이 만나는 독대를 단행했다. 본디 임금이 신하를 만나는 자리에는 반드시 사관이 배석하여 그 상황과 대화 내용을 기록해야 했다. 그러나 독대는 사관마저 물리치기 때문에 두 사람 사이에는 비밀스러운 내용이 오갈 수 있었다. 투명한 정보 공개와 논의를 통해 정책을 결정해야 한다는 원론에서 독대는 금기였다. 그러나 효종은 이 원칙을 깨고 당시 송시열과 독대를 한 것이다. 이것을 '기해독대'라 한다.

독대의 성격상 그 내용은 비밀에 부쳐지므로 다른 사람은 알 수 없다. 그러나 효종과 송시열의 독대는 나중에 송시열이 당시 대화 내용을 기록으로 남겨 외부에 알려진다. 규장각 등에 소장되어 있는 《독대설화》가 당시 내용을 정리한 책이다. 그 요점은 효종이 자신의 사후에도 북벌을 이어 갈 것을 당부했다는 것이다.

효종이 독대까지 하면서 송시열에게 북벌을 당부한 것은 북벌이 인조와 효종 왕위의 정당성과 직결되는 문제였기 때문이다. 병자호란은 광해군의 정책을 부정한 인조반정의 이념이 불러온 부정적인 결과였다. 소현 세자의 죽음 또한 그가 왕위에 오를 경우 더욱 심해질지 모를 청나라의 간섭을 우려한 인조의 정치적 결단으로 해석된다. 북벌은 단순한 전쟁 준비가 아니라 이념적으로 인조와 효종의 왕위를 보증하는 정책이었던 것이다.

따라서 효종의 정책은 많은 신하들의 동의와 협조가 반드시 필요했다. 효종이 송시열을 비롯해 재야에서 공론을 주도하던 산림들을 초빙하여

효종이 송시열에게 내려준 초구

국가의 중요 사안을 의논하고 이들의 제안을 적극 받아들인 것도 이 때문이다. 송시열과의 독대는 그 흐름을 후손까지 이어 감으로써 이후의 왕위 계승까지 안정시키려는 의도에서 나온 것이었다.

이는 결국 체제 운영의 기본 방향을 제시하는 역할, 곧 '세도'를 신하들에게 위임한다는 의미로 해석되었다. 본디 유교 정치 이념에서는 통치 주체인 국왕이 세도를 이끌어 가는 것을 이상으로 여겼다. 요·순·우·탕·문·무 등 중국 삼대의 군주는 세도를 담당하며 통치와 교화를 일치시킨 모범 사례였다. 하지만 이후 인심이 타락하여 세도가 무너지자 공자가 이를 다시 일으켜 세웠고, 이후 세도는 신하들의 몫이 되었다. 국왕을 이끌어 삼대의 군주처럼 만드는 것이 신하들이 해야 할 학문적·정치적 의무로 제시되었다. 신하들은 공론을 통해 사회를 이끌어 가는 역할

● 세도(世道) : 세상을 이끌어 가는 올바른 방향. 본디 유학에서 세도는 삼대의 천자가 주재하던 것으로, 이를 토대로 이상 정치가 실현되었다고 보았다. 그러나 이후 점차 세도가 쇠락했으며 이것을 회복하는 것이 유학자의 책무로 설정되었다.

● 삼대(三代) : 유학에서 이상적인 정치가 이루어진 시기로 이해하는 하(夏)·은(殷:商)·주(周)를 가리킨다.

을 인정받고자 했고, 국왕은 이를 어느 정도 허용하는 대신 자신과 백성에 대한 의무를 강제하고자 했다.

선조대 이후 신하들이 공론을 수용하라는 명분으로 국왕의 정책에 제동을 건 것은 이러한 원론에 따른 것이다. 임진왜란이라는 국가 위기에 이어 인조반정과 병자호란, 소현세자의 죽음과 효종의 즉위라는 일련의 정치적 사건을 거치면서 이 이념은 더욱 공고해졌다. 국왕은 신하들에게 자신의 왕위를 보증받아야 하는 상황이 되었다. 한편 신하들은 학문적으로 다양한 갈래가 생기고, 이 갈래가 정치적 입장 차이로 발전하면서 붕당이 생겨났다. 17세기 조선의 정치는 붕당의 협조와 대립이라는 구도 속에서 국왕이 새로운 길을 모색하는 방향에서 전개되었다.

북벌에서 내수외양으로

효종은 송시열과 독대한 지 두 달 만에 사망했다. 북벌이 계속되기를 바라는 마음에서 독대까지 결행했지만, 효종 사후에 북벌의 무게는 반감되었다. 독대 당시 송시열은 북벌의 방향을 기존의 군비 강화 위주가 아니라 장기적인 관점에서 국력을 키우는 쪽으로 바꾸기를 청했다. 군비 강화를 위해 그동안 미루어 온 세금 제도를 정비하여 민생을 안정시키는 한편, 군영 중심의 전시 체제를 일반적인 국가 운영 체제로 돌려 국가의 내적 역량을 키울 필요가 있다는 의견이었다.

현종이 즉위한 뒤 북벌은 송시열의 주장대로 군비 증강보다는 민생 안정 쪽으로 점차 바뀌어 갔다. 병자호란 이후 20여 년 넘게 지속되어

온 군비 강화는 눈에 띄는 성과를 내지 못한 채 백성들에게 계속 희생을 요구할 수 없는 단계에 이르렀다. 이제 정책 자체를 재고해야 할 시점이었다.

그렇다고 인조반정 및 이후 국왕의 즉위 명분과 불가분 관계에 있던 북벌을 쉽게 폐기할 수도 없었던 만큼, 그 자리를 대신할 논리를 찾아야 했다. 이를 위해 제시된 이념이 바로 '내수외양론(內修外攘論)'이다. 군사를 동원해서 직접 복수하는 북벌이 현실적으로 어렵다는 상황을 인정하고, 먼저 조선의 역량을 강화함으로써 외적의 침탈을 막은 뒤 복수를 준비한다는 논리다. 송시열은 북벌 이념을 이어 간다는 취지에서 내수외양을 강력히 요청한 것이다.

그런데 당초 척화와 북벌의 바탕에는 임진왜란 당시 명나라가 조선에 군사를 보내 준 덕분에 나라를 지켜 냈다는 인식, 곧 대명의리론이 깔려 있었다. 명나라의 개입으로 임진왜란은 국제전으로 확대되었고, 단기간에 끝내려던 일본의 의도와는 달리 전쟁은 7년에 걸친 장기전으로 전개되었다. 이 과정에서 조선은 내적 역량을 최대한 끌어냄으로써 전쟁에서 승리할 수 있었다. 이에 당시 지배층은 명나라의 도움이 체제를 재정비하는 결정적인 기반이 되었다고 생각했다. 이것은 '재조지은(再造之恩)', 곧 나라를 다시 만들 수 있도록 도와준 은혜로 표방되곤 했다. 이 은혜를 잊지 않는 게 바로 명나라에 대한 의리이며, 이를 위해 전쟁을 무릅쓰고 척화를 택하고 북벌을 추진했다는 것이다.

이 의리는 조선이 창업 때부터 명나라와 '조공책봉' 관계를 맺은 기억으로 소급되었다. 조선은 처음부터 명나라를 성심껏 섬겼고, 명나라는 그런 조선을 보호하기 위해 원병을 보냈다는 것이다. 대명의리론은 인조

대 이후에 생겨난 대외정책이 아니라 명나라와의 관계 속에서 출발한 조
선 건국 의리의 연장으로 정리되었다.

2부 1장에서 자세히 설명하겠지만, 이성계의 집권은 고려 우왕 때 요
동정벌에 나섰다가 위화도에서 회군한 시점에서 출발한다. 결과적으로
명나라에 대한 공격을 거부한 셈이었다. 또한 이성계는 고려의 국왕으로
즉위한 뒤 명나라에 요청하여 새 국호를 '조선'으로 결정했다. 조선의 창
업은 분명 대명 관계와 밀접한 관련 속에 진행되었다. 하지만 조선은 국
가 체제가 안정되면서 건국 과정의 명분에 크게 구애되지 않았고, 의례
적인 외교 이상으로 두 나라 관계가 밀접히 전개되지도 않았다.

그런데 북벌이 내수외양으로 전환하고 그 바탕에 있던 대명의리론이
시대 명분으로 더욱 부각되면서 창업 과정의 명분도 되살아났다. '내수'
를 통해 이루어야 하는 가치는 명나라가 담당하고 있던 중화의 전통이었
다. 조선은 청나라에 의해 단절된 중화의 전통을 보존해야 하는 사명을
갖게 되고, 이 사명이 내수외양의 궁극적인 목표로 제시되었다. 이것이
조선 건국의 명분과 연결되어 창업 이래 바뀔 수 없는 가치로 자리 잡았
다. 이러한 흐름 속에서 태조의 창업 사적은 그 이념을 보여 주는 실체로
다시 주목받게 되었다.

예송이 남긴 유산

효종은 인조의 둘째 아들이지만, 큰아들 소현세자의 갑작스런 죽음으
로 세자에 책봉된 뒤 왕위에 올랐다. 소현세자가 죽었을 때 그의 큰아들

이 이미 원손으로 책봉되어 있었지만, 인조는 이를 무시하고 봉림대군을 세자로 책봉했다. 얼마 뒤 소현세자의 부인 강빈마저 인조를 저주했다는 죄목으로 사약을 받았다. 강빈이 낳은 세 아들은 모두 제주도로 유배되었는데, 첫째와 둘째는 곧바로 사망했다. 이는 인조가 봉림대군에게 왕위를 확실히 물려주기 위한 조치였지만, 훗날 정치적으로 큰 분쟁의 씨앗이 된다.

문제는 왕실 상례에서 상복을 입는 기간을 어떻게 정할 것인가에서 비롯되었다. 이 문제를 둘러싼 정치 논쟁을 흔히 '예송(禮訟)'이라 한다. 유교 의례에서는 혈연 관계에 따라 상복을 입는 기간과 형식에 차등을 두었다. 부모가 죽었을 때 자식이 상복을 입는 기간은 3년(정확히는 27개월)이었다. 이것이 흔히 말하는 '삼년상'이다. 이로부터 1년(정확히는 13개월), 9개월, 6개월, 3개월의 등급이 있었다. 혈연 관계가 멀어질수록, 죽은 사람이 상복을 입는 사람에게 가지는 의미가 작을수록 기간도 짧아졌다. 따라서 어떤 상복을 입느냐에 따라 죽은 사람에 대한 평가가 달라질 수 있고, 이것이 정치 권력과 관련되면 그 파장은 더욱 가볍지 않게 되었다.

효종이 세상을 뜨자 인조의 두 번째 왕비인 조대비의 상복 기간을 두고 논란이 일었다. 효종은 둘째 아들이지만 왕위를 이어받았다는 특수성이 있었기 때문이다. 소현세자가 죽었을 때 인조는 부모가 아들 상에서는 상복을 1년 입는다는 《경국대전》의 규정을 따랐다.

당시 많은 신하들이 적장자*의 특수성을 감안하여 상복 기간을 3년으로 해야 한다고 주장했다. 당시에는 고례(古禮), 곧 중국 고대의 예법에 대

● 적장자(嫡長子) : 정식 부인이 낳은 큰아들.

한 연구가 활발해지면서 이를 조선 사회에 적용하려는 노력이 있었다. 이 예법은 부모라 할지라도 적장자에 대해서는 상복을 3년 입도록 규정했는데, 이는 가문의 계승을 가장 중요한 가치로 삼았기 때문이다.

하지만 고려 이래로 우리 사회는 반드시 적장자가 가문을 이어야 한다는 의식이 그다지 강하지 않았기 때문에 아들에 대한 상복을 구분하지 않았다. 인조는 고례의 예법이 아닌 조선 고유의 예법인 《경국대전》의 조항을 받아들였다. 물론 그렇다고 소현세자가 적장자라는 사실을 부정한 것은 아니었다. 이로 인해 왕위를 계승한 효종의 위치가 애매해졌다. 둘째 아들이라는 것과 왕위 계승 중 어느 것을 우선할 것인가에 인식 차이가 발생할 수 있었다.

논의를 주도하던 서인은 조대비의 상복에 대해 처음에는 소현세자 상례 때 《경국대전》 규정대로 상복을 1년 입은 사실을 근거로 이번에도 1년복으로 결정했다. 그런데 고례를 중시하던 남인들이 예법이 잘못되었다고 문제를 제기하고 나섰다. 효종은 둘째이지만 국왕으로 즉위하여 가문을 이었으므로 계모인 조대비는 3년복을 입는 게 맞다는 것이다.

남인의 비판이 일자 영의정 정태화는 예학의 대가 송시열에게 자문을 구했다. 송시열은 고례에도 효종의 상을 1년복으로 정할 수 있는 근거가 있다며 소개했다. 그 내용은 상복 기간을 따로 정하는 예외 상황을 제시한 것으로, 네 가지 경우를 들어 흔히 '사종설(四種說)'이라 한다. 그중 하나가 "가문을 이었더라도 적장자가 아니면 상복을 1년만 입는다"는 내용인데, 여기에는 '서자(庶子)'를 가리킨다는 단서가 붙어 있다. 국왕과 관련된 문제에서 구문의 해석과 타당성을 두고 자칫 논란이 불거질 것을 우려한 정태화는 논의를 중단하고 《경국대전》을 근거로 1년복을 결정했다. 그러나 송시열의 의견이 밖으로 알려지면서 다시 논란이 일었다.

문제의 발단은 '서자'라는 표현에 있었다. 원래 서자는 장자 이외의 나머지 아들을 통칭하는 뜻으로 '중자(衆子)'라고도 했다. 《삼국유사》에 수록된 단군신화에서 환웅이 환인의 '서자'로 나오는 것은 대표적인 예이다. 하지만 조선 중기 이후 처첩 구분이 엄격해지고 첩의 자식에 대한 차별이 확실해지면서 서자는 서서히 첩의 아들이라는 의미로 굳어져 갔다. 인조의 비 인열왕후의 둘째 아들인 효종을 서자로 표현했다는 것 자체가 이해하기에 따라서는 효종을 깎아내리는 행위로 비칠 수 있었다. 남인은 송시열이 효종을 첩의 자식으로 만들었다며 비난을 퍼부었지만, 현종은 송시열의 주장을 두둔하며 문제를 수습하였다.

그러나 1674년(현종 15) 효종비 인선왕후가 사망하면서 문제가 폭발했다. 이번에도 조대비의 상복 기간이 논의되었다. 그런데 《경국대전》은 아들의 순서를 구분하지 않았지만, 며느리에 대해서는 장자처*와 나머지 중자처를 구분해 놓았다. 큰며느리는 1년, 나머지 며느리는 9개월 동안 상복을 입도록 한 것이다. 며느리는 결혼을 통해 가족의 일원이 되기 때문에 결혼 전의 사회 관계가 복잡하게 적용될 수 있었다. 이에 가문을 안에서 관리하는 맏며느리의 권위를 확실히 한 것이다.

처음에 예법을 논의한 관리들은 왕비라는 점을 고려하여 별 논란 없이 1년복으로 정해 현종에게 보고했다. 그런데 내부에서 송시열의 사종설에 의거하면 효종은 둘째 아들이므로, 효종의 부인인 인선왕후는 중자처에 해당한다고 이견을 제기했다. 논의를 거친 관리들은 조대비의 상복

● 장자처(長子妻) : 맏며느리

기간을 9개월로 고쳐 보고했다.

달라진 보고를 받은 현종은 격노했다. 앞서 효종에 대해 입은 1년 상복은 《경국대전》에 따른 것이므로 현종은 부왕 효종을 어떻게 평가하는가에 대해 크게 유념하지 않았다. 그런데 이번에 인선왕후에 대한 상복이 9개월이라면, 앞서 효종의 상례는 왕위를 계승한 의미보다 둘째 아들이라는 점에 우선했다는 결과가 된다. 문제는 이렇게 볼 경우 당초 소현세자가 죽었을 때 왕위가 효종이 아니라 소현세자의 적장자인 원손으로 가는 게 맞다는 의미로 확대 가능하다는 데 있었다. 효종의 왕위 계승이 부당하다는, 실로 엄청난 결론이 도출되는 것이다.

현종은 대신들에게 해명을 요구했으나 제대로 된 답변이 없었다. 현종은 효종에 대한 상복에서 신하들이 자신을 속인 것이라고 이해하고, 사종설을 제기하여 빌미를 제공한 송시열이 선왕의 은혜를 저버렸다며 비난했다. 그리고 얼마 뒤 현종이 갑자기 세상을 떠났다. 이어 세자였던 숙종이 14세 나이로 왕위를 이어받았다. 그는 현종의 인식을 계승하여 서인의 주장이 잘못되었다고 판정했다. 남인의 주장에 따라 조대비의 상복을 1년으로 고쳐 정한 뒤 남인들을 대거 등용하고 서인을 쫓아내는 정계 개편을 단행했다. 송시열은 함경도 덕원으로 유배되었다. 이 사건을 '갑인예송'이라 한다.

하지만 남인이 정권을 잡은 것도 잠시, 1680년(숙종 6) 정계의 남인이 한꺼번에 쫓겨나고 서인이 다시 집권하는 정계 개편이 있었다. 이를 '경신환국'이라 한다. 이와 함께 송시열도 유배에서 풀려 돌아왔다. 숙종의 정치를 보조하던 대비 명성왕후는 고향으로 돌아가려는 송시열을 만류하여 정계로 복귀시켰다.

명성왕후가 송시열에게 보낸 간찰

이후 송시열은 왕실의 예제를 정비하여 권위를 높이는 일에 앞장 선다. 특히 종묘 제도에서 예법에 어긋나는 부분을 찾아 바로잡는 데 주력했다. 이 과정에서 태조의 시호를 추가로 올려야 한다는 논의를 제기했는데, 이것이 태조를 재발견하는 출발이었다.

[2부]
창업주 태조를 되살린
숙종

1

송시열, 태조의 시호 추상을 건의하다

송시열의 첫 번째 건의

태종-세종대 이래 잊혀져 가던 태조를 창업주로서 다시 주목한 것은 1683년(숙종 9) 송시열이 태조의 시호를 추가로 올리자고 건의하면서부터이다. 효종에게 북벌 유지를 위임받은 송시열은 숙종이 즉위하고 남인이 정권을 잡으면서 함경도 덕원으로 유배되었다. 효종의 상례를 논의하는 과정에서 효종의 은혜를 저버리고 그 권위를 깎아내렸다는 죄목이었다.

하지만 1681년(숙종 7) 경신환국으로 서인이 다시 집권하자 송시열도 정계에 복귀했다. 이때부터 송시열은 왕실의 예제를 정비하여 권위를 높이는 일에 앞장섰다. 종묘에 봉안된 위판(신주)에서 잘못된 부분을 찾아 고치는 작업은 그 일환이었다. 이 과정에서 송시열은 태조의 시호가 다른 국왕에 비해 글자 수가 부족하다는 사실을 발견하고, 시호를 추가로

종묘의 정전과 내부

올려야 한다고 건의했다.

주장의 요점은 태조 시호의 글자 수가 세조나 선조의 시호보다 적어서 태조의 권위가 이들보다 못하다는 인상을 줄 수 있다는 것이었다. 종묘에 봉안된 태조의 위판에는 "강헌지인성문계운신무대왕(康獻至仁聖文啓運神武大王)"이라고 적혀 있었다. 이 가운데 '강헌'은 명나라에서 보낸 시호이다. 명나라에서 보낸 시호는 묘호와 함께 선대 국왕을 일컫는 대표 명사였다. 곧 태조는 강헌대왕, 태종은 공정대왕(恭定大王), 세종은 장헌대왕(莊憲大王)이다. 정종은 숙종 때 묘호를 받을 때까지 명나라에서 보낸 시호만을 사용하여 공정왕(恭靖王)으로 불렸다.

종묘 위판에 적힌 태조의 명칭 가운데 명나라에서 보낸 시호와 '대왕' 칭호를 뺀 나머지 여덟 자가 조선에서 올린 시호이다. 그런데 세조의 시호는 "승천체도열문영무지덕융공성신명예흠숙인효(承天體道烈文英武至德隆功聖神明睿欽肅仁孝)"로 20자에 달했다. 선조의 시호는 더 길어서 "정륜립극성덕홍열지성대의격천희운현문의무성예달효(正倫立極盛德洪烈至誠大義格天熙運顯文毅武聖睿達孝)"로 24자나 되었다. 이와 같이 길어진 이유는 대개 재위 중에 여러 차례 존호•를 받은 것까지 함께 적었기 때문이다. 그런데 시호는 국왕의 덕망과 업적을 반영해 만들기 때문에 송시열은 '조'의 묘호를 받아 중흥의 군주로 평가된 세조·선조의 권위가 태조보다 높다고 오해될 수 있다고 보았다.

당시까지 송시열이 종묘 위판의 오류를 바로잡은 사례는 대개 잘못 들어간 글자를 빼거나 빠진 휘호•를 넣는 정도였다. 예를 들어 태조비 신의왕후와 태종비 원경왕후의 위판에는 '왕태후(王太后)'라고 쓰여 있었는데, 송시열은 여기서 '태(太)' 자를 지워야 한다고 주장했다. 태후는 통상 황제의 비를 가리키는 것이지만 고려에서는 이에 구애받지 않고 사용했다.

● 존호(尊號) : 국왕이나 왕비, 대비 등에게 그 위엄과 권위를 높이는 의미에서 올리는 칭호. 통상 살아 있을 때 올리는 것을 가리켜 죽은 뒤에 올리는 시호와 구분되지만, 때로는 넓은 의미에서 시호까지 포함하기도 한다.
● 휘호(徽號) : 국왕이나 왕비를 찬미하는 의미로 올리는 칭호. 보통 존호(尊號)와 통용되지만, 존호와 시호를 구분할 때 이들을 통칭하는 용어로 사용되기도 한다.

조선 초기에는 고려 때의 예법을 이어 태조비와 태종비에게 왕태후라는 존칭을 썼는데, 제후국인 조선의 예법에 맞지 않으므로 삭제해야 한다고 주장했다. 이것은 종묘의 예제를 정비하는 차원에서 제기되었기 때문에 쉽게 수용되었다.

하지만 태조의 시호를 추상*하는 문제는 그 타당성부터 검증해야 했기 때문에 논의 과정에서 큰 논란을 불러일으켰다. 숙종은 많은 신하들에게 수의*하도록 했는데, 반대론이 만만치 않았다. 그 논리는 "선대 국왕을 높이는 도리는 글자 수가 많고 적은 데 있지 않다"로 집약된다. 역대 제왕의 시호를 살펴보면 글자 수가 많고 적음에 따라 업적에 대한 평가가 달라지지 않기 때문에 후손이 조상보다 시호 자수가 많다고 해서 문제될 게 없다는 것이다. 이렇게 보면 굳이 태조의 시호를 추가로 올릴 이유가 없게 된다.

대다수 신하들은 이에 동조했지만, 송시열의 취지에 공감하는 의견도 있었다. 김수항과 민정중은 숙종에게 수의 결과를 보고하면서 글자 수가 공업을 반영하지는 않는다는 원론을 인정하면서도 명나라에는 전례가 있다는 점도 지적했다. 이들은 송시열과 가까운 사이로 송시열의 주장에 전적으로 동의했지만, 정계의 분위기가 반대론으로 치우치자 '신중한 찬성론'을 폈다. 이것은 숙종도 마찬가지였다.

● 추상(追上) : 죽은 뒤에 시호 등을 추가로 올리는 것.
● 수의(收議) : 국가에 중대사가 있을 때 여러 신하들이 의견을 모아 논의하는 것을 말한다.

송시열의 두 번째 건의와 박세채의 반론

송시열은 정계의 반대 여론에도 불구하고 주장을 굽히지 않았다. 그는 다시 글을 올려 시호를 추상하는 이유를 다시 밝혔다. 여기서 그는 글자 수 문제와 관련하여 두 가지 논지를 보강했다.

하나는 명나라와 조선에서는 시호의 글자 수가 많은 것을 더 귀하게 여긴다는 점이었다. "글자 수의 많고 적음은 공업의 높고 낮음과 무관하다"는 반대론의 핵심 논지를 반박한 것이다. 반대론이 원론적인 면에 무게를 두었다면, 송시열은 현실적 의미를 내세운 것이라 할 수 있다.

다른 하나는 존호와 시호를 구분해 볼 때 태조 시호는 글자 수가 부족하다는 점이었다. 송시열은 태조 위판에 있는 여덟 글자를 존호와 시호 각 네 글자로 나누어 보았다. 그리고 여덟 자의 시호를 받은 후대 국왕들에 비해 글자 수가 부족하다는 주장을 폈다. 이러한 해석은 태조 시호의 특수성에서 비롯된 것이다.

태조는 1차 왕자의 난 뒤 정종에게 왕위를 물려주고 상왕이 되면서 '계운신무(啓運神武)'라는 존호를 받았다. 그리고 사후에 다시 '지인성문(至仁聖文)'이라는 시호를 받았다. 이 두 칭호를 합친 여덟 자가 위판에 기재되었는데, '지인계운성문신무(至仁啓運聖文神武)'라 하여 두 칭호를 섞어 놓았다. 송시열은 이 중에서 생전에 받은 네 자는 시호로 볼 수 없으며, 사후에 받은 네 글자만 시호에 해당한다고 주장했다. 결국 태조는 창업주임에도 시호를 네 자만 받은 셈이어서 여덟 자를 받은 후대 국왕들보다 품격이 낮아 보이는 결과를 불러왔다는 것이다.

숙종은 다시 신하들의 의견을 모았다. 이번에는 분위기가 찬성으로 기울었다. 새로 보강된 송시열의 주장이 공감을 얻은 것이다. 그런데 이 논리에서 보면 태종의 시호도 문제가 된다. 태종의 시호는 '성덕신공문무광효(聖德神功文武光孝)'인데, 이 가운데 '성덕신공'은 세종에게 왕위를 물려주고 상왕이 되었을 때 받은 존호이고, '문무광효'는 사후에 받은 시호이다. 따라서 태조의 시호를 존호와 구분하면, 태종의 시호 역시 네 자가 된다. 이로 인해 태종의 시호도 추가로 올려야 한다는 주장이 나왔고, 숙종도 이를 받아들였다.

그런데 이 무렵 박세채가 제동을 걸고 나섰다. 처음에 존호로 올렸더라도 그것이 시호에 포함된 이상 태조의 시호는 여덟 자로 보는 게 맞다는 주장이었다. 나아가 태조의 시호가 이처럼 만들어졌기 때문에 세종 이후 국왕들이 여덟 자의 시호를 받게 된 것이라고 해석했다. 이렇게 보면 시호가 부족하여 추상해야 한다는 논리는 설득력을 잃게 된다.

실상 태조와 태종의 사례는 다른 국왕들과 사정이 달랐다. 둘은 왕위를 물려주고 상왕으로 있다가 사망했으며, 상왕 때와 사망한 뒤에 각각 존호와 시호를 받았다. 태종 이후 숙종대까지 더 이상 이러한 예는 없었다. 세종은 사후 '영문예무인성명효(英文睿武仁聖明孝)'라는 여덟 자의 시호를 받았다. 앞서 태조와 태종이 상왕 때 받은 존호 네 자에 시호 네 자를 더하여 여덟 자를 종묘 위판에 적은 것에 맞추어 시호를 한번에 여덟 자 올린 것이다. 이는 시호와 함께 올렸어도 존호는 그대로 존호라고 본 송시열의 주장과 정면으로 배치된다.

박세채의 지적은 논리적으로 정확했다. 역대 조선 국왕의 시호를 살펴보면, 문종을 제외한 모든 국왕의 시호에 '문(文)'과 '무(武)'가 공통적으로 들어가 있다. 문종은 묘호에 이미 '문'이 들어 있기 때문에 다시 시호에 들어가지 않았을 뿐이다.

이러한 전통은 태조에서부터 비롯했다. 태조는 상왕 때 받은 존호에 '신무(神武)'가, 사후에 받은 시호에 '성문(聖文)'이 들어 있다. 문무의 공업을 시호에 함께 반영하는 것은 송나라나 명나라에서도 일반적이어서 대다수 황제 시호에 '문'과 '무'가 대칭으로 들어 있다. 이러한 구성 원리로 볼 때 태조의 존호와 시호는 내용상 분리될 수 없다. 태조의 위판에 본래의 순서와 달리 "성문신무"로 섞어 적은 것 자체가 문·무를 시호에 함께 표현하기 위한 것이었다. 이렇게 보면 시호에서 존호를 분리할 이유가 없다는 사실을 알 수 있다.

이러한 원리에도 불구하고 송시열이 태조의 시호와 존호를 구분한 데에는 그럴 만한 사정이 있었다. 당시 그는 종묘 위판의 오류를 바로잡는 작업을 진행하고 있었으며, 태조 시호의 추상은 그 연장에서 나온 발상이었다. 그런데 그가 지적한 오류 중에는 위판에 기재되어야 할 휘호가 빠진 사례가 많았다.

예를 들어 태종비 원경왕후와 세종비 소헌왕후, 성종비 공혜왕후, 중종비 장경왕후의 위판에는 시호 두 자만 쓰고 휘호는 쓰지 않았다. 이 중 원경왕후와 소헌왕후의 휘호는 생전에 받은 것이고, 공혜왕후와 장경왕후의 휘호는 사후에 추가로 올린 것이다. 또한 세조와 선조의 위판에는 생전에 받은 존호를 썼으나 정종은 상왕으로 있을 때 받은 존호가 있음에도 위판에 적지 않았다. 선조는 광해군이 올린 존호가 더 있었지만 역시 적지 않았다. 이 같은 사례들에 대해 송시열은 해당 휘호를 추가로 적어야 한다고 보았다.

이렇게 보면 위판에 기재되는 휘호는 원론적으로 공식 시호와 기타 존호로 나뉘며, 태조의 휘호 역시 시호와 존호로 구분이 가능해진다. 송시열은 이러한 인식에 기초하여 태조 시호에 글자 수가 부족하다고 판단했고, 이것이 태조의 공덕에 흠이 된다고 봄으로써 시호 추상이 필요하다는 결론에 이르렀던 것이다.

명나라 태조의 전례와 '종주'의 의리

송시열은 글자 수 부족과 관련하여 새로운 논리를 개진하는 한편, 몇 가지 중요한 논거를 새롭게 추가했다. 그중 하나가 명나라 태조의 전례였다. 명나라 세종 가정제는 1538년(가정 17)에 태조 홍무제에게 "개천행도조기립극대성지신인문의무준덕성공(開天行道肇紀立極大聖至神仁文義武俊德成功)"이라는 시호를 추가로 올렸다.

송시열은 이 전례에서 시호 추상의 정당성을 찾고자 했다. 조선 후기 정계는 청나라에 대한 복수의 과제가 현실성을 잃자, 임진왜란 당시 나라를 구해 주었다는 '재조지은'을 명분으로 명나라에 대한 의리를 강조함으로써 그 빈자리를 채우고자 했다. 이로 인해 제반 정책에서 명나라의 전례는 큰 설득력을 가질 수 있었다. 더구나 명나라 태조에게 시호를 추상한 사례는 조선 태조에게 시호를 추상하는 데 더할 나위 없는 현실적 증거였다.

송시열은 명나라의 전례를 따르는 게 '종주(從周)'의 의리에 맞아떨어진다고 주장했다. '종주'란 '주나라를 따른다'는 의미이다. 《논어》에서 공자가 주나라의 문물을 칭송하며 자신은 주나라를 따르겠다고 말한 데서 비롯되었다. 공자가 살던 춘추시대는 주나라가 쇠퇴하면서 여러 나라로 쪼개지고 제자백가로 불리는 다양한 사상들이 나타나 새로운 질서 수립을 모색하던 시기였다. 공자는 주나라의 정치를 이상으로 여기며 그 질서를 회복하는 것을 기본 방향으로 삼았다. '종주'의 의리란 주나라의 전통을 지켜 나가고자 한 공자의 지향을 담고 있다.

명 태조의 영정

송시열은 이를 조선의 입장에서 재해석했다. 곧 중국에서 중화(中華)의 전통이 없어진 마당에 조선이 명나라의 전례를 모범으로 삼아 유지해 가는 게 공자의 뜻에 부합한다는 것이었다. 이 논리는 처음 태조 시호 추상 문제를 논의할 때 송시열을 편들었던 쪽에서 내세운 논리였다. 송시열은 이를 받아들여 자신의 주장을 더욱 보강했고, 이에 힘입어 찬성론이 점차 확산되었다. 하지만 원론을 강조하는 반대론도 여전히 만만치 않았다.

위화도회군을 새롭게 평가하다

위화도회군과 조선 창업

태조의 시호를 더 올려야 한다는 논의는 글자 수가 부족하다는 단순한 인식에서 비롯했다. 그러나 정계의 의견을 모으는 과정에서 강력한 반대론이 나왔다. 이 반대론은 원론적으로 타당성이 있었기 때문에 시호를 추상하려면 더 확실한 명분을 갖추어야 했다. 그래서 명나라 태조의 전례를 원용했다. 하지만 이 사례는 '해서는 안 된다'라는 반대에 대해 '할 수 있다'를 내세우는 근거는 될 수 있어도, '반드시 해야 한다'는 근거가 될 수는 없었다.

'반드시 해야 한다'는 주장이 설득력을 가지려면 시호 추상의 형식이 아니라 내용에 근거가 있어야 했다. 태조의 공업이 기존 시호에 모두 담겨 있다고 보면 더 이상 시호를 추상할 명분이 없다. 반면 기존 시호에 담겨 있지 않은 태조의 공업을 제시한다면, 시호 추상은 확실한 탄력을

압록강 가운데에 놓인 위화도 전경

받을 수 있었다. 글자 수 부족이나 명나라 태조의 전례는 보조 논리일 뿐
이었다. 이러한 맥락에서 태조의 공업으로 새롭게 주목된 부분이 바로
위화도회군이다.

1388년 고려는 옛 쌍성총관부 자리에 철령위를 설치하여 직할지로 삼
겠다는 명나라의 통보에 반발하여 요동 정벌에 나섰다. 앞서 1259년(고
종 46) 동북면 화주(지금의 함경남도 영흥)에서 조휘·탁청이 반란을 일으켜
관리를 죽이고 몽골에 투항하는 사건이 일어났다. 몽골은 화주에 쌍성총
관부를 두고 조휘 등을 관리로 임명하여 다스리게 했다. 1356년(공민왕 5)
고려는 군대를 보내 쌍성총관부를 무력으로 수복했다. 이 지역의 토착
유력자였던 이자춘은 고려에 협조한 공로로 중앙 정계에 진출했다. 이를
발판으로 그의 아들 이성계는 무장으로 출세했고, 마침내 새 왕조를 열

환조 이자춘의 정릉과 의혜왕후 최씨의 화릉

기에 이르렀다. 쌍성총관부의 역사는 조선 창업의 역사와 바로 연결되어 있었던 셈이다.

그런데 고려가 명나라와 적극적인 외교 관계를 맺으면서 쌍성총관부의 영유권을 두고 두 나라 사이에 분쟁이 일어났다. 고려는 본디 고려 땅이므로 당연히 고려의 것이라고 믿어 의심치 않았지만, 명나라는 앞서 원나라의 영토를 고려가 점령한 땅이라고 보았다. 명나라는 이 지역을 되찾겠다는 뜻에서 철령위를 설치하겠다고 고려에 알렸다. 고유 영토에 대한 침범으로 간주한 고려는 크게 반발했다. 우왕과 당시 집권자인 최영은 명나라의 간섭을 차단하기 위해 요동 정벌을 추진했다.

당시까지 명나라는 요동 지역에 충분한 힘을 미치지 못했다. 원나라는 수도인 대도(지금의 베이징)를 내주고 북방으로 밀려났지만, 여전히 명나라를 위협할 만한 힘이 있었다. 지속적으로 고려에 사신을 보내며 함께

명나라를 공격할 계획도
추진하고 있었다. 이 시기
의 원나라를 '북원'이라
부르며 구분하는데, 대도
를 잃은 뒤 북원을 세운
소종은 고려에서 원나라
에 공녀로 들어가 황후 자
리에 오른 기황후의 아들
이다.

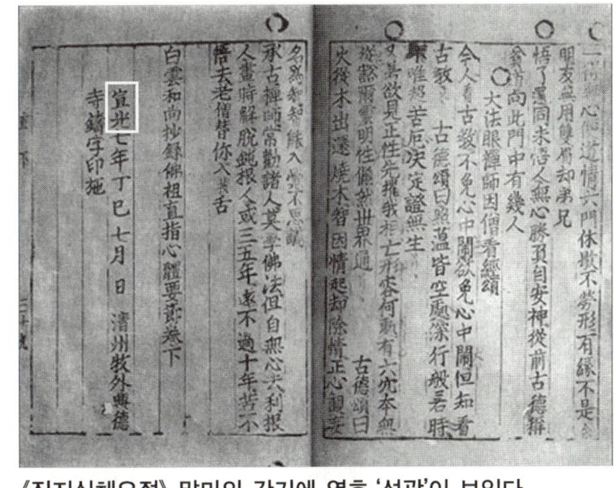

《직지심체요절》 말미의 간기에 연호 '선광'이 보인다.

공민왕이 시해되고 우
왕이 즉위한 뒤 고려와 북원은 더욱 가까워졌다. 1377년(우왕3)에 북원의
연호 '선광(宣光)'을 사용하기도 했다. 바로 이 해에 현존하는 세계 최고의
금속활자본 《직지심체요절》이 간행되었다. 이 책 끝부분에는 책을 찍은
해를 "선광칠년정사(宣光七年丁巳)"라고 적고 있어 당시 고려가 북원의 연
호를 사용했음을 직접 확인할 수 있다.

얼마 뒤 고려는 다시 명나라와 외교를 복구하고 책봉도 받았지만, 서
로 불신이 깊었다. 명나라는 고려가 요동 지역의 혼란을 틈타 자신에게
위협을 가할 수 있다고 의심했다. 철령위 설치는 고려를 견제하기 위해
던진 카드였다. 명나라의 의도를 읽은 고려는 적극 대응에 나섰다. 명나
라 홍무(洪武) 연호를 정지시켜 거부감을 드러낸 뒤 요동 정벌을 단행한
것이다. 고려는 명나라가 북방에 있는 북원을 의식하여 고려에 대해 쉽
사리 대응하지 못할 거라고 계산했다.

우왕은 최영을 총지휘관으로 삼고 조민수와 이성계로 하여금 군대를

이끌고 출정케 했다. 그러나 압록강을 건너던 고려군은 큰비로 강물이 불어나면서 위화도에서 발이 묶였다. 두 지휘관은 정부에 철군을 요청했으나 허락을 받지 못하자 마침내 군대를 돌려 최영을 숙청하고 우왕을 폐위시켰다.

회군 뒤 권력은 조민수가 먼저 잡았다. 그는 당대 최고의 명망가인 이색의 동의를 얻어 우왕의 아들 창을 국왕으로 옹립했다. 그러나 얼마 뒤 이성계는 조민수와 이색을 숙청하고 권력을 빼앗았다. 이성계 일파는 우왕과 창왕이 공민왕의 후손이 아니라며 그를 폐위하고 왕족인 정창군을 새 국왕으로 세웠다. 그가 바로 고려의 마지막 왕인 공양왕이다.

공양왕이 즉위한 뒤 이성계와 결탁한 급진파 사대부들은 과전법을 비롯한 갖가지 개혁을 추진하여 정계를 완전히 장악했다. 그리고 1392년 이성계는 마침내 공양왕의 양위를 받아 국왕으로 즉위했고, 이듬해 국호를 조선으로 고침으로써 새 왕조의 창업주가 되었다.

조선 전기의 위화도회군 평가

이성계에게 위화도회군은 권력을 장악하는 발판이었으며, 이 회군이 결국 조선 창업으로 이어졌다. 이 때문에 조선의 창업이 위화도회군부터 사실상 시작되었다고 생각하기 쉽다. 그러나 엄밀히 말하면 위화도회군과 조선 창업은 서로 다른 과정이었다. 회군은 어디까지나 무너진 고려 왕조를 다시 일으킨 '중흥'의 공업일 뿐이었다. 반면에 창업은 고려 왕조를 부정한 것이기 때문에 회군으로 소급하기 곤란한 면이 있다.

또한 고려의 입장에서 보면 위화도회군은 출정한 장수들이 왕명을 거역하고 일으킨 반역이었다. 《용비어천가》 9장에는 회군 직후 우왕이 다음과 같은 명령을 내린 것으로 적고 있다.

정벌을 떠났던 여러 장수들이 제멋대로 군대를 돌이켰다. 모든 군인과 백성들은 마음을 다해 저들을 막아라. 반드시 큰상을 내리겠다.

이성계 일파는 나중에 이 혐의를 지우고 회군을 정당화하기 위해 우왕과 창왕이 공민왕의 후손이 아니라 신돈의 후손이라고 규정했다. 이것을 통상 '우창비왕설'* 혹은 '신우신창론'*이라 부른다. 왕씨도 아니면서 왕위를 도둑질한 자이므로 이들을 쫓아내고 왕씨를 세운 것은 반역이 아니라 중흥이 된다.

그러나 회군 직후 우왕의 아들인 창왕이 무난히 즉위한 것을 볼 때, 우왕을 폐위하는 데 혈통이 문제되지는 않았음이 분명하다. 우왕은 공민왕이 인정한 아들이었던 만큼 우왕 폐위 때 혈통 문제가 불거졌을 가능성은 높지 않다. 또한 회군 직후 조민수가 이색과 더불어 창왕을 세운 것을 보면, 위화도회군 직후 실권은 조민수가 쥐고 있었다는 사실을 알 수 있다.

결국 신우신창론은 이성계가 조민수를 숙청하고 권력을 잡은 뒤 자신의 집권을 정당화하기 위해 제시한 논리였다. 회군하고 나서 옹립한 창왕을 폐위하고 새 국왕을 세우는 데 명분이 필요했던 것이다. 이를 통해

● 우창비왕설(禑昌非王說) : 우와 창은 왕씨가 아니다.
● 신우신창론(辛禑辛昌論) : 우와 창은 신돈의 후예이다.

공민왕과 노국공주가 묻혀 있는 현릉

이성계 일파는 자신들의 행동이 왕조를 뒤엎은 반역 행위가 아니라 무너진 왕조를 다시 일으킨 중흥이라는 명분을 내세울 수 있었다.

회군 뒤 이성계는 "충근양절선위동덕안사공신(忠勤亮節宣威同德安社功臣)"이라는 칭호를 받았고, 공양왕이 즉위한 뒤에는 "분충정난광복섭리좌명공신(奮忠定難匡復燮理佐命功臣)"이라는 칭호를 받았다. 위화도회군이 '안사' 곧 왕조의 안정을 도모한 것이라면, 공양왕 옹립은 '좌명' 곧 정통성이 있는 국왕을 받든 것이었다. 특히 후자는 '중흥공신'으로도 칭했다. 내용상 이성계의 회군은 공양왕 즉위와 하나의 과정으로 연결되거니와 이는 고려의 중흥으로 평가되었다. 회군의 공적은 공양왕 즉위로 종결되며 태조 즉위로까지 이어질 수 없었다.

이성계의 즉위는 '역성혁명'으로 포장되었다. 역성혁명이란 천명이 옮겨 감에 따라 다른 성을 가진 사람에게 왕위를 넘겨주는 것을 말한다. 이러한 명분을 바탕으로 이성계는 공민왕의 부인인 왕대비 안씨의 명령과 최고 권력기구인 도평의사사의 추대를 통해 '고려의 국왕'으로 즉위했다. 이어서 이성계는 기존의 법질서를 그대로 유지할 것을 천명했으며, '고려'라는 국호도 그대로 유지했다. 그러나 그는 1년 만에 이 약속을 뒤집고 '조선'이라는 국호를 제정했다.

위화도회군을 조선 창업의 출발로 설정하면 그 사이 공양왕 즉위를 통해 표방된 '중흥'의 공훈은 무력화되며, 공양왕이 이성계에게 왕위를 넘겨준 명분에도 흠집이 생긴다. 회군은 왕위를 노린 쿠데타가 되며, 조선 건국은 천명이 아니라 무력으로 찬탈한 행위라는 혐의를 피하기 어려워진다. 이 때문에 조선 전기에는 위화도회군을 조선 창업과 다른 차원에서 평가했다.

예를 들어 1424년(세종 6) 태종의 배향공신*으로 선정된 조영무를 제사하는 글에는 "회군에서는 대의에 참여했고, 개국에서는 남다른 공로를 세웠다"라고 평가하여 회군과 개국을 구분했다. 회군은 잘못된 것을 바로잡는 의리로 평가되었다. 또한 1430년(세종 12) 설순이 "태조의 개국은 곧 회군한 뒤의 일이요, 그때는 왕의 자취가 드러나지 않았습니다"라고 한 것도 회군을 창업과 직접 연결시키지 않는 태도를 보여 준다. 위화도회군과 조선 창업은 모두 이성계의 공업이지만, 그 의미는 구분되었으며 굳이 창업의 시점을 회군으로 끌어올리지 않았던 것이다.

●배향공신(配享功臣) : 종묘에서 특정 국왕과 함께 제사를 받는 공신을 말한다. 대개 해당 국왕에게 각별한 공훈을 세운 것으로 평가되는 인물들이 선정되었다.

위화도회군 재평가를 둘러싼 논란

송시열은 조선 창업이 위화도회군에서 출발했음에도 그 공업이 시호에 반영되지 않았다며 시호 추상의 정당성을 역설했다. 그리고 그 시안으로 '소의(昭義)'와 '정륜(正倫)'을 제시했다. 회군을 "의리를 밝히고 윤리를 바로잡은 것"으로 평가한 것이다. 유의할 것은 이때의 의리는 고려 왕실에 대한 의리가 아니라 명 태조에 대한 군신의 의리를 상징한다는 점이다. 위화도회군과 조선 개국은 명나라와의 의리를 통해 하나의 과정으로 설명될 수 있었다.

송시열이 위화도회군을 들고 나온 것은 시호 추상을 위해 내용상 확실한 근거가 필요했기 때문이다. 글자 수가 부족하다는 이유만으로 시호 추상을 요구하는 것은 구차하다는 비판을 살 수 있었다. 반면 시호에 빠진 명분을 채워 넣는 것이라면 그런 부담은 단번에 사라진다. 실제 송시열이 회군을 명분으로 내세우자 정계는 시호 추상에 동의하는 분위기로 빠르게 반전되었다.

그런데 이번에도 박세채가 제동을 걸었다. 그가 제시한 반론의 요지는 "제왕의 시호는 창업하여 실현한 공업을 나타내는 것이며, 회군은 잠저*때의 일이므로 따로 찬미해야 한다"는 것이었다.

창업주는 왕조를 세우는 과정에서 비도덕적인 일을 저지르는 경우가 많았다. 무엇보다 전 왕조의 신하로서 반역을 도모한 정황을 피할 수 없다.

●잠저(潛邸) : 창업주나 본디 후계자가 아니었으나 국왕으로 즉위한 사람이 즉위 전에 살던 집, 또는 그 기간을 가리킨다.

이 문제를 희석시키기 위해 천명의 교체를 표방했고, 비도덕적 행위를 숨기고 도덕적 행위를 부풀리는 왜곡을 행했다. 이 때문에 조선에서 고려의 역사를 정리한 《고려사》도 직서(直書), 곧 있는 사실 그대로 쓴다는 표방에도 불구하고 고려말 부분에 많은 왜곡이 들어 있다.

종묘 공민왕 신당의 공민왕 초상

태조 이성계가 고려의 신하로서 공양왕을 추대하여 왕실을 중흥한 공업을 창업 과정에 포함시키면, 결국 왕위를 차지하기 위해 회군을 단행했다는 결론에 이르게 된다. 그것은 이성계의 즉위가 가지고 있던 모든 명분을 날려 버릴 수 있었다. 박세채는 국왕이 된 이후의 행적만을 평가하여 시호에 반영해야 한다는 원론을 환기함으로써 그 위험을 피하고자 했다. 다만 회군이 태조의 중요한 공업임은 분명하므로 따로 찬미하면 된다고 덧붙였다.

송시열과 박세채의 서로 다른 태도는 회군을 평가한 조선 전기의 글을 해석하는 데서도 나타났다. 대표적인 것이 성삼문의 〈팔준도명(八駿圖銘)〉이다. 〈팔준도〉란 태조가 탔다는 명마 여덟 마리를 그린 그림으로, 성삼문은 이를 찬미하는 글을 지었다. 여기서는 그에 대한 송시열과 박세채의 이해 차이만 짚어 보기로 하고, 〈팔준도〉에 대해서는 이 책 뒤에서 자세히 설명할 것이다.

한 번 진노하여 요승을 몰아내니　赫一怒驅孼僧

사직이 빈터가 되지 않았고　而社稷不墟

완벽한 계획을 내어 홍건적을 무찌르니 出萬全殲紅賊

종묘는 예전과 같게 되었다 而廟貌如故

나하추를 몰아내고 오랑캐를 쳐부순 것은 走納氏征兀剌

태산으로 알을 누르기보다 쉽고 太山固易壓卵

지리산에서 싸우고 운봉에서 이긴 것은 戰智異捷雲峯

거센 바람이 가랑잎 쓸어내는 것처럼 어렵지 않다 疾風詎難掃葉

토동(兎洞)에서 말안장을 풀어 놓으니 兎洞解鞍

해로운 기운이 바닷가에서 사라졌고 害氣霽於海嶠

압록강에서 고삐를 돌리니 鴨綠回轡

대의(大義)가 해와 별보다 밝았다 大義昭於日星

위 인용문은 성삼문의 글 중에서 태조의 주요 업적을 묘사한 부분이다. 논란이 된 부분은 위화도회군을 소재로 한 마지막 구절이다. 태조가 팔준과 함께 이룬 공업 가운데 회군이 포함된 것인데, '대의'에 대한 해석에서 차이가 나타났다. 송시열은 이 대의를 명나라에 대한 의리의 표현으로 보고 이를 조선 건국의 명분과 연결지었다. 그러나 박세채는 공양왕 옹립으로 이어진 고려 중흥의 의리라고 규정하고, 이를 창업 전 무장으로서 활동한 내용으로 구분했다.

인용문에서 요승을 몰아냈다는 부분은 신돈 숙청에 공을 세운 것을 말한다. 그리고 홍건적의 침입으로 함락된 개경을 수복했고, 변경을 침범하던 나하추 등 여진족을 물리친 것이 나온다. 운봉에서 왜구를 격파한 것은 황산대첩을 가리킨다. 토동에서 말안장을 풀어 놓았다는 부분은 1385년

(우왕 11) 9월 함경도 토아동에서 왜구를 격파한 것을 말한다. 당시 이성계는 군사들과 말을 쉬게 하고 활 솜씨를 과시하여 적의 사기를 꺾었다고 한다. 결국 위화도회군 역시 무장으로서 태조가 세운 공업의 하나로 제시되었으므로, 박세채의 말대로 이는 창업과 직접 연결할 수 없었다.

그것을 모를 리 없는 송시열이 위화도회군을 창업 사적으로 연결한 데에는 당시 변화된 시대상이 영향을 미치고 있었다. 임진왜란과 병자호란을 겪으면서 대명의리가 부각되고 그 연원은 조선 창업 당시로 소급되었다. 조선은 창업 이래 명나라와 의리로 묶여 있다고 보았다. 따라서 명과 조선의 관계는 실제와 다르게 확대 해석될 여지가 커졌다.

송시열은 성삼문이 말한 '대의'를 《춘추》에서 말하는 '존왕(尊王)의 대의' 곧 명나라 황제에 대한 의리로 해석했다. 회군은 명나라에 대한 공격을 거부한 증거이고, 이로 인해 수립된 우호 관계는 나중에 왜란에서 명나라의 원병으로 나타났다. 따라서 조선의 건국, 그리고 그 이전의 위화도회군까지 대명의리의 맥락에서 일관된 의미를 가진다는 것이다. 물론 일개 무장이었던 이성계가 명나라와의 의리를 명분으로 왕명을 거부하고 회군을 단행했다고 보기에는 무리가 있지만, 송시열은 조선 후기의 시대 정신에 따라 그와 같은 해석을 한 것이다.

위화도회군에 대한 평가는 박세채의 논리가 정당했지만, 송시열이 제기한 존주의 의리 또한 당시의 최고 가치로서 무시할 수 없었다. 위화도회군을 당시의 실상 그대로 이해할 것인가, 아니면 현실의 과제에 맞추어 새로이 이해할 것인가 하는 과제가 숙종과 정계에 던져졌다. 숙종은 다시 다수의 신하들을 불러 의논케 했고, 송시열은 세 번째로 글을 올려 시호 추상의 정당성을 다시 한 번 역설했다.

태조의 시호 추상이 확정되다

인조 · 효종 세실론

효종 사후 북벌은 현실적 의미를 잃었지만 현종대 내수외양의 기치를 세움에 따라 명맥만큼은 유지되었다. 그러나 이러한 정책 방향은 숙종 초 청나라의 정세가 바뀌면서 갈림길에 섰다. 청나라는 명나라를 멸망시키는 과정에서 각지에서 일어난 군웅들의 협조를 받았다. 그 대가로 각기 일정 지역에서 자치를 허용했는데, 이것이 바로 삼번이라 부르는 세력이다. 그런데 강희제가 이들의 자치권을 빼앗고 직할지로 삼도록 명하면서 갈등이 촉발되었다.

삼번의 일원인 평서왕 오삼계는 강희제의 조치를 거부하고 반란을 일으켰고, 강희제가 무력 정벌에 나서면서 긴장이 고조되었다. 조선 정부는 기다려 왔던 한족의 반란이 나타나자 촉각을 곤두세웠다. 그러나 조선의 기대와 달리 청나라 군대는 반란 세력을 모두 제압하고, 1681년(숙종 7)에

는 오삼계의 마지막 근거지였던 대만까지 점령
했다.

이 상황을 지켜본 조선 정부는 청나라에 대한
복수가 사실상 물 건너갔다는 현실을 인정하지
않을 수 없었다. 그리고 계속 북벌 이념을 유지
하는 것도 조선 왕조의 존립에 좋을 게 없다는
판단을 내렸다. 그렇다고 이를 드러내 놓고 폐기
할 수도 없었다. 인조반정의 중요한 명분이었던
척화와 북벌이 거짓된 구호에 불과했음을 자인

강희제 영정

하는 꼴이 되기 때문이었다.

이에 현실 정책에서는 북벌의 기조를 폐기하더라도 명분상으로라도
척화-북벌의 이념적 정당성을 강조할 필요가 있었다. 현실적 함의가 희
석될수록 이념적 강도를 높여 그로 인한 동요를 막자는 원리였다. 그 산
물이 바로 척화와 북벌의 주체로서 인조와 효종을 '세실(世室)'로 확정하
는 것이었다. '세실'이란 종묘에서 대수가 지나가도 옮기지 않고 계속 제
사를 지내도록 한 국왕을 말한다. 곧 태조나 태종 등 '불천지주'와 같은
의미이다.

그런데 세실은 본디 대수가 지나 제사를 끝낼 무렵에 비로소 그 여부
를 결정하는 것이다. 아직 제사를 지내고 있는데 미리 세실 문제를 논의
하는 자체가 예법에 어긋나며, 가까운 직계 후손이 선조의 공업을 평가
한다면 객관적 논의가 어렵다는 문제도 있었다. 그런데 숙종 초 인조와
효종의 세실 논의는 대수가 다 차기도 전에 제기되었다. 그만큼 정치적
으로 시급하고 절실한 문제였다는 뜻이다.

이 논의는 인조가 아니라 효종 세실 문제에서 시작되었다. 인조는 '조'의 칭호를 받은 데서 드러나듯이 중흥주로 공인되었으므로 대수가 차면 자연스럽게 세실이 될 군주였다. 그는 반정으로 즉위했고 병자호란을 겪은 뒤에도 나라를 이어 나갔다.

하지만 효종에게는 그러한 명분이 없었다. 그는 반정에서 큰 역할을 하지도 않았고 태종이나 세조처럼 왕실을 지켜 냈다는 명분을 세우기도 곤란했다. 형 소현세자가 갑자기 죽으면서 왕위를 계승했을 따름이다. 그렇다고 재위 중에 두드러진 공적을 남겼다고 보기도 어려웠다. 그럼에도 세실론이 고개를 든 것은 그가 표방한 북벌을 절대 가치로 삼으려 했기 때문이다.

북벌이 실현 불가능한 쪽으로 굳어지면서 효종 이래 국왕의 권위도 흔들렸다. 소현세자 제거와 효종 즉위는 병자호란의 굴욕을 넘어 인조 정권의 정당성을 확보하기 위해 단행한 조치였고, 북벌은 그 명분을 뒷받침해 주는 이념이자 정책이었다. 그런데 북벌이 허구화되면 결국 효종의 즉위 명분도 사라지고 인조 정권마저도 정당성을 잃을 수밖에 없었다. 이는 현 국왕인 숙종에게도 큰 부담이었다.

효종을 세실로 삼으려는 데에는 아무리 시대가 달라져도 북벌의 가치만큼은 바뀌지 않는다는 선언이 담겨 있었다. 그러한 평가의 근거를 북벌 이념이 '춘추대의(春秋大義)'를 실현하는 것이라는 데서 찾았다. 춘추대의란 공자가 《춘추》에서 피력한 의리를 말하는데, 그 핵심은 주나라 왕실을 높인다는 존주(尊周) 내지 존왕(尊王)에 있었다. 그리고 공자의 존주 의리가 조선의 현실에서 구현된 것이 명나라에 대한 의리라고 해석되었다. 이에 따르면 북벌은 이 가치를 실현하기 위한 방안이며, 효종 즉위는 이를 실현하기 위한 선택이므로 변치 않는 정당성을 지닌다. 따라서 효종은 당연히 세실이 되어야 한다는 결론에 이르고, 이는 효종 즉위는 물론 그 후손인 숙종의 권위에도 강력한 명분을 줄 수 있었다.

효종 세실은 이러한 정치적 함의를 내포하고 있었기 때문에, 예법에 벗어난 결정임에도 국왕의 적극적인 지지와 정계 전반의 찬동 속에 실현되었다. 이때 인조보다 효종을 먼저 세실로 할 수 없었기 때문에 인조도 함께 세실로 삼게 되었다. 송시열은 태조 시호 추상의 새로운 명분으로 바로 직전에 실현된 인조·효종 세실을 들고 나왔다.

마침내 시호 추상이 실현되다

송시열은 세 번째 올린 글에서 '존왕'의 의리를 강조하고 그 원리에서 태조의 창업을 인조·효종의 공업과 연결했다. 곧 태조의 회군은 《춘추》에서 천명한 '존왕의 의리'를 밝힌 결단이며, 인조의 척화와 효종의 북벌은 태조에 대한 '계술(繼述)'이라는 것이다.

계술이란 '계지술사(繼志述事)'를 줄인 말이다. 계지술사는 《중용》에서 주나라 문왕과 무왕의 효도를 '계지'와 '술사'로 설명한 데서 비롯되었는데, 선왕의 뜻을 이어받으면서 현실에 맞게 사업을 실현해 나간다는 뜻으로 풀이된다. 이 점에서 단순히 선왕의 조치를 그대로 지켜 나간다는 것과 다른 함의를 지닌다.

조선에서 이 이념이 잘 표현된 예로 세조가 세자(예종)에게 내려 준 《훈사》를 들 수 있다. 이 책의 서문에서 세조는 시대가 바뀌었음에도 아버지 사업을 똑같이 행하고자 한다면 둥근 구멍에 네모난 손잡이를 끼우는 것과 같다고 지적했다. 그리고 본문의 결론을 '선술(善述)'로 설정하여 이를 재확인했다. '선술'이란 '계지술사를 잘 한다'는 의미이다. 현실에 맞게 정책의 취지를 구현해 나가기를 당부한 이 이념은 후대 국왕의 통치에서 중요한 원리가 된다.

계술의 핵심은 기존 것을 존중하되 그때그때 여건에 따라 지혜롭고 융통성 있게 처리한다는 데 있다. 이 때문에 이 논리는 신하들이 기존의 관행을 지켜 가려는 국왕에 맞서 제도 개혁을 요구할 때 자주 인용되었다. 하지만 경우에 따라서는 국왕이 개혁을 추진할 때 신하들의 반대를 돌파하는 무기가 되기도 했다. 어떤 상황에서 활용되는가에 따라 그 의미는 여러 가지로 나타날 수 있었다.

송시열은 이 논리를 통해 바로 전에 실현된 인조·효종 세실과 태조 시호 추상을 하나의 논리로 연결하였다. 인조와 효종의 사업을 태조에 대한 계술로 평가하면, 이들은 창업의 이념을 재현하는 중흥의 군주로 평가되고 그만큼 세실의 명분은 확고해진다. 동시에 태조의 공업은 이미 실행된 인조·효종 세실의 전제로 설정된다. 그런데 그 표상이 바로 위화도회군이므로 이를 태조 시호에 반영해야 한다는 주장은 정치적으로 강력한 설득력을 가질 수 있었다. 이를 발판으로 태조 시호의 추상은 곧바로 실행에 옮겨질 수 있었다.

새로 올릴 시호는 '정의(正義)'와 '광덕(光德)'으로 결정되었다. 본디 송시열은 위화도회군의 크나큰 공업이 시호에서 빠졌다고 보았기 때문에 이를 직접 표현하는 방안으로 '소의(昭義)'와 '정륜(正倫)'을 제시했다. '소의'는 회군 자체를 상징하고 '정륜'은 그 연장에서 이루어진 공양왕 옹립을 표상한다. 그런데 논의 과정에서 명나라에 대한 의리가 전면화되고, 인조 및 효종의 공업에 대한 평가가 연계되면서 회군에서 창업에 이르는 과정을 아울러 표현할 필요가 있었다. 추상된 시호 중 '정의'는 기존의 '소의'와 '정륜'을 합친 의미가 있고, '광덕'은 공양왕의 양위를 받아 즉위한 것을 나타내고 있다. 전보다 의미가 더 확장된 것이다.

이로써 위화도회군은 존왕의 의리를 밝힌 결단이자 조선 창업의 출발로 공인되었다. 그리고 선조 이래의 대명의리 및 인조의 척화와 효종의 북벌은 창업 이념의 재현이라는 의미로 일관되게 평가되었다. 이제 조선은 존주·존왕의 이념에 따라 세워진 왕조로서 명분을 갖추었고, 이를 토대로 창업주 태조는 물론 그 후손으로서 숙종의 권위도 높아질 수 있었다.

시호 추상을 바라보는 서로 다른 시각

박태유, 송시열을 비판하다

여러 차례 논란 끝에 태조의 시호 추상이 결정되었지만, 그 과정에서 적지 않은 문제점이 드러났다. 가장 큰 문제는 처음부터 명확한 명분과 논리로 시작된 일이 아니라는 점이었다. 이 논의는 처음에는 단순히 글자 수가 부족하다는 인식에서 시작했다. 그러나 도중에 위화도회군을 존왕의 의리로 평가하고 이를 시호에 반영해야 한다는 논리가 추가되었고, 다시 앞서 인조와 효종을 세실로 삼은 조치와 연결되면서 체제적인 문제로 발전했다. 초기의 부정적 여론이 송시열의 거듭된 의견 개진을 통해 긍정론으로 선회했으므로 이에 대한 비판이 없을 수 없었다.

숙종은 많은 신하들의 의견을 모아 공론을 수용하는 형식을 취했지만, 정당하지 않은 조치가 송시열의 주장에 밀려 무리하게 진행되었다는 시선을 완전히 피할 수는 없었다. 이 문제가 표면화되어 나타난 것이 바로

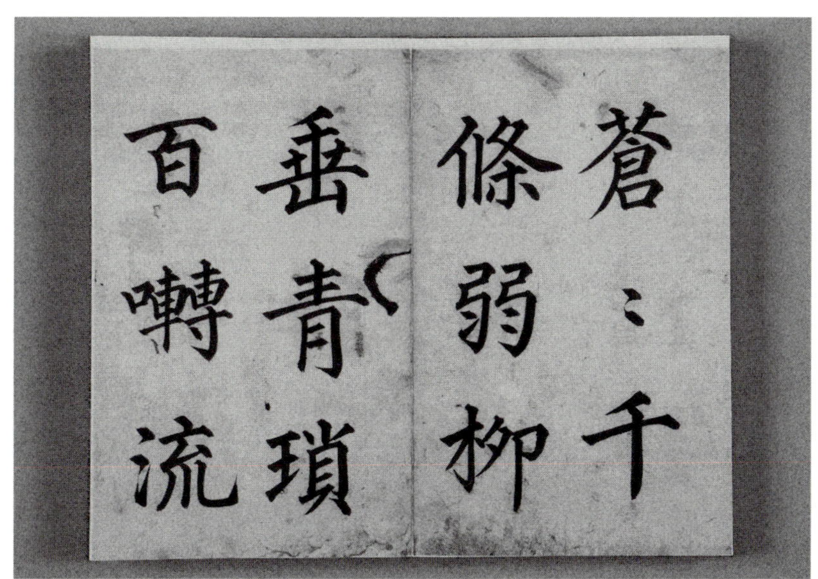

박태유 필적

박태유 사건이다.

시호 추상이 결정되자, 박태유는 그 잘못을 논하고 여론이 송시열에게 영합하고 있다는 논지로 상소를 올렸다. 이 상소는 주변의 만류로 문제가 될 부분을 곧바로 삭제했으나, 앞서 제출한 초본 내용이 알려지면서 정계에 파문이 일었다. 박태유의 비판을 두고 시호 추상의 핵심 명분인 '춘추대의' 자체를 부정한 행위라며 비난이 일었다. 처음에 숙종은 도중에 중지한 상소라 하여 문제 삼지 않았다. 하지만 박태유에 대한 비판이 계속되고, 그럴수록 그를 변호하는 움직임도 두드러지면서 정계의 대립이 격화되었다.

박태유의 송시열 비판이 지나치다는 데는 다들 동의했지만, 국왕에게 올라오지도 않은 상소 내용을 문제 삼을 필요가 있는지에 대해서는 의견이 갈렸다. 심지어 사헌부 안에서도 이견이 있었다. 상소가 일단 제출된 이상 국왕에게 전달되지 않았다 하더라도 그 내용의 잘못은 탄핵 대상이라는 입장이 있는가 하면, 이미 상소를 써 놓았더라도 잘못을 깨닫고 고쳤다면 처음 잘못을 문제 삼을 수 없다는 입장도 있었다.

그런데 얼마 뒤 송시열이 박태유의 비판에 대해 스스로를 견책하는 상소를 올리면서 사태가 급속히 악화되었다. 송시열을 두둔하던 숙종은 결국 박태유를 지방으로 좌천시키고, 그를 변호하던 몇몇 인물들도 징계했다. 사태가 커지자 박세채가 나서서 수습하려 했으나 숙종은 받아들이지 않았다.

이처럼 박태유의 상소가 국왕까지 올라오지 않았음에도 큰 파문을 일으킨 것은 당시 정계를 주도하던 송시열의 권위에 대한 도전으로 여겨졌기 때문이다. 이미 송시열의 존주론을 적극 수용하여 인조·효종을 세실로 삼았고, 태조 시호 추상 또한 최종 시행의 명분을 확보한 상태였다. 숙종은 송시열의 권위가 손상을 입을 경우 태조 시호 추상뿐만 아니라 선행한 조치까지 흔들릴 수 있다고 보았다. 이에 박태유를 징계하는 쪽으로 사태를 마무리하고자 했다. 하지만 송시열의 문인들을 중심으로 한 세력은 박태유는 물론 그를 변호한 인물들에게까지 공격을 멈추지 않았고, 사태가 길어지면서 이 문제는 점차 붕당 대립의 면모를 띠게 된다.

노론과 소론의 인식 차이

박태유 문제가 주변 사람들까지 징계되는 상황으로 커지자 점차 붕당의 모습이 나타나기 시작한다. 처음에는 박태유를 변호하던 사람들을 붕당으로 몰아붙였지만, 사실상 공격하는 쪽에서 더 뚜렷한 붕당의 모습을 보였다. 이 때문에 붕당이 고착될까 우려한 박세채는 처벌 확대를 한사코 반대했다. 하지만 우려한 대로 박태유 문제는 갈수록 붕당으로 치달았고, 급기야 노론과 소론의 분화와 맞물리게 되었다.

서인은 1694년(숙종 20) 갑술환국 후 남인을 처리하는 과정에서 강경파(노론)와 온건파(소론)로 분화되었다. 특히 세자의 삼촌인 장희재를 처형하는 과정에서 강력한 처벌을 요구했던 노론과, 세자를 보호한다는 명분 아래 처벌을 완화해야 한다고 주장한 소론의 대립이 첨예해졌다. 이들의 대립은 각각의 영수로 평가되는 송시열과 윤증이 개인사로 갈등을 빚었던 일로 소급되면서 고착되었고, 붕당이 나뉘기 전에 있었던 여러 일까지 붕당의 관점에서 해석되기에 이르렀다.

이러한 인식 차이는 《숙종실록》과 《숙종실록보궐정오(肅宗實錄補闕正誤)》에서 자세히 확인할 수 있다. 《숙종실록》은 숙종에 이어 경종이 즉위한 뒤 편찬이 시작되어 8년 만인 1728년(영조 4)에 완성되었는데, 노론의 시각이 녹아 있다. 그런데 이 책이 완성되기 전 해에 정미환국이 일어나면서 소론이 정권을 잡았다. 소론은 《숙종실록》이 노론의 시각에 편향되어 있다고 판단하고 다시 편찬하고자 했다. 앞서 남인 집권기에 편찬된 《현종실록》에 대해 서인 집권 후 《현종개수실록》을 편찬한 전례를 채용한 것이다. 그러나 소론의 의도는 실패로 끝났다. 이에 소론은 《숙종실록》의 내용 가운데 문제가 있다고 생각되는 부분에 내용을 보충하거나 수정하여 하나로 엮은 뒤 《숙종실록》과 합쳤다. 이렇게 추가한 부분을 가리켜 《숙종실록보궐정오》라고 한다.

두 책은 노론과 소론이 갈리기 전의 사안에 대해서도 뚜렷한 붕당적 시각을 드러냈다. 박태유 사건도 그중 하나였다. 《숙종실록》은 송시열이 정당하다는 전제 아래 박태유와 그를 변호한 인물들을 비판했다. 반대로 《숙종실록보궐정오》에서는 박태유 등을 옹호하는 기사를 추가했다.

나아가 사건의 원인이 된 태조 시호의 추상에 대해서도 엇갈린 인식을 보였다. 노론은 송시열의 건의에 대해 병자호란 이후 존주의 의리가 없어지고 있다는 문제의식에서 나온 것이라며 높이 평가하고, 박세채 등의 반대론에 대해서는 선입견이라고 비판했다. 소론은 시호 추상의 의의 자체는 부정하지 않았지만, 근본적으로 송시열이 자기 변호를 위해 추진한 정책이었다고 의혹을 제기했다. 송시열은 효종의 상례를 논의하는 과정에서 효종의 권위를 깎아내렸다는 죄목(갑인예송)으로 유배되었다가 경신환국 후에 비로소 정계에 복귀했다. 태조 시호 추상이 정말 중요했다면 그전에 얼마든지 추진할 수 있었다는 것이다. 송시열이 정계에 복귀한 뒤에 비로소 이 일을 추진했다는 것은 결국 자신에게 씌워진 혐의를 벗기 위해 무리하게 벌인 사업임을 보여 준다고 평가한 것이다.

태조 시호 추상을 바라보는 숙종의 생각

태조 시호 추상은 송시열의 발의와 적극적인 논리 개발에 힘입어 실행되었지만, 국왕 숙종의 강력한 의지가 있었기 때문에 실현될 수 있었다. 물론 당시 논의가 송시열의 거듭된 건의와 그를 추종하는 사람들의 지지를 통해 전개된 만큼, 숙종이 송시열의 주장에 끌려간 인상을 줄 수 있었다. 실제로 《숙종실록보궐정오》는 숙종이 송시열에 떠밀려 본디 뜻과 다르게 시호 추상을 허락했다고 보았다.

그러나 소론의 주장과 달리 숙종은 처음부터 시호 추상을 적극 지지했다. 여러 차례에 걸쳐 많은 신하들의 의견을 모은 것은 창업주의 위상을 재정립하는 사안의 중대성에 비추어 신하들의 폭넓은 지지를 얻기 위해서였다. 숙종은 처음에 위화도회군을 시호에 반영하는 데 난색을 표했는데, 이는 할 수 없는 일이라고 판단해서가 아니라 새로 제시되는 논리에 대한 반론을 예상하고 충분한 논의와 동의를 유도한 것이었다.

숙종이 주변의 만류를 뿌리치고 박태유 등의 처벌을 강행한 것도 같은 맥락이었다. 처음 박태유 탄핵이 나왔을 때 숙종은 "현인을 막고 나라를 병들게 한 죄"를 인정했다. 다만 국왕에게까지 올라오지 않은 내용으로 처벌하는 것은 법리적으로 무리가 있다는 입장이었다. 그런데 박태유를 변호하는 글이 올라오자 숙종은 "죄가 있고 없음은 공론이 있을 것"이라며 힐난했다. 이는 박태유 등에 집중 포화를 가하는 계기가 되었다. 숙종은 박태유 처벌을 가능하게 할 정도로 여론이 형성되기를 기다린 것이다.

숙종은 정계 전반이 동의할 수 있는 충분한 명분을 요구했고, 송시열은 이에 부응하여 적극적으로 논리를 개발했다. 이러한 과정을 거침으로써 숙종은 공론을 수용하는 모습을 보이는 한편, 논의의 시비(是非)를 판정하고 시행을 결정하는 권리를 분명하게 보여 줄 수 있었다. 이것은 즉위 초부터 급격한 정계 개편을 경험한 20대 초반의 젊은 숙종이 정치적 주도권을 잡아 나가는 발판이 되었다.

그런 만큼 숙종은 태조 시호 추상의 결정적 근거가 된 위화도회군에 대해서도 특별하게 생각했다. 그가 지은 〈위화회군(威化回軍)〉이라는 시에는 이를 바라보는 숙종의 생각이 잘 드러나 있다.

차마 말하리, 지난 무진년에　忍言在昔戊辰年

우왕과 최영이 흉계를 다해 감히 하늘을 쏘았네　禑瑩窮兇敢射天

순리와 반역, 옳은 것과 그른 것을 부하들에게 설득하여　順逆誕敷麾下諭

깃발이 마침내 섬 중간에서 돌아왔네　旌旗遂自島中還

존주의 정의에 군민이 복종하고　尊周正義軍民服

득국의 노래가 노소에 전해졌네　得國歌謠老少傳

하물며 군대가 강을 건너자 물이 넘쳤으니　況是渡師方水漲

일은 더욱 신기하여 얼음처럼 단단하네　事尤神異類氷堅

위 시에서 숙종은 태조의 위화도회군을 존주의 뜻에서 나온 결단이며 창업의 출발이라고 평가했다. 이는 송시열이 주장한 논리를 그대로 받아들인 것이다.

이로써 조선 건국 과정을 위화도회군부터 설명하는 '정치적 상식'이 자리잡게 되었다. 이제 태조는 후대 국왕들에게 권위의 상징이자 정책의 명분으로 되살아났다. 그와 더불어 태조가 즉위하기 전의 사적, 나아가 그 선조의 사적들까지 모두 창업의 과정으로 부각되었다. 국왕은 물론 신하와 백성들까지 사적을 발굴하고 정비하는 데 관심을 갖게 되고 태조 관련 사적 정비는 급속도로 확산되었다.

2장 • 태조의 영정을 다시 그리고 옛집에 비를 세우다

1

태조 영정을 다시 만들기까지

태조 영정과 진전

태조의 시호를 새로 올리며 그 권위를 다시 살려 낸 숙종은 태조와 관련된 사적에 깊은 관심을 갖게 되었다. 시호에 이어 태조의 위상을 환기할 수 있는 소재로 태조 영정이 주목을 받기 시작했다. 1688년(숙종 14) 숙종은 기존에 있던 태조의 영정을 원본으로 삼아 새로 영정을 제작하도록 하였다. 그런데 시호를 올리는 것과 달리 영정 제작은 그렇게 순탄하지 않았다. 영정 제작에 대한 좋지 않은 여론이 있었기 때문인데, 여기에는 오랜 전사(前史)가 자리하고 있다. 그 내용을 먼저 이해해야 숙종이 태종 영정을 다시 제작한 의미가 무엇인지 온전히 이해할 수 있다.

국왕의 초상화는 대개 어진(御眞), 어용(御容), 수용(睟容)이라 부른다. 영정(影幀)이라 부르기도 하는데, 이것은 보통 죽은 사람의 초상화를 가리킨다. 왕의 초상화는 따로 전각을 만들어 보관하는데, 왕이 죽은 뒤에는

고려 태조 왕건의 동상

이곳에 참배하거나 제사를 지냈다. 이렇게 영정을 모셔 놓은 사당을 '진전' 또는 '영전'이라고도 한다.

유교 의례에서 제사가 이루어지는 통상적인 사당에는 해당 인물이 지낸 관직과 시호 등을 위판(신주)에 적어 모셔 놓고 이를 제사 대상으로 삼는다. 반면 진전은 부정적으로 여겼다. "털 하나라도 다르면 그 사람이 아니다"라는 정자의 말이 그 근거를 제공하고 있다. 초상화 제작 자체가 조심스러운 조치였거니와 이를 대상으로 지내는 제사는 부적절하게 여긴 것이다.

하지만 고려에서 진전은 보편적이었다. 고려의 국왕이 서경(평양)에 행차할 때면 그곳에 있는 태조의 진전에 참배하는 것이 관례였다. 고려의 진전은 불교 신앙과 관계가 깊다. 법당에 부처 모습을 담은 불상이나 불화 앞에서 의례를 행하는 것처럼 진전에서 조상의 초상화 앞에서 의례를 치렀다. 불교 국가였던 고려에서는 국왕이 죽으면 공식적인 제사 공간인 종묘와 별도로 사찰에 사당을 만들었다. 여기에는 국왕의 동상이나 초상화가 봉안되었는데, 법당에 불상이나 불화가 봉안된 것과 같은 원리이다.

조선 초기에도 고려 이래의 전통을 이어받아 진전을 만들었다. 조선 태조의 진전은 1398년(태조 7) 함주(함흥) 선원전에 태조의 어진을 봉안한 것으로 거슬러 올라간다. 그 뒤 도성에 따로 선원전을 세우면서 함흥의 선원전은 이름을 준원전으로 고쳤으며, 장소도 태조의 출생지인 영흥으로 옮겼다. 이어 계림부(경주)에도 태조의 어진이 봉안되었다. 그러나 이들은 태조의 생전에 어진을 모신 것으로 엄밀한 의미에서 제사 공간으로서의 진전과는 구분된다.

태조의 영정을 모셔 놓고 제사를 행하는 진전은 태조가 죽은 뒤에 설치된 문소전이 첫 공식 공간이다. 1차 왕자의 난을 일으킨 방과(정종)와 방원(태종) 등은 생모 한씨를 신의왕후로 추존하고 신주를 봉안하기 위해 인소전을 설치했는데, 이곳에는 신의왕후의 영정도 함께 봉안되어 있었다. 1408년(태종 8) 태조가 사망하자 그 신주를 신의왕후의 신주와 영정이 있는 인소전에 봉안하고 이름을 문소전으로 고쳤다.

태조와 신의왕후의 신주가 함께 종묘에 들어간 뒤 문소전에는 태조의 영정이 함께 봉안되어 진전이 되었다. 그런데 세종이 태조 영정을 따로 보관하고 문소전에는 위판을 봉안함으로써 진전의 의미는 없어지고 원묘가 되었다. 원묘란 공식적인 종묘와 별도로 선왕을 추모하기 위해 사적으로 만든 사당을 말한다.

한편 태조 진전은 지방에도 설립되었는데, 개성의 목청전, 경주의 집경전, 전주의 경기전, 평양의 영숭전, 영흥의 준원전 등 모두 다섯 곳이었다. 이 가운데 목청전은 태종이 개성에 있던 태조의 옛집에 마련한 진전으로, 국왕이 개성에 들르면 이곳에서 제사를 지내곤 했다. 준원전 역시 태조의 옛집에 세운 터라 나라에서 관리했다. 그러나 다른 세 곳은 누가 어떤 경위로 설립했는지도 분명치 않고 처음에는 이름도 없었다.

진전이 유교 의례에 어긋난다고 본 신하들은 폐지를 주장했다. 세종은 목청전과 준원전만 남기고 나머지는 없애기로 했으나, 이미 설립된 태조 진전을 없애는 것은 곤란하다는 의견에 따라 기존의 진전은 그대로 두되 더 이상 새로 만들지 못하게 했다. 그리고 그동안 이름이 없던 세 진전의 이름을 정함으로써 태조 진전이 정비되었다.

태조 진전의 소실과 광해군의 태조 영정 제작

태조의 진전은 임진왜란으로 모두 불탔으며 그곳에 봉안된 영정은 저마다 다른 곡절을 겪었다. 개성과 평양의 태조 영정은 진전과 함께 불타 없어졌다. 전주의 영정은 전주사고의 실록과 함께 내장산으로 옮겨졌다가 아산을 거쳐 뱃길로 선조가 피난 가 있던 의주로 이동했다. 다시 묘향산으로 옮겨 놓았던 이 영정은 전쟁이 끝나고 광해군이 경기전을 새로 지으면서 전주로 되돌아갔다. 현재까지 전해지는 태조 영정이 바로 이것이다.

영흥 준원전의 영정은 전란이 일어나자 그곳의 하인들이 영정을 받들고 산 속으로 피난한 덕에 화를 면했으며, 인조 때 준원전이 중건된 뒤 다시 봉안되었다. 일제 강점기까지 영정이 봉안된 것을 사진으로 확인할 수 있는데, 현재는 어디에 있는지 알 수 없다.

경주 집경전의 영정은 그곳의 참봉이 영정을 챙겨 피난했다가 예안의 이황 사당에 임시로 모셨다. 이 영정은 강릉으로 옮겨 보관되던 중 1631년 (인조 9) 화재로 전각과 영정이 함께 불타 없어졌다.

이황의 사당인 도산서원 상덕사

전란이 모두 끝난 뒤 진전을 복구하기 위한 노력이 경주되었다. 영정이 남아 있는 경우에는 서둘러 전각을 복구했지만, 남아 있지 않은 경우에는 쉽게 진척되지 않았다. 영정을 다시 제작해야 하는 절차와 비용 부담에다가 영정 제작 자체를 부정적으로 보는 시각이 많았기 때문이다. 광해군은 이러한 문제를 극복하고 태조 영정을 새로 제작하여 평양 영숭전에 봉안하려고 시도했다.

광해군은 태조 영정에 각별한 관심과 정성을 보였다. 1614년(광해군 6) 경기전으로 돌아가는 영정이 한양을 지날 때 직접 나가서 맞이하고 제사를 지냈다. 경기전에 영정이 봉안된 뒤에는 이를 기념하는 과거를 베풀었다. 또한 영정을 맞이할 때 적용할 의례와 음악을 논의하게 하고, 제사에 쓸 제물에도 신경을 썼다. 영정이 서대문 밖을 지나 한강에 이를 때까지, 그리고 전주에 도착한 뒤 경기전에 이를 때까지 향을 피우게 했다.

　광해군은 왜 이렇게 태조 영정에 특별한 관심을 보였을까? 광해군은 영정이 지닌 상징성에 주목했다. 널리 알려져 있듯이 광해군은 아버지 선조의 적자도 장자도 아니다. 전란이 급박하게 돌아가면서 피난에 앞서 가장 현명한 아들을 후계자로 삼는다는 '택현'의 논리에 따라 세자로 책봉되었다. 그러나 선조의 계비인 인목왕후가 영창대군을 낳으면서 세자 자리가 위협을 받았다. 하지만 영창대군이 아직 어린 탓에 이미 장성한 광해군을 폐립하기란 쉽지 않았다. 여기에 선조가 사망하자 일부 신하들의 적극적인 지지에 힘입어 무사히 왕위에 오를 수 있었다.

　그러나 즉위 뒤에도 적장자가 아니라는 부담은 해소되지 않았다. 선조의 장자인 형 임해군과 적자인 영창대군을 차례로 제거한 것은 결국 이 부담을 덜어 내기 위함이었다. 그리고 자신의 위상을 확실히 할 이념적 조치를 도모했다. 1부에서 설명한 것처럼 부왕의 묘호를 선종(宣宗)에서 선조(宣祖)로 개정하여 태조와 같은 존재로 부각시키고, 그와 연동하여 자신을 태종에 견준 것은 대표적인 예이다. 광해군은 이를 통해 형제를 제거하는 파격적인 행보를 왕조를 위해 부득이하게 취한 조치로 정당화했다. 나아가 왕조의 기틀을 잡은 태종의 치적에 견주어 전란 후 체제 복구 사업을 주도적으로 추진할 수 있었다. 태조 영정 복구는 이러한 광해군의 행보와 맞물려 남다른 상징성을 지녔다.

　흥미로운 것은 광해군이 태조의 잠저였고 한양에서도 가까운 개성 목청전보다 평양 영숭전의 영정을 먼저 복구하려고 한 점이다. 그것은 임진왜란에서 조선과 명의 연합군이 평양을 탈환하면서 전세를 뒤집었던 경험이 반영된 것이 아닌가 한다. 이것은 영정 제작과 봉송 계획을 통해 짐작할 수 있다.

1616년(광해군 8) 광해군은 영숭전 중건과 더불어 이곳에 봉안할 영정 제작에 착수했다. 이 영정은 경기전 영정을 그대로 모사하는 것이었다. 이를 위해 화원을 경기전에 보내 영정을 그린 뒤 한양을 거쳐 영숭전으로 옮기기로 했다. 영정을 한양으로 가져와 모사한 뒤 각기 제자리로 보내는 것이 아니라, 전주에서 영정을 모사한 뒤 평양으로 봉송하도록 한 것이다.

이것은 앞서 경기전의 영정이 평양에서 한양을 거쳐 전주로 돌아간 것과 반대 방향이다. 경기전 영정의 귀환이 전란 극복을 상징한다면, 영숭전 영정의 제작과 봉안은 전란으로 무너진 국가 체제의 복구를 상징한다. 전주에서 한양을 거쳐 평양으로 이어지는 봉송 과정을 통해 그 효과는 극대화될 수 있었다. 그리고 이 과정을 주도함으로써 광해군은 '중흥' 군주라는 이미지를 확립하고자 했다. 이는 부족한 혈통상의 명분을 보완하고도 남는 것이었다.

그러나 그 과정은 순탄치 않았다. 광해군의 건강과 중국 사신의 방문, 국제 정세의 불안, 인목대비의 서궁(경운궁) 유폐 등 정치적 사건이 이어지면서 영정 이송과 봉안 일정이 계속 연기되었다. 영정 이송이 가지는 정치적 의미가 남달랐던 탓에 광해군은 봉안을 서두르기보다 최대한 장대한 의식으로 치르고자 했지만, 국내외 여건은 그의 희망을 받쳐주지 못했다. 1618년(광해군 10) 사실상 영숭전 봉안이 당장은 어렵겠다는 판단에 따라 일단 한양에 봉안하는 것으로 계획이 수정되었다.

태조 영정을 한양에 봉안하려면 전각이 필요했다. 이를 위해 앞서 광해군이 생모인 공빈 김씨를 공성왕후로 추존하면서 그 신주를 임시로 모서 두었던 봉자전을 이용하기로 했다. 이곳에 태조 영정이 봉안되면서 이름을 남별전으로 고쳤다.

그리고 얼마 뒤 이곳에 세조의 영정도 함께 봉안되었다. 세조 영정은 본디 세조의 능인 양주 광릉 인근의 봉선전에 있었다. 임진왜란 때 광릉 참봉 이이첨이 영정을 받들고 선조에게로 왔으며, 전쟁이 끝난 뒤에는 개성으로 내려와 있었다. 태조 영정이 남별전에 봉안되는 것을 계기로 세조 영정도 함께 봉안된 것이다.

남별전은 임시로 마련한 진전이었다. 두 영정은 결국 평양 영숭전과 양주 봉선전에 다시 봉안되어야 했지만, 일단 안전을 위해 강화도로 보낼 예정이었고 그때까지 한양에 두기로 한 것이었다. 광해군은 하루빨리 강화도로 옮기고자 했지만, 민심의 동요를 우려한 신하들의 반대로 계속 미루다가 결국 인조반정을 맞고 말았다.

강릉 집경전의 소실과 복구 시도

경주 집경전이 임진왜란으로 불탄 뒤 그곳에 있던 태조 영정은 예안을 거쳐 강릉에 봉안되었고, 덩달아 집경전도 강릉으로 옮겨 설치되었다. 1628년(인조 6) 강릉 집경전을 수리한 데 이어 비에 젖어 손상된 영정을 보수하여 다시 봉안한 것이 확인된다. 당시 담당 관원의 보고에 따르면, 집경전의 영정은 반백(班白), 곧 머리가 희끗희끗한 모습으로 묘사되어 있다. 그러나 1631년(인조 9) 강릉 집경전과 태조 영정마저도 화재로 소실되었다.

그 뒤로 영정을 모사하여 다시 봉안하자는 논의가 있었다. 그 저본은 강릉에서 가까운 영흥 준원전의 것이었다. 이를 계기로 준원전 영정이 주목을 받기 시작했다. 당시 준원전의 영정을 살피고 돌아온 김상헌은 영정 상태와 함께 준원전 영정에 적혀 있었다는 시구를 소개했다. 《신증동국여지승람》을 보면, 정통(正統) 연간에 태조 영정을 모사했으며 이 영정 뒤에 56자가 적혀 있었다는 내용이 있는데, 이번에 살펴본 영정에는 이 시구가 없다는 것이다. 정통 연간은 1443년(세종 25)을 말한다.

이 그림 뒤에 적혀 있었다는 시 56자는 다음과 같다.

청룡 · 백호 좌우로 뻗었는데　靑龍白虎左右邊

산 호랑이 바위 위에 버티고 앉은 듯하네　山虎石上如踆踞

공후로서 부귀와 영화를 누리는 세상에　公侯富貴榮華世

출세하여 군대를 지휘하는 대장군이시네　出世統領大將軍

우레같이 떨친 명예, 천하에 두루 펴고　雷振名譽天下遜

사해에 막힘 없이 모든 책에 통달하셨네　四海無防率書通

삼척 칼끝으로 사직을 편안케 하고　三尺劍顚安社稷

한 개 채찍 끝으로 천하를 평정하셨네　一條鞭未定乾坤

위 시는 '대장군'이라는 호칭이나 칼과 채찍의 표현에서 나타나듯이 무장 이성계의 활약을 노래한 것이다. 다시 말해 이성계가 즉위하기 전 상황을 묘사하고 있다. 이 시가 초상화 뒤에 적힌 것은 이 그림이 공신으로 책봉되었을 때 작성되었기 때문이다.

공신 중에서 특별히 공로가 큰 경우 그 초상화를 그려 공신당 벽에 걸어

경기전의 태조 영정

두는데, 이를 벽상공신이라 한다. 이성계가 벽상공신이 된 것은 공양왕 즉위 뒤의 일이다. 이 초상화 원본은 이성계가 위화도회군에 이어 공양왕을 옹립한 뒤에 공신으로 책봉되며 제작된 것임을 알 수 있다. 이 시는 그 공업을 노래한 것으로서 앞에서 살펴본 성삼문의 글과 맥을 같이한다.

이 초상화 원본은 처음 함주(함흥)에 있다가 나중에 영흥으로 옮겼다. 그런데 인조 때 준원전 영정에는 시가 적혀 있지 않았다. 따라서 이 초상화는 원본이 아니라 뒤에 모사하여 봉안한 영정임이 분명하다. 원본은 공신 책봉 때 만들었으므로 당연히 신하 복색 차림이 당연했지만, 준원

준원전의 태조 영정

전에 남아 있던 영정은 국왕 복색이었다.

경기전과 준원전의 태조 영정을 비교해 보자.

위 두 영정은 각각 1913년과 1915년에 촬영된 유리원판 사진이다. 왼쪽은 널리 알려진 경기전 영정이며, 오른쪽은 준원전 영정이다. 노년과 장년 모습을 그렸다는 차이는 있지만 모두 국왕의 복식을 갖추고 있다. 준원전 영정은 원래 신하의 복색으로 그렸으나 나중에 국왕 복색으로 바꾼 것으로 보이며, 앞서 소개한 시는 국왕 복색과 부합하지 않으므로 옮겨 쓰지 않은 것이다.

인조는 영정 모사에 긍정적인 태도를 보였지만 신하들의 반대에 막혀 결국 실현하지 못했다. 한편 강릉 집경전이 불타자 본래 자리인 경주에 집경전을 복구하자는 주장이 나왔다. 1634년(인조 12) 기록에 경주에 태조 영정을 봉안하기로 결정했으나 4년이 지나도록 실행하지 못하고 있다는 내용이 보인다. 하지만 경주 집경전 또한 끝내 복구되지 못했고 영정 모사도 불발로 끝났다.

1796년(정조 20) 정조는 집경전 옛터에 비를 세워 그 사적을 기록하도록 했다. 여기에는 정조가 직접 쓴 '집경전구기(集慶殿舊基)' 다섯 자를 새겼다. 이와 함께 집경전 터의 모습을 담은 《집경전구기도첩》이 전해 오는데, 여기에는 집경전 옛터와 함께 비각을 표시하고 있어 정조 말 혹은 그 이후에 제작되었음을 알 수 있다.

집경전구기비와 집경전구기도

다시 그린 태조 영정

태조 영정의 유전

인조반정으로 광해군이 실각하자 남별전의 태조·세조 영정을 강화도로 옮기는 논의도 중단되었다. 두 영정의 봉안 기간이 길어지면서 남별전은 점차 태조와 세조의 진전으로 자리를 잡아 갔다. 영정이 이곳에 봉안되어 있으므로 때가 되면 제사를 지내야 했고, 제사가 반복되면서 남별전은 임시 봉안처라는 의미가 희미해졌다.

1627년(인조 5) 정월 정묘호란이 일어나자 인조는 거처를 강화도로 옮겼다. 이때 종묘·사직의 신주와 남별전의 태조 및 세조 영정이 먼저 강화도로 옮겨졌다. 강화 협상이 타결되자 인조 일행은 종묘·사직의 신주를 받들고 한양으로 돌아왔다. 그러나 남별전의 두 영정은 강화도에 그대로 남겨 두었다. 광해군 때 이미 두 영정을 강화도로 옮길 예정이었으므로 그대로 강화도에 봉안해 둔 것이다. 나중에 상황이 안정되면 다시

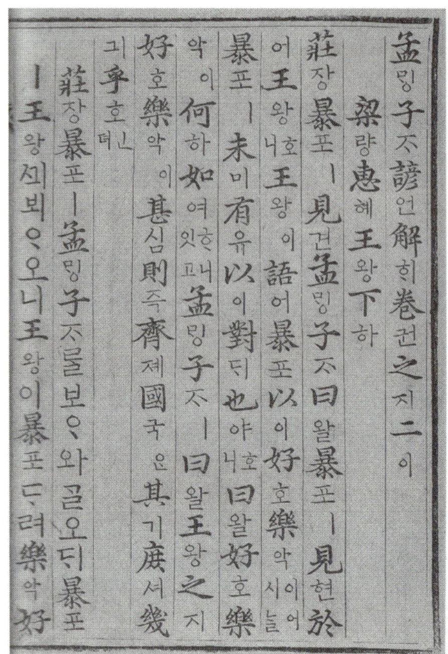

원종이 쓴 맹자언해

옮겨 올 의도였다. 이에 남별전은 빈 공간으로 남게 되었다.

1632년(인조 10) 인조의 생부 정원군을 원종으로 추숭하면서 남별전 운영에 변화가 생겼다. 처음 반정으로 즉위한 인조는 생부 정원군을 대원군으로 높였다. 이는 선조의 생부 덕흥군을 대원군으로 높인 전례를 따른 것이다. 그러나 선조(하성군)는 명종이 죽은 뒤 그 후계자로 지명되고 바로 궁궐에 들어와 상례를 주관하고 왕위를 이었다. 반면 반정으로 즉위한 인조에게는 그러한 명분조차 없었다.

선조에게는 14명이나 되는 아들과 많은 손자가 있었다. 인조는 그 많은 손자들 가운데 하나였을 뿐, 그가 다른 손자들을 제치고 왕위에 오를 만한 정통성은 없었다. 즉위 당시 인목대비를 복위시키고 그의 명령에 따라 즉위함으로써 조부인 선조를 계승하는 형식을 취했으나 왕의 아들이 아니라는 점이 계속 그의 발목을 잡았다.

이를 타개하기 위해 인조는 생부를 국왕으로 추숭하는 방안을 도모했다. 대다수 신하들이 예법에 맞지 않는다며 반대했지만, 인조는 이귀를 비롯해 몇몇 측근 신하들의 지원을 업고 추숭을 강행했다.

인조는 원종 추숭에 따라 신주를 만들어 종묘에 봉안할 때까지 임시로 봉안할 사당을 남별전에 마련하고, 이름을 숭은전으로 고쳤다. 그리고 동생 능원군 집에 모시고 있던 원종의 영정도 숭은전으로 옮겨 왔다. 본디 정원군의 장자인 인조는 선조를 계승하는 형식으로 즉위했기 때문에 정원군의 제사는 동생 능원군이 맡았고, 그의 영정도 능원군 집에 있었던 것이다.

1635년(인조 13) 원종의 신주를 종묘에 봉안하면서 숭은전은 남별전으로 환원되었다. 이와 함께 원종의 영정 처리 문제가 남았다. 이 문제는 태조·세조 영정과 마찬가지로 강화도로 옮기는 것을 원칙으로 하되 당장은 별다른 사태가 없으므로 일단 남별전에 그대로 두기로 일단락되었다. 1636년(인조 14) 병자호란이 일어나자, 인조가 남한산성으로 들어가면서 원종의 영정도 성안의 사찰에 봉안했다.

그런데 이듬해 2월 청나라 군대에 의해 강화도가 함락되었고, 그 와중에 태조와 세조의 영정도 피해를 입었다. 처음에 태조 영정은 분실되고 세조 영정은 성 밖에서 찾았는데, 약간 찢어져 있을 뿐 큰 피해는 면했다. 인조는 일단 세조 영정만 창덕궁으로 옮겨 봉안하고 수리했다.

태조 영정은 3월에 발견되어 한양으로 봉송됐지만 훼손이 몹시 심했다. 예조에서는 이를 폐기하고 당시 적상산성으로 옮겨 놓은 경기전 영정을 처음 자리로 옮길 때 새로 모사하기를 청했다. 훼손된 영정이 당초 경기전 영정을 모사한 것이기 때문이었다. 인조는 이 건의를 수용했으나 대신들의 반대에 부딪혔다. 처음 지방 진전을 운영한 것은 이미 만들어진 진전을 없애기 곤란해 그대로 둔 것일 뿐이므로, 영정 하나가 없어졌다고 다시 모사할 이유는 없다는 이유에서였다. 강릉 집경전 영정이 끝내 모사되지 못한 것도 같은 맥락이었다.

결국 영숭전에 봉안하려다 남별전에 남은 태조 영정은 그대로 폐기되어 종묘 북쪽 계단 위에 묻혔다. 이제 남별전에는 세조와 원종의 영정만 남게 되었다.

남별전 수리와 영정 모사 시도

남별전은 본디 태조 영정을 봉안하기 위해 마련한 곳이었다. 그런데 정작 태조 영정은 없고 세조와 원종 영정만 봉안되어 있으니, 이를 불합리하게 여길 수 있었다. 당연히 태조 영정을 모사하여 다시 봉안해야 한다는 인식이 싹트기 시작했다.

효종 때 남별전 수리가 논의되면서 영정 모사도 정계의 관심사로 떠올랐다. 1656년(효종 7) 효종은 남별전이 좁고 초라하다며 수리하라고 명했다. 이를 위해 필요한 목재를 조달하는 방안까지 마련했지만, 북벌 준비에 여념이 없던 효종 때에는 실현을 보지 못했다. 당시 논의가 태조 영정 모사까지 포함한 것인지는 분명치 않다. 하지만 남별전 수리에는 태조 영정의 빈 자리가 따라다닐 수밖에 없으므로 효종은 영정 모사까지 염두에 두었을 것이다.

현종 때에도 여러 차례 남별전 보수 작업이 있었다. 건물에 비가 새고 기울어지는 문제가 발생하였기 때문이다. 하지만 비용 부담 때문에 그저 부분 보수만 거듭했다. 이 과정에서 영정 모사가 논의된 흔적은 보이지 않는다.

1675년(숙종 1) 또다시 남별전 수리가 필요하다는 의견이 나오면서 비로소 영정 모사가 제대로 논의되기 시작했다. 선왕 때 있었던 관련 조치들을 검토하는 과정에서 효종의 명령이 확인된 것이다. 효종 때의 논의가 영정 모사까지 포함되었다는 의견이 나오면서 이 문제가 정계 현안으로 떠올랐다.

남별전 수리가 영정 모사로 이어진 데는 당초 남별전이 태조 영정의 봉안처로 마련된 곳이고, 태조 영정의 봉안 여부에 따라 전각 수리 내용이 달라질 수 있기 때문이었다. 이것은 "태조 영정을 지금 또 봉안하려면 정전 규모가 전보다 배는 될 것"이라는 지적을 통해 알 수 있다. 이 때문에 남별전을 부분 보수가 아니라 고쳐 짓는 수준으로 수리한다면 태조 영정 모사 문제가 제기되지 않을 수 없었다.

이 문제에 대해 숙종은 "효종 때 결정된 대로 시행하라"고 지시했다. 대신들은 세조와 원종의 영정 봉안 자체도 부득이한 임시 조치였다며 충분한 논의를 거치도록 요청했다. 선왕들의 의지가 있었다면 지금까지 못 했을 이유가 없다는 주장이었다. 숙종은 다시 의논할 필요가 없다며 강행 의지를 보였으나 결국 실행하지는 못했다.

숙종은 남별전 수리에도 적극적이었다. 당시 남별전 전각은 민가 안에 있었기 때문에 제대로 관리하려면 주변 민가를 철거해야 했다. 또한 언덕 밑에 있어 비 피해 우려도 있고 기초가 부실하여 자주 무너진다는 지적도 나왔다. 숙종은 남별전을 아예 다른 곳으로 옮겨 짓기로 했다. 이것은 태조 영정을 모사하여 봉안한다는 계획과 표리를 이룬다. 태조 영정을 봉안하는 것까지 의도한다면 아예 다른 곳에 짓는 것이 효과적이었기 때문이다.

숙종은 인경궁 정전이 있던 터를 부지로 선정했다. 인경궁은 광해군이 지은 궁궐로, 인왕산 아래 경복궁 서쪽에 있었다. 인조반정 이후 광해군 폐정의 상징으로 인식되면서 1632년(인조 10)에 주요 전각을 해체하여 창경궁을 중건하는 데 사용했다. 이로 인해 인경궁은 터만 남고 지금은 흔적조차 확인할 수 없는 지경이 되었다.

그러나 어찌 된 일인지 옮겨 짓는 일은 백지화되고 제자리에 고쳐 짓는 쪽으로 결정되었다. 그 이유는 드러나지 않았으나 만만찮은 공역 부담과 더불어 인경궁 터를 왕실이 다시 활용하는 것에 대해 신하들이 강하게 반발했기 때문이 아니었을까 싶다. 신하들은 인경궁이 백성들의 집을 빼앗아 지은 건물이기 때문에 백성들에게 돌려주어야 한다는 입장이었다. 이 때문에 효종이 이 터에 공주의 집을 지어 준 것을 두고 신하들과 한참 실랑이를 벌인 일도 있었다. 숙종은 부지 문제와 공역 규모를 내세운 신하들의 반대에 밀려 제자리에 보수하기로 물러선 것이다. 당연히 태조 영정 모사 의지도 한풀 꺾였다. 하지만 국왕의 관심이 있고 남별전이 존재하는 한 태조 영정 모사는 언제든지 다시 제기될 수 있었다.

숙종, 태조 영정 모사를 단행하다

1680년(숙종 6) 경신환국으로 남인이 정계에서 축출되는 변동이 있었다. 그리고 1683년(숙종 9) 송시열의 건의에 따라 태조 시호가 추상되면서 창업주로서 태조의 정치적 위상이 한층 높아져 있었다. 이런 상황에서 태조 영정을 모사하여 봉안하는 것은 태조의 존재감을 더욱 높이는 방안이었다.

1688년(숙종 14) 3월 종실인 낭원군 이간은 태조의 영정을 모사하여 남별전에 봉안하기를 청했다. 그는 선조의 13번째 아들 인흥군의 아들로서 왕실 사업에 발 벗고 활약한 인물이다.

낭원군은 태조 영정 모사가 선조를 사모하는 효심의 표현이며 태조의 의미를 후손에게 전해 주는 방안이라고 역설했다. 종묘의 신주에 기재되는 시호는 조정의 공식적인 평가 과정을 거쳐 정해지며 추상적 의미가 강했다. 반면 영정은 그러한 과정 없이 창업주의 모습을 그대로 드러내기 때문에 더 직접적이었다. 백 마디 논리적인 설명보다 잘 그려진 그림 한 장의 전달 효과가 더 큰 이치이다.

앞서 숙종이 남별전 중수를 계기로 영정 모사를 추진했다가 이루지 못한 사정을 고려하면, 낭원군의 요청은 숙종의 뜻을 읽은 요청이라고 보아야 할 것이다. 숙종은 이 문제를 대신들에게 논의하도록 했다. 대신들은 대부분 "효종 때 결정된 일이므로 국왕이 행하고자 한다면 안 될 것까지는 없다"는 의견을 내놓았고, 숙종은 바로 영정 모사를 추진했다. 광해군 때에는 화원을 전주로 보내 영정을 모사한 뒤 봉송했는데, 이번에는 원본을 한양으로 가져와 모사한 뒤 돌려보내는 방식으로 진행되었다.

1690년(숙종 16) 한양의 공식적인 진전이 된 영희전

4월에 경기전에서 태조 영정이 올라왔고 5월에 모사본이 완성되었다. 며칠 뒤 이 영정이 남별전 제1실에 봉안되고, 이듬해 정월 원본은 다시 경기전으로 돌아갔다. 이로써 태조 영정 모사와 남별전 봉안 작업은 모두 마무리되었다.

1690년(숙종 16) 남별전은 이름이 '영희전'으로 바뀌었다. 그동안 임시 봉안처를 상징하던 이름에서 공식적인 진전으로서 합당한 이름을 받은 것이다. 이로써 태조와 세조, 원종의 영정을 봉안한 도성 안의 진전이 수립되었다. 이후 영희전은 종묘·사직과 더불어 왕실 의례에서 중요한 비중을 차지했다.

영정 모사를 바라보는 시각과 그 파장

영정 모사를 싫어하는 신하들

인조대 이래 추진된 태조 영정 모사가 오랜 기간 굴곡을 거친 데에는 국왕과 신하들의 인식이 달랐던 탓이 컸다. 신하들은 일단 영정 모사를 달가워하지 않았다. 세종 때 지방 진전을 정비할 때부터 이미 그랬고, 조선 후기에도 마찬가지였다. 원본과 모사본에 차이가 있을 수 있다는 우려가 주된 명분이었지만, 이것은 영정을 그릴 때부터 제기되는 문제였다. 더 본질적인 문제는 영정이 가지는 정치적 함의가 가볍지 않다는 데 있었다.

우선 태조 영정 모사는 광해군 폐정과 연결되어 있었다. 1624년(인조 2) 영정 모사에 강력히 반대한 이정구는 광해군의 태조 영정 모사에 대해 "영정이 이미 전란으로 없어졌으면 다시 모사할 필요가 없는데, 이이첨이 광해군에 영합하여 다시 만들었다"고 비판했다. 이이첨은 광해군대 정치를 주도했으나 인조반정 뒤 폐장의 주범으로 지목되어 처형된 인물

〈그림 1〉 세조의 영정

〈그림 2〉 원종의 영정

이다.

광해군은 태조의 진전 복구와 영정 모사를 통해 자신의 정치적 위상을 다지고 싶어 했고, 태조 영정은 체제 정비를 이끌어 가는 국왕의 행보를 뒷받침해 주었다. 곧 정책의 논리적 타당성에 크게 구애되지 않고 권위만으로 일을 밀고 갈 명분을 제공한 것이다. '내가 태조의 후예로서 그 뜻을 받들어 행하는 것이니 시비 걸지 말고 따르라. 내 정책을 문제 삼는 것은 태조의 권위를 부정하는 것이다'라는 무언의 압력이었다.

따라서 반정을 이끈 신료들은 영정 모사에 더욱 부정적일 수밖에 없었다. 신하들이 공론을 명분으로 국왕을 교체했으니 국왕이 다시 태조의 권위를 업고 광해군처럼 정치를 주도하는 것을 원치 않았다. 더구나 광해군의 행위를 잘못된 것으로 비판했으므로 다시 태조 영정 모사를 진행하는 것은 자기 모순이 되었다. 자칫 인조반정의 정당성을 훼손하는 빌미가 될 수 있었다.

한편 남별전에 봉안된 원종의 영정이 국왕이 아닌 신하 복색이라는 점은 문제를 더욱 어렵게 만들었다. 원종은 사후에 추숭되었기 때문에 그에게 국왕 복색의 영정이 있을 수 없었다. 그의 영정은 당연히 신하의 복색이었다.

남별전에 있던 영정들은 해방 이후에도 그대로 보존되었다. 그러나 한국전쟁 때 부산으로 옮겨 보관하던 중 1954년 12월 26일 화재로 대부분 소실되었다. 다만 《선원보략》에는 이를 보고 그렸을 것으로 짐작되는 세조와 원종의 영정 스케치가 실려 있어 대충이나마 모습을 살필 수 있다.

〈그림 1〉은 세조 영정으로 원유관을 착용한 국왕 복색인 반면, 〈그림 2〉는 원종 영정으로 신하 복색이다. 두 영정을 대비하면 원종이 본디 국왕이 아니었다는 사실이 분명해진다.

이렇게 대비되는 이미지는 국왕이 되기 전 영정과 국왕으로 즉위한 뒤 영정이 모두 남아 있는 영조의 사례를 통해 좀 더 입체적으로 확인할 수 있다.

〈그림 3〉은 51세 때 영조의 모습을 그린 어진을 저본으로 1900년(광무 4)에 모사한 영정이다. 곤룡포에 익선관을 갖춘 국왕 복색을 잘 보여준다. 한편 〈그림 4〉는 영조가 연잉군 시절인 21세 때 제작된 영정으로 신하의 복색을 하고 있다. 추숭된 정원군(원종) 모습 역시 〈그림 4〉와 같은 모습이다.

〈그림 3〉 1900년에 모사한 영조 영정

〈그림 4〉 연잉군 시절의 영조 영정

남별전에 영정이 함께 봉안된 세조는 계유정난을 통해 대군에서 왕위에 올랐다. 태조는 고려 신하로 출발해서 창업주가 되었다. 이런 마당에 남별전에 태조 영정까지 봉안되면 추숭된 국왕으로서 원종의 한계가 더 분명해졌다. 다시 말해 인조가 '신하의 아들'로서 신하들의 선택을 받아 즉위했다는 사실이 보색 대비처럼 분명해지는 것이다. 이것은 굳이 정원군을 국왕으로 추숭하면서까지 왕의 아들로 포장하려 한 노력을 무색케 하는 결과였다. 이전까지는 그래도 임시 봉안처라는 명분이 있어 부담이 적었다. 하지만 태조 영정까지 새로 만들어 봉안하면 이곳은 공식 진전이 된다. 원종 영정을 다른 곳으로 옮기지 않는 한 서로 대비되는 시선을 피하기 어려웠다.

숙종 초 영정 모사가 논의될 때 정계를 이끌던 남인 대신들 역시 이 문제가 마음에 걸렸다. 그들은 덕흥대원군의 생모인 창빈 안씨와 원종의 생모인 인빈 김씨는 그 격이 다르다는 입장을 보였다. 원종을 명백한 국왕으로 인식했기 때문이다. 이러한 시각에서 신하 복색을 한 원종 영정은 역대 국왕의 진전에 함께 봉안될 수 없었다. 신하들 눈에는 이곳 영정들은 각기 처음 있었던 곳으로 돌아가는 게 순리이고, 그때까지 어떤 조치도 취하지 않는 것이 바람직해 보였다.

영정 모사를 적극 추진한 숙종

신하들이 대부분 태조 영정 모사에 비판적이거나 소극적이었던 것과 달리 국왕들은 매우 적극적이었다. 광해군은 물론 인조와 효종, 숙종까지 모두 영정 모사를 추진했다. 신하들이 의식하고 있는 정치적 부담을 국왕인들 모를 리 없지만, 그보다 영정 모사를 통해 얻을 수 있는 효과가 더 컸기 때문이다.

영정 모사에 따른 정치적 부담은 국왕보다 신하 쪽에 훨씬 민감하게 작용했다. 인조반정은 신하들이 주도하여 일으킨 반란이었다. 자신이 신하의 아들이라는 점이 인조에게도 부담이지만, 국왕 아들인 광해군을 밀어내고 신하의 아들을 왕으로 옹립한 신하들의 행위가 더 큰 약점이었다.

국왕은 일단 즉위한 이상 그 자체로서 확보되는 권위가 있었다. 태조의 후예라는 점이 그것을 뒷받침하는 근본적인 명분이었다. 광해군과 마찬가지로 인조 역시 태조의 위상을 부각시키는 것이 부족한 명분을 채우고 자신의 권위를 다지는 데 유용하다는 사실을 잘 알고 있었다. 그리하여 신하의 아들이라는 약점을 태조의 후예라는 명분으로 충분히 상쇄할 수 있다고 믿었다.

하지만 인조의 의지에도 불구하고 영정 모사는 이루어지지 못했다. 반정으로 즉위한 인조로서는 광해군 폐정의 연장이라며 반대하는 신하들을 누르고 영정 모사를 강행할 수 없었다. 효종이 남별전을 고쳐 짓고자한 데에는 인조의 뜻을 이어 간다는 의도가 담겨 있었지만, 그 역시 신하들의 협조를 구하며 북벌을 추진해야 하는 처지였다. 이에 견주어 숙종이 태조 영정을 모사하여 남별전에 봉안한 것은 국왕이 그동안 지속된 신하들의 부정론을 극복했다는 점에서 특별한 의미를 지닌다.

실제 숙종은 신료들의 곱지 않은 시선에 강력히 대응했다. 공역 부담이 크다는 지적에 대해서는 이미 봉안처가 있어 부담이 크지 않다고 반박했다. 모습이 달라질 수 있다는 지적에 대해서는 최고의 화공을 동원하고 자신과 대신들이 직접 검토하면 위험을 피할 수 있다고 맞받았다.

특히 숙종은 영정 모사의 당위성을 '효종이 결정한 사안'이라는 데서 끌어와 신하들을 압박했다. 이는 당시 집권하고 있던 서인이 효종에 대해 조심할 수밖에 없던 사정을 활용한 것이다. 앞서 서인은 왕실의 상례를 논의하다가 효종을 깎아내렸다는 비난을 받고 실각했다. 경신환국으로 남인을 밀어내고 다시 정권을 잡았지만, 왕실의 권위를 손상시켰다는 혐의를 완전히 지울 수는 없었다. 효종을 세실로 삼아 그의 권위를 절대화한 것도 이 때문이었다.

이런 상황에서 서인은 효종의 결재를 받은 사안을 무시하기 어려웠다. 영정 모사에 반대하는 것은 효종의 뜻을 어기는 것이며, 앞서 효종을 세실로 올린 것과 배치될 수 있었다. 나아가 효종을 깎아내렸다는 혐의도 다시 불거질 수 있었다. 이미 실각한 경험이 있던 서인으로서는 무척 부담스러운 상황이었다.

결국 숙종은 신하들의 반대 여론을 넘어 자신의 주장대로 영정 모사를 관철시켜 신하들과의 관계에서 주도권을 잡을 수 있었다. 또한 이는 효종이 결정하고도 미처 하지 못한 일을 숙종이 실현한 것이므로 효종에 대한 '계술'을 표방할 수 있었다. 앞서 태조 시호 추상을 통해 효종의 사업을 태조 계술로 규정한 바 있으므로, 숙종은 태조 영정 모사를 통해 가깝게는 효종을 계술하고 멀게는 태조를 계술하는 복합적 효과를 확보할 수 있었다. 태조의 이념을 다시 천명하고 효종의 사업을 실현하는 의미에서 '중흥'의 군주로 자리매김한 것이다. 이러한 이유들로 신하들을 제압하는 숙종의 무게가 더 커졌다.

그런 만큼 숙종은 태조 영정에 대해 각별한 존경과 감회를 나타냈다.

모사를 위해 경기전 영정을 실은 배가 한강을 건넜을 때, 손수 나루에 나가 맞이하여 함께 궁궐로 들어온 것은 그 예이다. 또한 영정 모사 과정에서 지은 숙종의 시에도 그가 이 일을 어떻게 생각하고 있는지가 잘 표현되어 있다. 다음은 《열성어제》에 수록된 〈첨배자정전태조어용(瞻拜資政殿太祖御容)〉이라는 시이다.

> 누적된 인덕은 왕업의 터전을 열고　累仁積德創鴻基
>
> 위대한 공렬은 온 세상에 드리웠네　偉烈豊功宇宙垂
>
> 지금 다행히 하늘 같은 모습을 우러러보니　今幸獲瞻天日表
>
> 아련히 평상시 같아 슬픔만 갑절이네　況如平昔倍增悲

　당시 경기전에서 올라온 태조 영정은 모사를 위해 창덕궁 자정전에 임시로 봉안해 놓고 있었다. 숙종은 이 영정에 참배하며 태조에 대한 경의를 표하고 그의 덕망과 공업을 기렸다. 태조를 찬양함으로써 후손인 자신의 권위를 과시한 것이다.

태조 영정 모사의 정치적 파장

　숙종의 주도로 모사가 실현되었지만, 신하들의 부정적 인식은 인조대 이래의 시각에서 크게 바뀌지 않았다. 간혹 영정 모사에 찬성하는 듯한 모습을 보이기도 했으나 그 저변에는 못마땅해하는 기류가 흐르고 있었다. 국왕이 꼭 해야겠다면 마지못해 따르겠다는 수준이었다. 영정 모사를 강행하려는 국왕을 비판하는 논조도 숨기지 않았다. 광해군의 태조 영정 모사를 폐정으로 규정한 것은 숙종에게도 그대로 적용될 수 있었다.

숙종대에는 1675년과 1688년 두 차례에 걸쳐 영정 모사 논의가 있었는데, 국왕과 신하들의 근본 입장은 달라진 게 없었다. 그런데 1675년에는 숙종이 "효종 때 결정한 대로 시행하라"고 지시했음에도 신하들의 강력한 반대로 좌절된 반면, 1688년에는 신하들이 강력한 반대 대신 소극적 동의로 돌아섰다. 앞서 설명한 것처럼 경신환국으로 집권한 서인이 이전의 남인처럼 강력히 반대할 수 없었기에 소극적이나마 수용하는 태도를 보인 것이다. 그러나 그 속에 '바람직하지 않은 일'이라는 원칙적 평가도 완곡히 피력되었다.

이러한 태도는 앞서 행해진 태조 시호 추상과 명확히 대비되었다. 시호 추상과 영정 모사는 모두 창업주 태조의 권위를 높임으로써 그 후손인 현 국왕의 위상을 다지는 조치였다. 따라서 숙종은 두 일이 다르지 않다고 생각했다. 하지만 신하들은 사뭇 다른 태도를 보였다. 시호 추상 논의는 글자 수 부족이라는 단순한 문제에서 출발했으나 반대론을 극복하는 과정에서 점차 강력한 명분을 확보해 나갔다. 위화도회군을 창업 과정에 포함시키고 그 의미를 존주대의로 평가한 것이다. 이로써 인조·효종의 사업까지 태조에 대한 계술로 평가하기에 이르렀고, 이는 현 국왕 숙종에게 절대적 권위를 부여하는 기능을 했다.

그런데 그 과정을 들여다보면 신하들은 시호 추상의 일반적 원칙이나 국왕의 입장보다 송시열이 제기한 일이라는 데 더 무게를 두고 있었다. 하지만 사안 자체가 국왕의 권위를 높이는 것이었기에 숙종은 크게 개의치 않았다. 설득력 있는 박세채의 반론을 애써 무시하고, 정당성을 가진 박태유의 비판 또한 단호한 처벌로 대응한 것도 이 때문이었다. 그러나 세상이 송시열에게 끌려다닌다고 본 문제의식은 숙종에게도 언제든 살아날 수 있었다.

태조 영정 모사에서 신하들이 보여 준 소극적인 태도는 숙종으로 하여금 그들의 진의에 의혹을 갖게 했다. 앞서 여러 차례 논의가 무산된 경험이 있었던 만큼, 재개된 논의에서는 시호 추상 때처럼 영정 모사를 실현할 수 있는 명분과 논리 개발이 기대되었다. 그러나 숙종의 생각과 달리 신하들은 전혀 그런 태도를 보여 주지 않았다. 그저 '국왕의 뜻에 따른다'는 전제를 달며 묵인하는 쪽에 가까웠다. 그러면서도 원론적으로 타당치 않다는 인식을 숨기지도 않았다.

특히 효종과 결부된 사안에서 신하들이 다른 태도를 보인 것은 숙종을 강하게 자극했다. 시호 추상이 효종 세실과 연결되면서 중요한 명분을 확보했듯이, 효종의 결정을 근거로 밀어붙인 영정 모사는 신하들의 적극적인 동의와 참여를 이끌어 낼 만했다. 그러나 신하들의 애매한 태도를 접한 숙종은 신하들이 자신이나 선왕 효종의 뜻보다 송시열의 의견을 더 소중히 여긴다는 의혹을 품게 되었다.

이는 숙종 즉위 때 서인이 실각하게 된 상황, 곧 예송의 경험을 재연시키는 것이었다. 예송은 신하들이 효종의 은혜를 저버리고 송시열을 추종하면서 국왕을 속였다는 혐의에서 야기된 것이었다. 영정 모사에서 신하들이 보여 준 태도는 시호 추상이 태조의 공업을 찬양하기 위한 것이 아니라 송시열의 논의를 추종한 결과에 불과하다는 평가를 불러올 수 있었다.

숙종은 신하들의 차별적인 태도에 크게 반발했고, 왕위 계승과 연계된 유사한 사안을 통해 이를 분출하기에 이르렀다. 결정적인 사건은 원자를 정하는 일이었다. 1688년 10월 소의 장씨가 왕자를 낳자 숙종은 그를 곧바로 원자로 책봉하고자 했다. 원자는 앞으로 세자가 되어 왕위를 이을 아들임을 미리 정해 놓는 것이다. 하지만 신하들은 중전인 인현왕후가 아직 젊었던 탓에 대신들은 후궁이 낳은 아들을 서둘러 책봉할 이유가 없다고 보았다. 이에 숙종의 결정을 만류하며 다수 신하들의 의견을 모아 보기를 청했다. 그러나 숙종은 인조가 효종을 세자로 책봉할 때에도 신하들이 모여 논의한 일은 없었다며 불쾌감을 드러냈다.

소현세자 사후 인조는 원손이 있었음에도 둘째 아들 봉림대군을 세자로 삼았다. 당시 많은 신하들은 원손을 후계자로 삼아야 한다고 주장했지만, 인조는 이를 일축하고 세자 책봉을 강행했다. 이 조치는 철저히 인조의 의지에 의해 단행됐으며, 효종의 왕위 계승을 뒷받침하는 근거가 되었다. 이 전례를 배경으로 숙종은 후계자 선정은 국왕의 뜻에 따라 이루어지는 것이며, 신하들이 간여할 문제가 아님을 분명히 했다.

흥미로운 것은 원자를 정하는 문제 또한 태조 시호 추상이나 영정 모사와 마찬가지로 효종의 사례를 토대로 했다는 점이다. 다시 한 번 효종을 명분으로 국왕 및 왕실에 대한 신하들의 태도에 비판을 가한 것이다.

곧 이어 송시열이 원자를 정하는 것을 강한 어조로 비판하자 마침내 숙종의 분노가 폭발했다. 숙종은 서인을 몰아내고 송시열과 서인의 핵심 인물인 김수항에게 사약을 내리는 극단적인 정계 개편을 단행했다. 대신 남인들이 정계에 복귀했으니, 이것이 기사환국으로 태조 영정 모사와 같은 해에 발생했다. 기사환국의 직접적인 계기는 원자 문제였지만, 그 배경에는 태조 영정 모사로 인해 숙종이 국왕 및 왕실에 대한 신하들의 태도에 의혹을 품게 된 사정이 자리하고 있었다.

태조의 옛집에 비를 세우다

개성에 있던 태조의 옛집

태조 시호가 추상되고 오랜 진통을 겪은 영정 모사까지 실현되자, 이제 정계 전반의 관심사는 태조의 사적으로 쏠렸다. 특히 그 영역이 국왕이 되기 전의 사적까지로 확대되면서 관련 사적 발굴과 정비 사업이 시작되었다.

1693년(숙종 19) 개성에 있던 태조의 옛집, 곧 잠저 터에 비를 세우는 작업이 첫삽이었다. 비 건립은 그곳이 어떤 사적이고 무슨 의미가 있는지를 확인하고 이를 후손에게 전해 준다는 점에서 사적 정비의 핵심이 되는 조치였다. 태조 이성계가 즉위하기 전에 살던 잠저는 함경도 영흥과 함흥 그리고 개성에 있었다. 이성계는 영흥에서 태어났으며 함흥으로 이주하여 살았다.

그는 함흥을 떠나 중앙 정계에 진출하면서 개성에도 집을 두 곳 마련했다. 하나는 나중에 개성의 이궁*으로 운영되었고, 다른 하나는 태조의 영정을 봉안한 진전이 되었다. 전자가 '경덕궁', 후자가 '목청전'이다.

경덕궁은 개성 추동에 있어서 '추동본궁'으로 불렸다. '본궁'이란 국왕이 즉위하기 전에 살던 집으로 잠저와 같은 의미가 있지만, 제도적으로 관리되는 시설이라는 의미가 강하다. 정종은 즉위한 뒤 도읍을 개성으로 옮겼고 태종은 이곳에서 양위를 받아 즉위했다. 태종은 추동본궁의 주변 민가를 사들여 공간을 넓히고 정식 궁궐로 사용했고, 이에 맞춰 추동본궁은 경덕궁이라는 정식 명칭을 얻었다. 태종이 다시 한양으로 도읍을 옮긴 뒤에는 국왕이 개성에 행차할 때 머무는 이궁으로 활용되었다. 하지만 개성 행차가 뜸해지면서 경덕궁도 궁궐 기능을 잃고 점점 퇴락해 갔다.

한편 목청전은 본디 태조의 별장이었다. 태종이 이곳에 전각을 짓고 태조의 영정을 봉안하면서 진전이 되었다. 진전 이름은 처음에는 '계명전'이었으나 세종이 목청전으로 고쳤다. 목청전은 태조의 옛집에 태종이 직접 설치한 진전인 데다 한양에서 가깝기 때문에 국왕이 직접 들러 참배할 수 있었다. 목청전은 개성 인근에 있는 정종의 후릉, 신의왕후의 제릉과 함께 국왕이 자주 제사하는 곳이었다. 세종 때 지방 진전을 모두 없애려는 논의가 있었을 때에도 목청전은 "국왕이 몸소 제사하는 곳"이라 하여 예외로 간주되었다.

임진왜란으로 일본군이 개성에 진주하면서 경덕궁과 목청전은 모두 불에 타 터만 남게 되었다. 광해군대 이후 경덕궁과 목청전을 중건하자는 논의가 이어졌지만, 경덕궁은 이미 궁궐 기능을 잃고 퇴락한 곳이기

●이궁(離宮) : 공식 행사가 열리는 정궁(正宮) 외에 국왕이 사용하는 별도의 궁궐.

에 굳이 중건할 명분이
없었다. 반면 목청전은
태조의 진전 중에서도 가
장 중요한 곳이었기에 곧
바로 복구 논의가 제기되
었다.

특히 광해군은 태조 진
전 복구에 관심이 많았던
터라 중건 논의는 활발히

고종대에 중건된 개성의 목청전

진행되었다. 다만 광해군은 평양의 영숭전 복구와 영정 모사를 먼저 진
행했는데, 이마저도 마무리하지 못한 채 인조반정이 일어나서 목청전 중
건 논의도 없던 일이 되었다. 그 뒤 목청전은 고종 때 가서야 비로소 중
건된다.

이처럼 개성의 두 잠저는 중건되지 못했지만 선왕의 사적이므로 그 터
라도 보존 관리가 필요했다. 그대로 방치한다면 경작지가 되거나 다른
집들이 들어차 사적 자체가 사라질 수 있었다. 이에 1657년(효종 8) 경덕
궁 터에 담장을 두르고 나무를 심은 뒤 문을 만들어 경작과 방목을 금지
했고, 앞에는 하마비*를 설치했다. 아울러 목청전 터에도 담장을 두르도
록 했으나 실현되지 않은 것으로 보인다. 훗날 기록을 보면 담이 없는 상
태로 나오기 때문이다.

●하마비(下馬碑) : 중요한 시설이나 사적을 지날 때 경건함을 보이기 위해 모든 사람이 말에서 내
　리도록 한 지침을 적어 그 앞에 세운 비.

1668년(현종 9) 두 곳을 둘러본 송시열은 이듬해 현종을 만난 자리에서 그 실태를 소상히 보고했다. 그에 따르면, 목청전은 매우 황폐한 상태였고 경덕궁이 있던 곳도 주민들이 섞여 살아 터를 구분하지 못할 지경이었다. 현종은 하루빨리 보수해야 한다는 송시열의 요청을 받아들여 터를 정비하고 시설물을 수리하도록 명했다. 이에 터에 있던 시설을 정비하고 들어와 살던 민가를 이주시키는 등의 조치가 이루어졌다.

하지만 모든 빈터가 그러하듯이 계속 관리하지 않으면 어느새 잡초가 무성해지고 사람들이 집을 짓거나 밭을 일구게 마련이다. 그러다 보면 어느 순간 사적은 사라져 버리고 그 위치조차 가늠하지 못하는 지경에 이르게 된다. 이에 보수 정비와 더불어 비를 세워 그곳이 어떤 사적인지 후대에 알리고 위치를 확인해 주는 조치가 이루어졌다.

목청전, 경덕궁에 세운 비계영경지비

1693년(숙종 19) 숙종은 후릉을 참배하러 개성에 행차했다. 숙종이 남문루에 이르렀을 때 낭원군 이간은 태조의 두 잠저가 있던 터의 현황을 다음과 같이 아뢰었다.

송도 남문 밖 추동에 태조의 잠저 옛터가 있는데, 태종께서 즉위한 뒤 계속 그곳에서 지내셨으니 이곳이 바로 경덕궁입니다. 민간에 전하기를 "어느 날 흰 용이 뜰에 내렸다"고 하였는데, 그 말이 《용비어천가》 및 《여지승람》에 실려 있습니다. 그리고 또 숭인문 안에 태조의 별장이 있는데, 태조께서 늘 이두란 등과 격구를 하며 말을 달리던 곳이었습니다. 그래서 태종이 태조의 영정을 봉안하고 목청전이라 했습니다. 두 곳은 모두 임진왜란 때 불탔습니다. 경덕궁은 담장을 두르고 하마비를 세웠지만, 목청전 터는 아직 담장도 없이 황폐합니다.

이어서 낭원군은 경덕궁과 목청전 터를 정비하고 비를 세워 표지로 삼기를 청했다. 앞서 말했듯이 낭원군은 태조 영정을 모사하여 남별전에 봉안하자고 건의한 인물이다. 숙종은 그의 제안대로 두 터를 정비하고 비를 세우게 했다.

숙종은 후릉을 참배하고 개성으로 돌아와 경덕궁 터를 둘러본 뒤 남문루에서 지역 원로들을 모아 위로했다.《숙종실록》에는 목청전 터에 행차했다는 기록이 있으나 경덕궁 행차가 맞다. 며칠 뒤 숙종은 시 3수를 짓고 목판에 새겨 남문루에 걸게 했으며, 훗날 영조는 개성에 행차했을 때 숙종의 시에 화답하는 시를 짓기도 했다.

한편 왕명에 따라 두 터에 비를 세우는 작업이 곧바로 진행되었다. 그런데 건립 과정에서 흥미로운 사실이 보인다. 비문 뒷면에 제작 연대를 적을 때 어느 나라 연호를 쓸 것인가 하는 문제가 제기된 것이다. 당시 조선에서는 연호를 두 가지로 썼다. 청나라와 사대 외교를 맺었기 때문에 공식 문서에는 모두 청나라 연호를 적어야 했다. 하지만 문화적으로 청나라를 거부하고 명나라와 의리를 이어 가는 분위기였다. 그 표현의 하나가 명나라 마지막 연호인 숭정(崇禎)을 계속 사용하는 것이었다.

조선에서 숭정 연호는 간지를 묶어 '숭정 갑자' 같은 식으로 썼다. 간지가 60년 주기로 반복되므로 숭정 연호를 시작한 지 60년이 지나면 '숭정(또는 숭정기원후) 재(再)갑자', 120년이 지나면 '숭정 삼(三)갑자' 같은 식으

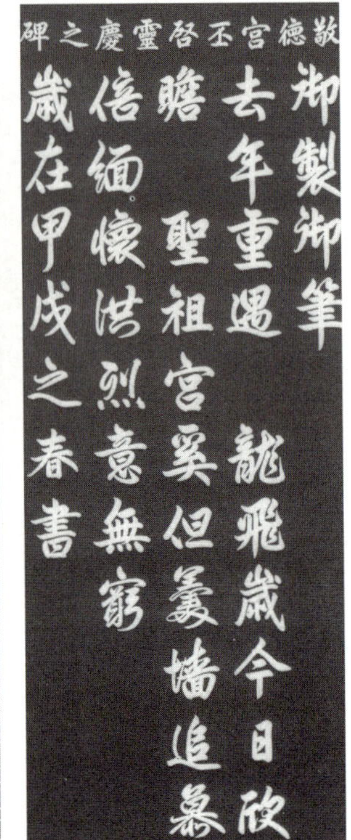

목청전비계영경지비 음기와 경덕궁비계영경지비 탁본

로 적었다. 간혹 숭정 기원부터 연수를 합산하여 적기도 했다.

개성 잠저 터에 세울 비에도 당시 통념에 따른다면 '숭정기원후(崇禎紀元後)'라고 써야 했다. 하지만 개성이 청나라 사신이 드나드는 길목에 있었던 탓에 사신들이 이를 보고 문제 삼을 수 있다는 우려가 있었다. 이에 연호 부분을 아예 빼고 간지만 사용하여 "갑술년 봄 3월에 건립했다[歲在甲戌春三月日建]"라고 새겼다. 여기서 비를 세운 연도가 이듬해인 1694년(숙종 20)임을 알 수 있다.

이어 숙종은 목청전 터에 세울 비의 제액*을 써서 내렸는데, 이것이

‘목청전비계영경지비’이다. 경덕궁 터에도 똑같이 비가 건립되었다. 이 비는 목청전과 같은 형식의 제목을 달아 ‘경덕궁비계영경지비’라 했다.

태조의 옛집을 보는 숙종의 생각

두 잠저 터에 세운 비의 이름을 ‘비계영경(丕啓靈慶)’이라 한 것은 숙종이 이 사적을 어떻게 생각했는지를 잘 보여 준다. 글자대로 풀이한다면 ‘신령한 경사를 크게 열었다’라는 뜻으로 조선 왕조의 창업을 가리킨다. 그는 경덕궁과 목청전이 태조의 잠저로서 창업의 출발을 상징한다고 생각한 것이다. 개성은 태조가 즉위한 곳이기 때문에 이곳의 잠저는 직접 창업과 연결될 수 있었다.

경덕궁 비에는 이와 관련하여 숙종이 말한 내용이 실려 있다. 숙종은 경덕궁 터를 둘러본 뒤 시를 쓰면서 “우리 선조께서 이 궁에서 터를 열어 온갖 어려움 속에 대업을 이루었으니 나 또한 덕을 닦아 길이 이어 가야 할 것이다”라고 말했다. 숙종은 이곳을 창업 사적으로 규정함과 아울러 태조의 계승자로서 자신의 역할을 천명한 것이다.

경덕궁 비 앞면에는 경덕궁을 소재로 한 숙종의 친필 시가 새겨져 있다. 실록에도 수록되어 있는 이 시의 내용은 다음과 같다.

●제액(題額) : 비의 제목을 전면 전체 또는 그 상단에 크게 적는 부분.

지난해에는 태조께서 왕위에 오른 해를 거듭 만났고　去年重遇龍飛歲

오늘은 성조의 궁궐을 즐거이 바라보게 되었네　今日欣瞻聖祖宮

어찌 사모하고 추념하는 것이 갑절뿐이랴　奚但羹墻追慕倍

큰 공렬을 회상하니 내 마음 끝이 없네　緬懷洪烈意無窮

태조의 창업을 회상하는 이 시는 특히 1년 전이 태조가 왕위에 오른 해임을 상기하고 있다. 이는 1692년(숙종 18)이 임신년으로 태조가 왕위에 오른 1392년과 간지가 같은 데 주목한 것이다. 햇수로는 꼭 300년이 된다.

숙종이 개성의 태조 잠저 터를 창업 사적으로 자리매김한 것은, 즉위 전의 공업으로 평가되던 위화도회군을 명분으로 시호 추상이 이루어진 것과 같은 맥락에 있다. 다시 말해 즉위 전 태조의 활동을 창업 과정에 포함시켜 잠저 또한 태조가 살던 옛집이라는 일반적 의미에 그치지 않고 창업과 직접 관련된 사적으로 재평가하게 된 것이다. 이를 바탕으로 개성에 오기 전에 살았던 영흥과 함흥 사적들도 창업 사적으로 재평가되는데, 이에 대해서는 4장에서 자세히 살펴볼 것이다.

영조, 개성 행차에서 숙종을 추모하다

개성의 태조 잠저 터에 비를 세워 그 뜻을 기린 숙종의 사업은 영조로 이어졌다. 1740년(영조 16) 정종의 능인 후릉을 참배하러 개성에 들른 영조는 태조 잠저 터에도 행차했다. 영조는 먼저 경덕궁 터에 들러 비를 만지면서 숙종을 추모했고, 개성에서 돌아오는 날에는 목청전 터에도 들렀다.

개성의 후릉

영조는 숙종이 지은 시 세 편에 갱운*하여 시를 짓고 현판에 새겨 남문
의 누각에 걸도록 했는데, 이는 숙종이 했던 행적을 그대로 재현한 것이
다. 시 내용에도 숙종에 대한 계술 의식이 뚜렷이 나타난다.

먼저 경덕궁 시에 갱운한 시는 다음과 같다.

●갱운(賡韻) : 왕이 지은 시에 운자(韻字)를 맞추어 화답하는 내용의 시를 짓는 것. 신하들이 지어
바치는 것은 갱진(賡進)이라 한다.

오늘 비각을 바라보니 얼마나 다행한 일인가   何幸今辰瞻寶閣

옛날 이곳은 왕업을 이룬 곳이라네   昔年此地龍飛宮

어찌 나만 슬픈 마음 간절하겠는가   奚但小子愴心切

지극하고 깊은 인덕, 영원히 끝이 없다네   至德深仁永不窮

숙종의 시가 경덕궁 터에서 태조의 창업을 회상했다면, 영조는 이곳에서 숙종의 사적을 회상하면서 이를 태조의 사적으로 연장했다. 이는 숙종을 통해 정치적 정당성을 강화하려는 영조의 의식이 창업 사적으로 확장되는 것을 보여 준다.

만월대에 대한 영조의 갱운시는 다음과 같다.

옛 도읍의 형편은 아득히 쇠잔하고   舊都物色漠然衰

만월대 넓은 터 하나만 남았네   只有月臺廣一基

옛날 창업한 해를 추억하니   追憶往年創業歲

산천의 경치가 내 마음에 느껴지네   山川景像感余思

만월대는 고려의 왕궁이 있던 곳이다. 홍건적의 침입으로 건물이 모두 불타고 터만 남아 만월대라 불렸다. 그런데 이 시에서 영조는 고려가 아닌 조선의 창업을 추억했다. 조선 창업이 개성에서 이루어졌고, 이 때문에 개성은 옛 도읍으로 지칭되었다. 고려 왕조를 상징하는 만월대를 배경으로 몰락한 고려를 대신한 조선 왕조의 창업을 대비적으로 드러냈다.

남문루에 대한 영조의 갱운시는 다음과 같다.

옛 남루에서 어필을 받들어 보니　御筆奉覩故南樓

선왕의 마음이 노는 데 있지 않았음을 알겠네　仰認聖心豈愛遊

어찌 송도 백성만 은혜를 입었겠는가　松民奚但蒙恩澤

많은 백성 돌보는 마음 팔도에 넘쳤다네　恤恤元元遍八州

영조는 개성에 행차한 숙종의 마음이 백성에게 은혜를 베푸는 데 있었으며, 그 대상은 개성을 넘어 팔도에 적용된다고 평가했다. 숙종의 업적을 크게 찬양한 내용인데, 여기에는 결국 숙종의 사업을 이어받은 영조 자신을 과시하는 의미도 담겨 있다.

한편 숙종의 행차 때와 마찬가지로 영조의 행차에 자극받은 개성 주민들은 다시금 목청전 중건을 요청했다. 영조는 숙종과 마찬가지로 받아들이지 않았지만 그 터에 있는 비각에 각별히 신경 썼다. 1751년(영조27) 정몽주의 충절을 기리는 선죽교 비각이 많이 손상되어 보수가 필요하다는 지적이 있었다. 이에 영조는 선죽교 비각과 더불어 경덕궁과 목청전 비각의 단청도 살펴보고 보수하도록 했다. 또한 1773년(영조49)에는 개성 유수로 하여금 매년 초봄에 두 잠저 터에 있는 비각을 직접 둘러보고 상황을 보고하며 보수가 필요한 곳은 즉시 수리하게 했으며, 이를 상시적인 수행 업무로 규정했다. 영조에게 이곳은 태조와 숙종을 함께 기억할 수 있는 중요한 공간이었기 때문이다.

3장 · 신덕왕후를 본궁에 제사하다

잊혀진 왕비, 신덕왕후

북도의 본궁 사적

1683년(숙종 9) 위화도회군이란 공업을 명분으로 태조의 시호를 추가로 올리고, 1693년(숙종 19) 개성에 있던 태조의 잠저 터에 사적비를 세우면서 태조 사적은 즉위 전으로까지 영역을 넓혔다.

그런데 태조의 잠저 사적은 개성에만 있는 게 아니었다. 이성계는 지금의 함경도 영흥에서 태어나 함흥으로 이주했고, 개성으로 진출할 때까지 그곳에서 살았다. 따라서 영흥과 함흥을 중심으로 북도(함경도) 곳곳에는 태조와 관련된 사적이 많았다. 나아가 목조 이래 여러 선조의 능과 사적도 북도 각지에 분포해 있었다.

하지만 국왕과 정계에 북도 사적은 관심 밖이었다. 한양에서 멀리 떨어져 있어 제대로 관리하기 어려운 데다가, 세조 때 이곳에서 이징옥 난과 이시애 난이 연이어 일어나 '반역의 고장'으로 낙인이 찍혔기 때문이다. 북도는 세종 때 6진 개척에 공을 세운 김종서의 영향력이 강하게 남아 있는 곳이었다. 김종서가 계유정난*으로 세조에 의해 제거되자, 그 휘하였던 이징옥이 반란을 일으켰다가 진압되었다. 이후 이시애는 1467년(세조13) 흔들리는 북도의 민심을 이용해 다시 반란을 일으켰다. 이 난은 한명회를 중심으로 세조의 측근들이 연루되었다는 소문이 돌면서 큰 파장을 불러왔으나 곧 진압되었다.

북도에서 잇따라 반란이 일어났으니 중앙에서 이곳을 보는 눈이 고울리 없었다. 조선 전기 내내 태조에 대한 인식마저 크게 위축된 마당에 반란까지 일어난 북도의 사적에 관심을 둘 여지는 거의 없었다. 중요한 시설은 왕실의 재정을 담당한 내수사와 현지 주민들이 관행에 따라 관리할 따름이고 대부분은 기억 속에 잊혀져 갔다.

그러던 북도 사적이 다시 국왕과 정계의 주목을 받게 되는 시점은 1695년(숙종21) 태조비 신덕왕후를 북도의 본궁에 추가로 제사하면서부터이다. 본궁은 대개 제사 공간으로 활용되었기 때문에, 왕실은 제수 비용을 대기 위해 토지와 노비를 본궁에 떼어 주었다. 본궁이 왕실의 사유 재산에 속해 운영은 내수사에서 도맡았다. 따라서 공식적인 국가 운영에서는 관심 밖에 있었고, 오히려 국왕은 사유 재산인 본궁을 부정적으로 보는 신하들의 개혁 요구에 시달리기도 했다.

북도에는 함흥과 영흥 두 곳에 본궁이 있었다. 함흥본궁은 태조가 살던 집이다. 이곳에는 태조와 신의왕후의 위판*, 그리고 태조의 선조인 목

● 계유정난(癸酉靖難) : 세조가 단종을 보좌하던 김종서 등을 숙청하고 권력을 잡은 정변.
● 위판(位版) : 사당에서 제사를 받는 대상에 대해 기재한 목패. 신주(神主), 신위(神位), 위패(位牌)라고도 부른다.

조·익조·도조·환조와 그들의 왕비 위판이 봉안되어 있었다.

영흥본궁은 본디 태조의 옛집이 아니었다. 실제 영흥의 잠저는 태조 영정을 봉안한 준원전이다. 영흥본궁의 연원은 알려져 있지 않으나 조선 후기에 본궁이라 불리며 태조와 신의왕후의 위판을 봉안하고 있었다. 이곳에서 매달 초하루와 보름, 명절마다 지내는 통상적인 제사와 다양한 토착 제사가 행해졌다.

그런데 함흥과 영흥 두 곳 모두 태조비로 신의왕후의 위판만 봉안하고 있었다. 그러다가 숙종 때 이르러 비로소 신덕왕후의 위판을 추가로 봉안한 것이다. 앞서 설명했듯이 신덕왕후는 조선 개국 때 책봉된 정식 왕비였다. 그런 그가 왜 북도의 본궁에는 봉안되지 못했던 것일까? 또 숙종 때 이르러서야 비로소 봉안된 이유는 무엇일까? 여기에는 신덕왕후가 죽은 뒤에 겪어야 했던 파란만장한 이야기가 숨어 있다.

조선 개국을 함께한 왕비

조선 개국 전 이성계에게는 부인이 둘 있었다. 첫 번째 부인 한씨에게는 방과(정종), 방원(태종)을 비롯한 아들이 여섯 있고, 두 번째 부인 강씨에게는 방번과 방석 두 명의 아들이 있었다. 그러나 한씨는 개국(1392년) 1년 전에 세상을 떠서 태조가 즉위할 때에는 강씨가 왕비로 책봉되어 함께 즉위식을 치렀다. 강씨는 태조 즉위 직후 현비(顯妃)로 책봉되었으며, 죽은 한씨도 절비(節妃)라는 칭호를 받았다. 한씨에게도 왕비 의례를 적용했지만, 어디까지나 대군으로 책봉한 그의 아들들과 격을 맞추기 위한 예우일 뿐이었다.

왕비 역할은 고스란히 현비 강씨 몫이었다. 고려 국왕으로 개성의 수창궁에서 즉위한 태조가 국새를 받는 자리에 함께 참석했고, 자신의 전각에서 개국공신 부인들에게 잔치를 베풀며 왕비로서 역할을 다했다. 강씨의 위상은 죽은 뒤 내려진 시호에 잘 나타나 있다. 왕비가 되기 전에 사망해서 시호가 따로 없는 한씨와 달리, 왕비로 있다가 1395년(태조 4) 사망한 강씨에게는 '신덕(神德)'이라는 시호가 내려졌다.

시호에 '신(神)'이 들어간 데에는 창업주의 왕비임을 강조하려는 속뜻이 있었다. 고려에서도 태조비에게만 '신(神)'이 들어가는 시호를 주었다. 첫 부인인 신혜왕후 유씨를 비롯해 신명왕후 유씨, 신정왕후 황보씨, 신성왕후 김씨 들이 그렇다. 조선에서도 창업주의 왕비라는 사실을 분명히 하기 위해 고려의 전례를 가져와 강씨의 시호에 '신'을 붙인 것이다.

왕비로서 강씨의 위상은 명나라에서도 인정한 부분이었다. 강씨가 죽었을 때 명 태조가 보낸 글에는 "수비(首妃) 강씨"로 호칭하면서 조선 개국의 내조자로 평가했다. 태조의 생각도 다르지 않았다. 태조는 창업할 때 강씨가 내조한 공이 많았으며 훌륭한 조력자를 잃은 것이라며 안타까워했다.

다만 결혼의 관점에서 보면 강씨는 첫 부인인 한씨와 분명히 구분되는 면도 있었다. 1393년에 건립한 정릉*의 비문에는 "태조의 배필은 한씨이며 계실*은 강씨"라고 적었다. 강씨는 공식적인 '왕비'였지만 결혼 순서

● 정릉(定陵) : 태조 아버지 환조의 능.
● 계실(繼室) : 첫 부인 이후에 다시 맞이한 부인.

에서는 분명 '두 번째' 부인이었다.

그런데 태조가 묻힌 건원릉 신도비에는 "수비 한씨", "차비(次妃) 강씨"라고 새겨져 있다. 명 태조가 말한 '수비 강씨'가 아니고 왜 '수비 한씨'로 새겨졌을까? 이는 정종 즉위 후 한씨가 신의왕후로 추존되었고, 건원릉 신도비는 태종 때 제작되었기 때문이다. 1차 왕자의 난 이후 한씨를 신의왕후로 올리면서 왕비 서열도 신덕왕후 강씨보다 앞서게 되었다. 강씨는 순서가 밀리면서 두 번째 왕비라는 뜻으로 '차비'라고 표현되었다. 앞으로 강씨

1900년(광무 4)에 세운 건원릉비

에 대한 격하 작업이 이어질 것을 시사하는 대목이다.

1395년(태조 4) 8월 강씨가 사망하자, 조정에서는 상례 준비에 들어가면서 능을 조성하는 일에 가장 역점을 두었다. 조선 개국 이후 처음으로 조성하는 능이었기 때문이다. 이 사업은 태조의 주도로 진행되었다.

강씨 능 자리는 원래 지금 고려대학교가 있는 안암동이었다. 이곳은 한양으로 천도하고 도성을 건설할 당시 태조가 미리 자신의 능지로 잡아 놓은 곳이었다. 하지만 이튿날 터를 닦기 위해 땅을 팠는데 물이 솟는 바람에 공사를 멈췄다. 안암동이 부적합한 곳으로 판명되자 태조는 다시 도성 안쪽 취현방, 그러니까 경복궁 바로 남쪽에 새 능지를 마련했다.

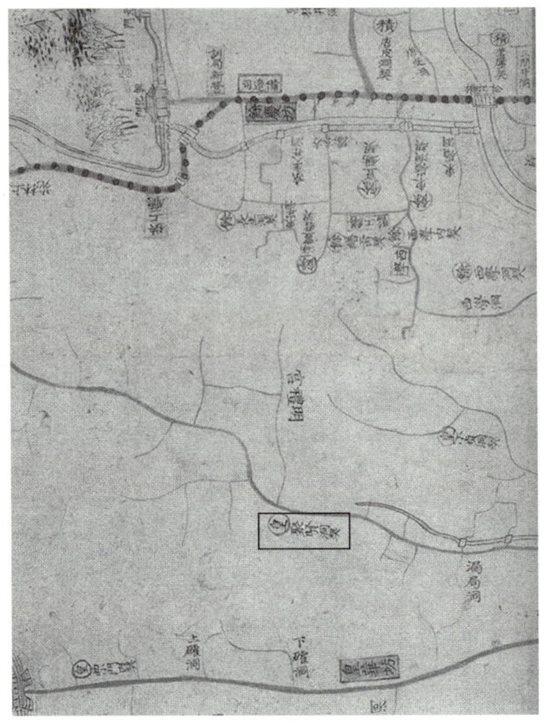

《도성대지도》의 취현방

그런데 안암동 능지에서 물이 솟은 날이 8월 21일, 새 능지를 마련한 날이 23일이다. 불과 이틀 뒤에 새로운 능지를 바로 찾기란 자연스럽지 않다. 미리 잡아 두지 않고서야 중요한 능지를 이렇게 빨리 바꿀 수는 없기 때문이다. 뒤집어 말하면, 태조는 미리 취현방에 새 능지를 물색해 두고 이곳으로 옮기기 위해 안암동 능지를 폐기하는 절차를 밟은 것이다.

1397년(태조 6) 정월 신덕왕후를 취현방 북쪽 언덕에 장사지내고 정릉(貞陵)이라 불렀다. 이곳은 지금의 중구 정동 일대인데, 태조는 정릉을 만든 뒤 능을 지키고 강씨의 명복을 빌기 위해 흥천사를 창건했다. 그리고 흥천사를 수선(修禪)의 본사(本寺), 곧 조계종의 중심 사찰로 지정해 격을

높여 주었다. 홍천사에는 부처의 사리를 봉안하는 전각인 사리전도 건립
되었다. 이 건물은 태조가 정종에게 왕위를 넘겨준 뒤에도 공사가 계속
되어 1399년(정종1) 10월에 낙성을 보았다.

홍천사에는 태조의 아버지 환조의 진전인 계성전도 들어섰다. 계성전
은 본디 한양 천도 전인 1394년(태조3) 개경 경천사에 두었는데, 1400년
(정종2)에 이를 홍천사로 옮겨 왔다. 그리하여 홍천사는 태조가 아버지를
추모하며 효를 구현하는 장이 되었다. 이는 물론 자신에 대한 자식들의
효를 요구하는 의미였으며, 그 초점은 정릉과 홍천사를 자신의 상징물로
뿌리내려 길이 유지케 하려는 데 있었다.

그러나 정릉과 홍천사는 태조의 희망대로 이어지지 못했다. 홍천사는
후대 국왕들이 그 뜻을 이어 가기는 너무나 정치적인 공간이었다. 능묘
는 도성 밖에 만드는 게 원칙이었기에 애초에 태조가 도성 안에 정릉을
만든 것부터 매우 예외적인 일이었다. 정릉은 그 입지부터 정치적이었던
셈인데, 이는 세자 책봉과 밀접히 관련되어 있었다.

태조는 신덕왕후가 낳은 막내아들 방석을 세자로 책봉했다. 1부에서
설명한 것처럼 이는 왕비의 아들로 왕위를 잇게 하려는 의도였다. 그러
나 신덕왕후가 죽으면서 세자 방석의 입지가 흔들릴 우려가 컸다. 15세
에 불과한 방석을 세자로 만든 기반이 사라졌기 때문이다. 태조는 신덕
왕후가 죽은 뒤에도 그 위상을 확고하게 보여 줌으로써 세자 자리 또한
흔들리지 않기를 바랐다.

그가 굳이 도성 안, 그것도 경복궁 바로 남쪽에 신덕왕후의 능을 마련
한 것은 이 때문이었다.

다음 지도는 1751년(영조 27)《어제수성윤음》에 수록된 〈도성삼군문

《어제수성윤음》에 수록된 〈도성삼군문분계지도〉 ❶ 경복궁 ❷ 육조거리 ❸ 흥천사 ❹ 취현방

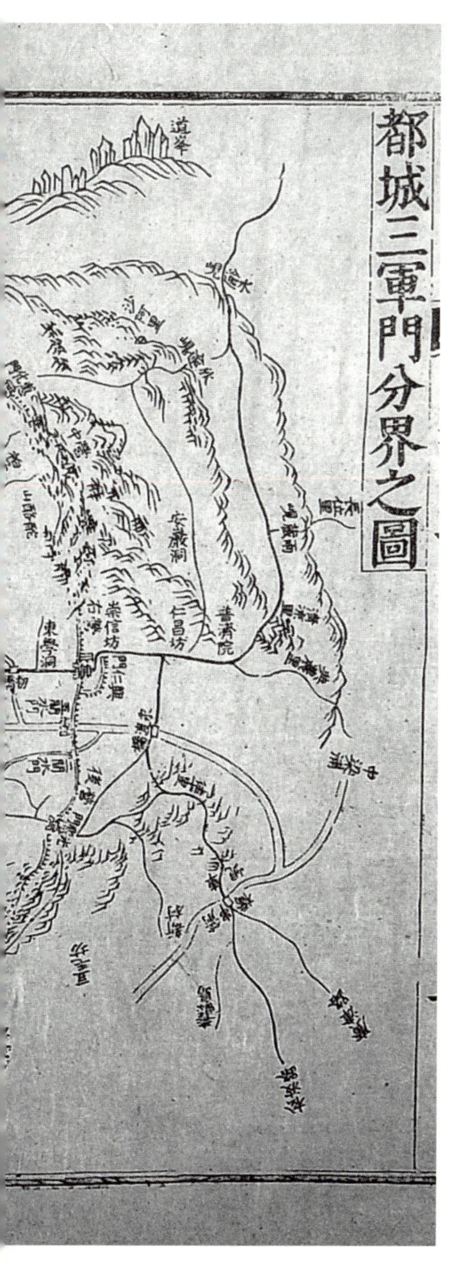

분계지도〉이다. 도성 수비를 위해 훈련도
감, 어영청, 금위영 세 군문이 분담한 구역
을 나타낸 영조대 도성의 공간 구조를 살
필 수 있다.

지도 왼쪽의 경복궁 남단과 서소문으로
가는 길 사이에는 구릉이 있으며, 소정동
(小貞洞)과 황화방(皇華坊) 사이에 취현방 표
시가 보인다. 취현방은 육조거리(지금의 세
종로)를 사이에 두고 경복궁과 맞닿는 위치
에 있으며, 그 북쪽에 흥천사가 있었다. 따
라서 경복궁에서 정릉이나 흥천사로 가려
면 육조거리를 거치게 된다. 태조가 정릉
을 다녀오는 길에 백관의 업무를 시찰할
수 있는 동선이 확보되는 것이다. 경복궁,
육조거리, 흥천사, 그리고 정릉은 하나의
공간을 형성했다.

흥천사 사리전은 이러한 공간 구성을 보
여 주는 하나의 랜드 마크였다. 담장이 있
는 경복궁 안에서 정릉이나 흥천사는 직접
보이지는 않았을 것이다. 그러나 흥천사
북쪽에 자리한 3층짜리 사리전은 적어도
상층부만큼은 두 눈에 들어올 수 있다. 광
화문이 열릴 경우 그 모습은 보다 분명해

진다. 사리전은 바로 그곳이 홍천사이며 그 옆에 정릉이 있다는 사실을 알려 주는 건물인 셈이다.

태조가 사리전 건축을 자신이 이루어야 할 가장 중요한 사업으로 여긴 이유는 사리전이 정릉의 존재를 한눈으로 보여 주는 이정표였기 때문이다. 이를 통해 신덕왕후는 왕비로서 생몰에 관계없이 그 위상이 유지될 수 있었다. 그것은 결국 왕비의 아들로서 후계자가 된 방석의 정통성을 보증하려는 태조의 의지이기도 했다.

신의왕후와 신덕왕후의 엇갈린 운명

1398년(태조 7) 8월 태조의 후계자 선정에 반발한 한씨의 아들들이 쿠데타를 일으켜 방번·방석 형제와 정도전·남은 등 개국공신, 그리고 강씨의 사위 이제를 죽이고 권력을 잡았다(1차 왕자의 난). 이 사건으로 태조는 둘째 아들 방과에게 왕위를 물려주었는데, 그가 정종이다.

정종은 즉위 교서에서 지난 세자 책봉이 잘못된 것임을 역설했다. 정도전과 남은 일파가 농간을 부려 어린 얼자*를 세자로 세우면서 장유의 질서와 적서* 구분을 무너뜨렸다는 것이다. 그리고 자신은 적장자 우선 원칙에 따라 왕위에 올랐음을 분명히 했다.

부인을 왕비로 책봉하는 교서에서는 '총부(冢婦)'의 위상을 강조했다.

●얼자(孼子) : 신분이 낮은 첩 자식.
●적서(嫡庶) : 본처 자식과 첩 자식.

총부란 맏며느리를 일컫는 말로, 가문을 계승하는 중책을 맡고 있다는 의미가 담겨 있다. 장자가 사망했을 때에도 가문이 총부를 통해 장손에게 이어지도록 만들어 놓았다. 정종은 자신이 적장자이고 부인은 총부라는 사실을 내세워 태조의 왕위를 자신이 물려받는 게 맞다는 주장을 증명했다.

그러나 적장자를 표방했다고는 하지만 왕비의 아들이 아니라는 약점은 그대로 있었다. 태조의 후계자 선정이 '왕비의 아들'을 명분으로 이루어졌으므로, 정종의 행위는 태조의 정당한 선택을 부당하게 거부했다는 혐의를 받을 수 있었다. 이에 정종은 생모 한씨를 왕후로 추존하는 카드를 꺼냈다. 즉위 뒤 곧바로 사람을 보내 한씨 능인 제릉에 즉위 사실을 고한 데 이어 두 달여 만에 한씨를 신의왕후로 추존했다. 이제 한씨는 신덕왕후와 같은 왕후로 공인되었으며, 그의 아들은 왕비의 아들이 되었다.

하지만 태조가 살아 있는 동안에는 신덕왕후의 위상에 직접 손을 댈 수 없었다. 정종이든 태종이든 자신의 왕위를 인정받기 위해서는 태조의 동의가 중요했기에, 태조가 극진하게 생각하는 신덕왕후를 예우하는 자세만큼은 보여야 했다. 그러나 태조가 죽은 뒤 상황은 급변했다. 태종은 더 이상 태조의 눈치를 볼 필요가 없었다.

본디 태조는 사후에 신덕왕후와 같은 능에 눕고자 했다. 그러나 태종은 태조의 능을 양주에 따로 마련하고 이름을 건원릉이라 했다. 이로 인해 태조는 왕비 없이 홀로 있게 되었다. 태조의 상을 모두 마친 뒤에는 태조와 신의왕후를 종묘에 부묘*하면서 신덕왕후는 빼 버렸다. 신덕왕

● 부묘(祔廟) : 왕과 왕비의 신주를 종묘에 봉안하는 것.

태조가 묻혀 있는 건원릉

후를 태조비 자리에서 밀어내고 그 자리에 신의왕후를 넣은 것이다. 이제 태조비 신덕왕후는 필요없는 존재가 되었다. 그리고 이후부터 신덕왕후를 격하시키는 조치가 줄을 이었다.

가장 먼저 취해진 조치는 정릉을 다른 곳으로 옮기는 일이었다. 태조 능을 따로 마련한 마당에 신덕왕후 능을 그대로 둘 리 만무했다. 1409년(태종 9) 옛 제왕들의 능이 모두 도성 밖에 있다는 명분을 내세워 정릉을 도성 밖으로 옮겼다. 이때 옮긴 곳이 지금의 서울시 성북구 정릉동이다.

능이 이전되면서 기존의 정릉에 있던 시설물도 하나둘씩 철거되었다. 정자각˙을 헐어 사신을 접대하는 전각인 태평관(太平館)의 북쪽 누각을

●정자각(丁字閣) : 능 앞에 제사상을 차리기 위해 만든 건물. 형태가 '정(丁)' 자를 닮았다 해서 붙여진 이름이다.

1900년대의 광통교

복원공사 당시 정릉의 병풍석

지었다. 또한 능에 세웠던 석인은 땅에 묻었다. 1410년(태종 10) 청계천 광통교의 흙다리가 큰비로 무너지자, 정릉 터에 있던 돌을 가져다가 돌다리를 만들었다. 이 돌다리는 청계천 복개로 묻혀 있다가 최근 청계천 복원 공사로 다시 세상에 얼굴을 내밀었다.

신덕왕후에 대한 의례도 격하되었다. 1416년(태종 16) 신덕왕후 기일(제삿날)에 조회를 열지 않던 의례를 폐지했다. 본디 국왕이나 왕비 기일에는 추모하는 의미에서 조회를 생략했다. 그런데 이를 신덕왕후 기일에는 적용하지 않은 것이다. 신의왕후가 이미 부묘되었고 강씨는 정적*이 아니라는 이유에서였다. 이는 사실상 신덕왕후를 왕후로 인정하지 않는다는 뜻을 담고 있었다.

● 정적(正嫡) : 정식 혼례를 치르고 맞이한 첫 부인.

1416년 태종은 신하들에게 계모에 대한 정의를 물었다. 이에 대해 신하들은 "어머니가 죽은 뒤에 이를 계승하는 자"로 답했다. 태종은 다시 "정릉(산덕왕후)이 내게 계모가 되는가"라고 물었고, "그때 신의왕후가 승하하지 않았으니 어찌 계모라 할 수 있겠습니까?"라는 답이 돌아왔다. 태종은 자신이 생모 집에서 자랐고 결혼한 뒤 따로 살았으므로 강씨에게는 어머니의 은혜와 의리가 없다고 맞장구를 쳤다. 강씨를 계모로 인정하지 않는다는 뜻이다. 반면 신덕왕후가 죽은 뒤 태조비로 들어온 성비는 계모로 인정했다.

신덕왕후 격하는 세종대에 들어 더욱 강도를 높여 갔다. 1418년(세종 즉위)에는 국가에서 행하던 제사를 친족들에 맡겼다. 신덕왕후는 이제 국가의 공식 제사에서도 밀려난 것이다. 1426년(세종 8)에는 고려의 역대 국왕과 왕비의 영정을 불태울 때 신덕왕후 영정도 함께 불태웠다.

물론 태종·세종대에 신덕왕후를 공식적으로 폐위한 흔적은 찾을 수 없다. 그러나 종묘에 부묘하지 않고 제사도 친족에게 맡긴 것은 폐위나 다름없는 조치였다. 이처럼 신덕왕후는 사람들의 관심에서 서서히 사라져 갔다.

이렇게 신덕왕후를 격하한 핵심 명분은 신덕왕후가 태조의 첩이라는 데 있었다. 이는 세자 방석을 첩의 아들로 규정하여 세자 자격을 부정한 근거와 맞아떨어졌다. 이 때문에 훗날 신덕왕후를 종묘에 부묘해야 한다는 논의에서는 신덕왕후가 첩이 아니라는 사실을 논증하여 부묘의 정당성을 확보하는 데 역점을 두게 된다.

2

신덕왕후를 종묘에 추부하다

신덕왕후의 종묘 추부 논란

세종대 이후 신덕왕후는 정계의 관심에서 벗어나 있었다. 제사는 친족에게 떠넘겨졌고, 왕후의 명복을 빌던 흥천사도 자연스레 폐지되었다. 관리마저 제대로 되지 않던 정릉은 나중에 위치조차 알 수 없는 지경에 이르렀다. 이처럼 잊혀져 있던 신덕왕후가 다시 정계의 관심을 끈 것은 선조 때 일이다.

1581년(선조 14) 11월, 신덕왕후의 아버지 강윤성의 후손임을 자처한 인물이 청원을 올렸다. 나라에서 관리하는 묘의 봉사손*에게 군역을 면제해 주는 전례에 따라 자신의 군역도 면제해 달라는 내용이었다. 이에 대해 이이는 신덕왕후를 종묘에 제사하는 게 타당하다는 의견을 보였다.

● 봉사손(奉祀孫) : 제사를 맡아 치르는 후손.

이를 계기로 신덕왕후를 종묘에 추부[*]해야 한다는 논의가 일어나기 시작
했다.

신하들은 신덕왕후가 태조의 평생 배필이었던 만큼 종묘에 부묘하는
게 맞다는 입장이었다. 그러나 선조는 허락하지 않았다. 이때부터 신하
들과 선조의 실랑이가 길게 이어졌다. 선조는 "선왕들이 하신 일은 다 까
닭이 있었을 테니 이제 와서 손댈 수 없다"는 원론에서 한발도 물러서지
않았고, 신하들은 공론을 받아들이라고 요구했다.

선조는 신덕왕후가 폐위되었다고 이해했다. 그러나 신하들은 《용비어
천가》에 '신덕'이라는 시호가 그대로 나온다는 사실을 근거로 폐위된 적
이 없다고 맞섰다. '신덕'은 왕비라는 신분을 전제로 한 시호이기 때문에
왕비에서 쫓겨나면 시호도 회수된다. 실제 신덕왕후를 폐위한 조치는 확
인되지 않는다. 하지만 그에 합당한 의례가 모두 폐지되었기 때문에 내
용상으로는 폐위나 다름없다고 이해할 수 있었다. 이를 어떻게 받아들일
것인가에서 국왕과 신하들의 인식이 엇갈렸다.

논의는 이듬해까지 이어졌으나 도중에 신하들 사이에 의견이 나뉘는
바람에 1583년(선조 16) 중단되고 말았다. 그런데 그 경위에 대해 《선조실
록》과 《선조수정실록》에서 설명이 서로 달라 눈길을 끈다. 《선조실록》은
광해군대 집권 세력인 북인의 입장을 반영하고 있다. 반면 《선조수정실
록》은 인조반정 이후 《선조실록》을 다시 편찬한 책으로, 효종대 편찬이
완료되었다. 이에 서인 쪽 입장이 담기면서 북인에 비판적인 논조를 띠
고 있다.

●추부(追祔) : 처음에 종묘에 봉안하지 않던 신주를 뒤에 추가로 봉안하는 것.

먼저 《선조실록》의 설명은 다음과 같다. 거듭된 요청을 선조가 계속 받아들이지 않자 신하들은 능 주변에 나무를 심고 제각을 세우는 정도로 한발 물러섰다. 그러나 선조는 나무를 심고 능을 수호하는 선에서 마무리짓도록 했다. 그런데 계속 부묘를 청하지 않고 제각 건립만 청한 것은 잘못이라는 비판이 나오자 선조는 자기들끼리 싸운다며 힐난했다. 명분에서 밀린 신하들도 더 이상 논의를 진행하지 않으면서 상황이 종료되었다는 것이다.

한편 《선조수정실록》에서는 김우옹이 신덕왕후를 위해 별묘°를 세우자고 건의한 것이 문제의 발단이라고 지적했다. 선조는 윤허하지 않았으나 삼사에서 김우옹의 주장을 비판하고 선조가 이를 힐난하면서 논의가 중지되었다는 것이다.

김우옹의 주장은 '제후는 두 적통이 없다'는 원론에 따른 것이다. 이미 신의왕후가 부묘된 이상 신덕왕후를 추가로 부묘할 수 없다고 본 것이다. 그의 주장은 《선조실록》에도 인용되어 있다. 그러나 건의가 받아들여지지 않았다는 지적만 있을 뿐, 이로 인한 논란은 실려 있지 않다.

이 차이는 두 실록이 각각 북인과 서인의 입장을 반영한 결과이다. 신덕왕후 추부는 당시 공론으로 제기된 문제였는데, 부묘가 실패로 돌아간 책임을 서로에게 전가한 것이다. 김우옹은 조식의 문인으로 북인의 대표 인물이다. 《선조실록》은 김우옹의 책임을 희석시킨 반면, 《선조수정실록》은 그에게 주된 책임이 있다고 지목한 것이다.

결국 신하들의 논란만 일으킨 채 신덕왕후 추부는 실현되지 않았다.

● 별묘(別廟) : 국왕과 직접 관련되지만 종묘에 들어가지 못하는 사람을 위해 따로 세운 사당.

근본 원인은 선조의 완강한 태도에 있었다. 대개 국왕은 선왕의 조치를 고치는 데 소극적이었지만 선조는 유난했다. 국왕의 아들이 아니었던 그는 국왕으로서 명분이 약했고, 이 때문에 선왕의 처분에 대해 되도록이면 그대로 지켜 나가려는 성향이 강했다. 신하들의 공론을 적극 받아들이는 태도를 보이면서도 선왕과 관련된 문제만큼은 양보가 없었다.

부묘를 추진하던 신하들의 논리와 명분에도 한계가 있었다. 태조의 정비(正妃)라는 부분만 강조함으로써 이를 부정한 태종의 조치를 극복할 수 없었다. 제후에게는 적통이 둘이 될 수 없다는 의견이 나온 것도 근본적으로는 태종이 신덕왕후를 첩으로 규정한 것과 같은 맥락이다. 추부 실현을 위해서는 정적(正嫡) 논란을 넘어설 더 강한 명분이 필요했다. 태조 시호 추상에서 위화도회군을 명분으로 끌어들여 실현할 수 있었던 것처럼 말이다.

다시 추부 논란이 일다

신덕왕후를 종묘에 추부해야 한다는 논의가 다시 정계 현안으로 떠오른 것은 1669년(현종 10)의 일이다. 1668년 말에 송시열은 현종을 만난 자리에서 신덕왕후의 사적을 소개하고 능 보수와 종묘 추부가 필요하다는 의견을 전했다.

현종은 신덕왕후가 다른 계비(繼妃)와는 경우가 다르다고 생각했다. 강씨는 한씨가 살아 있을 때 혼인했기 때문에 부인 사후에 다시 혼인한 경우와 같을 수 없다는 것이다. 송시열은 고려에서는 경처(京妻)와 외처(外

妻)가 있었으며, 신덕왕후는 태조의 경처에 해당하므로 신의왕후와 동격으로 예우해야 한다고 맞섰다.

경처와 외처란 지방 출신 관리가 고향에서 결혼한 뒤 서울에서 관직 생활을 할 때 다시 결혼하여 두 곳에 따로 부인을 두게 된 것을 말한다. 외처는 '향처(鄕妻)'라고도 한다. 실제로 고려 때 이런 습속이 있었던 것이 아니라, 고려 말 부인을 여럿 두는 일이 많아진 것을 두고 조선에서 이와 같이 이해한 것이다.

태종과 세종이 신덕왕후를 종묘에 부묘하지 않고 능마저 옮긴 이유는 강씨를 첩으로 규정했기 때문이다. 따라서 능을 보수하고 종묘에 추부하기 위해서는 이를 뒷받침할 근거가 필요했다. 송시열은 신덕왕후를 경처로 규정함으로써 '첩'이 아니라 '처'라는 것을 증명하고, 나아가 '첩'으로 규정하며 이루어진 모든 조치들을 '처'에 맞게 바로잡아야 한다는 논지를 끌어냈다.

'유처취처(有妻娶妻)', 곧 이미 혼인한 상태에서 다시 혼인한 경우를 예법상 어떻게 규정할지는 조선 초기부터 논란거리였다. 1414년(태종 14) 처가 있는 사람이 정식 혼례를 치르고 다시 처를 얻은 경우에는 적실*로 인정할 수 있다는 판결을 내렸다. 다만 같이 살면서 부부의 도리를 다해야 한다는 전제를 달았다. 경처와 외처를 함께 두는 것은 '유처취처'에 해당한다. 송시열은 이 판결을 근거로 강씨가 태조와 동거한 '처'이며 태조의 예우가 두터웠음을 강조했다.

이튿날 송시열은 송나라 때 황폐해진 전씨의 능묘를 보수하고 사당을

● 적실(嫡室) : 혼례를 치르고 맞이한 정식 부인. 이에 대해 첩은 측실(側室)이라 한다.

세운 이야기를 꺼냈다. 전씨는 오대 시기 오월왕*으로 있던 전류를 말한다. 그의 손자인 전숙이 송나라에 투항했는데, 훗날 전류 묘가 황폐해지자 조정에서 보수해 주었다. 이는 제후의 묘도 보수해 주었는데 왕비의 능을 방치할 수는 없다는 명분을 제공했다.

현종은 능 보수에는 수긍하면서도 추부에는 난색을 표했다. 그러자 송시열은 다시 중종 때 소릉 복위 내용을 거론했다. 소릉은 문종비 현덕왕후 권씨의 능을 가리킨다. 세자빈 시절 단종을 낳고 사망한 현덕왕후는 단종이 즉위하면서 왕비로 추존되어 문종과 함께 부묘되었다. 그러나 세조 즉위 후 동생 권자신이 단종 복위 기도 사건에 연루되어 처형되자, 세조는 현덕왕후를 폐위하여 종묘에서 쫓아내고 능도 옮겼다.

성종 때 남효온이 처음으로 소릉 복위를 청했으나 세조를 비난하는 짓이라 하여 논란이 일었다. 당시에는 구언*에 응하여 올린 글이라 하여 처벌받지 않았지만, 연산군 때 갑자사화의 한 원인으로 비화되어 남효온은 부관참시까지 당했다.

중종반정 이후 소릉 복위 논의가 다시 일어 실현되었다. 당시에도 세조의 뜻에 어긋난다며 난색을 표하는 의견이 있었으나, 중종반정의 명분과 관련된 사안인 탓에 실현될 수 있었다. 소릉 문제가 연산군이 일으킨 사화의 빌미가 되었으므로 이 문제를 그대로 둔다면 사화의 정당성을 인정하는 셈이 되고, 당시 화를 입은 사람들의 죄도 인정하게 된다. 이는 반정 이후 사화에 의해 희생된 신하들을 신원한 조치를 부정할 수 있기 때

●오월왕(吳越王) : 지금의 중국 절강성 지역을 지배하던 제후.
●구언(求言) : 국왕이 당면 과제에 대해 각계 각층에 조언을 구하는 것. 이에 대한 응답으로 올리는 상소를 응지(應旨)라 한다.

문에, 세조의 처분을 뒤집는다는 부담에도 불구하고 소릉 복위를 단행한 것이다.

그러나 신덕왕후 문제는 태종이 결정한 뒤 후대 국왕들이 그대로 지켜 나간 사안이다. 그것을 뒤집어야 할 특별한 이유는 없었다. 따라서 신덕 왕후를 종묘에 추부한다는 것은 곧바로 태종의 뜻을 뒤집는다는 말이었 다. 사화와 반정이라는 특수한 상황과 얽혀 있던 소릉 복위보다 더 부담 이 컸다.

계속되는 송시열의 요청으로 정계에서 추부 문제가 활발히 논의되었 다. 초점은 신덕왕후가 첩이 아니라 정식 부인이라는 점과 폐위된 적이 없 다는 데 모아졌다. 그러는 사이 현종이 허락한 능의 보수가 이루어졌다.

송시열은 1669년 정월, 세 번째로 추부를 요청했다. 이번에는 좀 더 자 세한 근거 자료를 두 가지 들고 왔다. 하나는 선조 때 논의에서 작성된 상소였다. 당시에 이미 추부가 공론화되었음을 증명하기 위해서였다. 다 른 하나는 권근이 지은 〈흥천사기문〉이다. 정릉의 수호 사찰인 흥천사를 짓게 된 경위를 정리한 글로, 태조가 강씨를 창업의 조력자로 평가한 내 용과 신덕왕후가 죽었을 때 명 태조가 조문한 사실이 인용되어 있다.

얼마 후 송시열은 정계를 떠났고 더 이상 추부 문제를 거론하지도 않 았다. 하지만 정계에는 이미 추부 문제가 공론화되어 그 정당성을 입증 하려는 다양한 모색이 이루어지고 있었다.

마침내 신덕왕후를 종묘에 추부하다

처음에 송시열은 국초의 혼인 습속까지 인용하면서 신덕왕후가 첩이 아니라는 사실을 입증하는 데 주력했다. 그의 주장을 이어받은 사람들은 '왕비'로서 공적인 위상을 강조하는 방향에서 논거를 보강해 나갔다. 그 초점은 신덕왕후가 조선 창업 때 명나라의 고명*을 받고 한 나라의 국모가 되었다는 데 모아졌다.

처음에는 신덕왕후가 '정적(正嫡)'이므로 '정비(正妃)'의 의례를 적용해야 한다는 취지에서 논의가 시작되었다면, 이제는 '정비'이므로 '정적'으로 간주한다는 논리로 바뀐 것이다. 사적인 부부 관계보다는 공적인 책봉 부분에 무게를 실었다. 태조가 인정했고 명나라의 고명을 받았다는 점에서 신덕왕후의 위상을 "개국의 정후(正后)"로 제시하게 되었다.

이것은 종묘 추부 논의에서 가장 큰 걸림돌이었던 신의왕후 문제를 넘어서는 설득력을 확보해 주었다. 신의왕후는 태조가 즉위하기 전에 사망했으므로 개국은 신덕왕후와 신의왕후를 명확히 구별하는 기준이 되었고, 왕비에 올라 명나라의 고명을 받았다는 것은 이를 확증하는 근거가 되었다. '개국의 정후'임을 전면에 내세움으로써 '유처취처'로 인한 처첩 판단은 사실상 의미가 없어졌다. 이후 논의에서는 '개국의 정후'를 전제로 그 위상을 실감할 수 있는 여러 지표를 찾아 보여 주거나 복위 혹은 추부의 전례를 인용하는 방향이 주류를 이루었다.

추부의 전례로 송나라 원우황후의 사례가 새로 추가되었다. 원우황후

●고명(誥命) : 황제가 제후나 그 비의 지위를 인정하는 문서.

는 송나라 철종의 비로 황제를 저주했다는 모함을 받아 폐위되었다가 인종 때 복위되었고, 휘종 때 다시 폐위되었다가 남송 고종 때 복위되는 곡절을 겪었다. 현덕왕후 복위 전례와 더불어 원우황후의 사례는 공식적인 폐위 조치가 없었던 신덕왕후의 추부를 수용할 명분을 보강해 주었다.

추부 요청이 점점 설득력을 갖추어 가자 현종도 수용 불가에서 신중론으로 한발 물러섰다. 일단 조선 초기 실록에서 실제 폐위 조치가 있었는지 확인해 보기로 한 것이다. 하지만 선뜻 허가할 움직임은 보여 주지 않았다.

그러자 이번에는 송준길이 거들고 나섰다. 그 역시 재야에 있다가 효종의 부름을 받고 정계에 나온 인물로 송시열에 버금가는 영향력을 끼치고 있었다. 이에 두 사람을 묶어 '양송(兩宋)'이라 부르기도 했다. 송준길은 추부 논의가 지지부진한 것을 강하게 질책하는 한편, 현종의 느슨한 태도에도 일침을 놓았다. 이를 계기로 주춤했던 추부 요청이 다시 활기를 띠었다.

이번에는 태종이 신덕왕후를 극진히 봉양했고 사망 뒤에도 예우했다는 사실을 강조했다. 이것은 태종의 '어머니'가 된다는 점을 부각시켜 신덕왕후 격하가 태종의 처분이 아님을 보여 주고자 함이었다. 이는 태종이 신덕왕후에 대해 계모의 의리가 없다는 단정을 뒤집은 것이다. 태종의 처분이라는 걸림돌까지 제거되자 현종은 결국 종묘 추부를 허락했다.

오랜 진통 끝에 신덕왕후는 종묘에 부묘되어 왕비로서의 위상을 회복했다. 이와 함께 그 소생인 방번과 방석도 왕후의 아들 예우를 받게 되었다. 방번과 방석은 1차 왕자의 난으로 피살되었고 모두 자손이 없었다. 1406년(태종 6) 방번에게는 '공순(恭順)', 방석에게는 '소도(昭悼)'라는 시호를 내렸다. 1437년(세종 19)에는 제사를 받들 후손으로 방번에게는 세종의 다섯째 아들인 광평대군을, 방석에게는 여섯째 아들인 금성대군을 각각 정해 주었다.

하지만 금성대군이 단종 복위를 꾀하다가 숙청되자 후계자를 세종의 손자인 춘성군으로 바꾸고 제사를 지내는 기간도 3대로 묶었다. 1485년(성종 16) 춘성군이 사망하자 방석의 제사도 마감되었다. 신덕왕후가 나라에서 관리하는 제사 대상에서 제외된 것과 마찬가지로 방석도 제사조차 받지 못하게 된 것이다.

한편 신덕왕후가 그 지위를 회복함에 따라 방번과 방석에게도 왕후의 아들에 걸맞는 지위를 내려야 했다. 방번과 방석에게 대군 칭호를 내린 것은 그 일환이었다. 이 조치는 1683년(숙종 9)에 실행되었다.

방번은 당초 무안대군이라는 칭호가 있었으므로 이를 그대로 회복해 주었다. 반면 방석은 세자로 있다가 죽었기 때문에 대군 칭호가 없었다. 대신 세종이 내린 시호를 이용해 보통 소도군 또는 소도공으로 불렸다. 신덕왕후가 왕비로서 지위를 회복했으므로 방석을 계속 소도군으로 부를 수 없었고, 이에 '의안대군(宜安大君)'이라고 새로운 칭호를 정했다. 태조의 왕자들에게 모두 '안(安)' 자가 들어가는 칭호를 내린 전례를 따른 것이다.

본궁에도 신덕왕후를 추부하라

예법에서 어긋난 본궁 제사

신덕왕후가 종묘에 추부되어 개국의 정후로서 그 위상이 공인되자 신덕왕후와 관련된 의례를 재정비하기 위한 논의가 그 뒤를 따랐다. 북도의 본궁에 신덕왕후를 추부하는 일도 그중 하나였다. 앞서 말했듯이 함흥과 영흥의 본궁에는 태조와 신의왕후의 위판만 봉안되어 있었다. 이제 신덕왕후가 종묘에 추부되었으므로 응당 두 본궁에서도 신덕왕후를 제사해야 한다는 의견이 나왔다. 그러나 이 문제는 그리 간단한 것이 아니었다.

종묘는 나라에서 규정한 제사 공간이지만 본궁은 어떤 법적·제도적 기반도 없었다. 그저 관습으로만 운영되어 왔을 뿐이다. 더군다나 두 본궁에서 행해지던 제사는 유교 의례에서 벗어난 형식이 많았고, 운영 또한 예조가 아니라 내수사가 담당하고 있었다. 신하들은 본궁의 제사가

영흥본궁 정전 전면과 내부

음사*라며 폐지해야 한다고 하나같이 주장했다.

정조 때 편찬된 《함흥본궁의식》과 《영흥본궁의식》은 당시 두 본궁에서 행해지던 제사에 대해 정리하고 있다. 이 책은 정조가 당시까지 논란을 거듭하던 본궁 제사에 대해 가능하면 기존 관행을 유지하되 형식과 내용을 손질하여 체계화한 것이다.

이에 따르면, 함흥본궁의 제사는 모두 32개가 있었다. 매달 초하루와 보름에 지내는 삭망제를 기본으로 하여 10월과 4월, 그리고 정조(正朝 : 정월 초하루)에 지내는 별대제가 있고, 2월의 춘절제, 6월의 반행제, 7월의 추절제, 8월의 산제와 추석제, 11월의 동절제, 동지다례 등 별소제가 있었다. 삭망제 중 2회는 정조·추석과 겹쳐 모두 32회다.

영흥본궁의 제사는 모두 31회가 있었다. 별대제와 별소제, 삭망제는 함흥본궁과 동일하며, 정조를 소제(小祭)로 하고 춘절제를 지내지 않는다는 점이 달랐다. 그밖에 야백제와 야흑제처럼 독특한 제사도 있었다. 함

● 음사(淫祀) : 정당하지 않은 신에 대한 제사. 보통 나라에서 공식적으로 정한 것 외의 토착 신에 대한 제사를 비판적으로 일컫는 말로 사용되었다.

홍에서는 정월과 9월에 야백제를, 12월에 야흑제를 지냈고, 영흥에서는 정월에 야백제를, 12월에 야흑제를 지냈다. 이들은 정규 제사에는 포함되지 않았다.

이 가운데 삭망제와 정조·추석·동지 같은 명절 제사는 모든 사당에서 모시는 제사였다. 하지만 나머지는 다른 곳에서 볼 수 없고 그 연원도 알 수 없는 제사였다. 현재 무슨 의미로 지내는 것인지조차 알기 어려운 이 제사들은 북도에 전해 오던 토착 제사가 본궁 제사에 수용된 것으로 추정된다.

이처럼 북도 본궁의 제사는 운영이나 내용에서 올바른 예법에서 벗어나 있다는 인식을 불러오기에 충분했다. 이 때문에 북도 본궁에 대한 인식이 본격적으로 나타나는 인조 때부터 이미 폐지 요청이 올라오고 있었다. 그러나 국왕은 선뜻 응하지 않았다. 왕실 관련 문제에서만큼은 기존 관행을 그대로 유지하려는 게 모든 국왕의 공통된 지향이었다. 그 덕에 본궁 제사는 끊임없는 폐지 요구에도 불구하고 명맥을 유지할 수 있었다. 그러나 반대로 폐지 의견이 팽배한 이곳에 제사 대상을 추가한다는 것도 그리 쉬운 일이 아니었다. 국왕이 폐지를 거부하는 것처럼 신하들 대부분은 확대를 반대할 것이기 때문이었다.

본궁에도 추부해야 한다

본궁 제사만 놓고 보면 예법에 어긋난다는 점에서 본궁 자체를 없애자는 주장이 나왔지만, 신덕왕후의 위상 복구라는 관점에서 보면 자연스럽

게 본궁 추부가 제기될 수 있었다. 실제 숙종 초에 이에 대한 논의가 전
개되었다. 누가 처음 발의하고 어떤 형태로 논의가 진행되었는지 알 수
없지만, 1675년(숙종 1) 본궁에 봉안할 위판을 새로 제작하는 조치로 보아
본궁 추부가 결정되었다는 점은 분명하다.

당시 본궁에서 사용한 위판은 나라에서 정해 놓은 위판과 규격이 달랐
다. 종묘에 봉안된 위판은 폭 5촌(약 15cm)으로 표준화되어 있었다. 그런
데 함흥본궁의 위판은 폭 1척 5촌(약 45cm)이나 되었다. 폭이 표준 규격
의 세 배에 이른 것이다. 이 문제를 두고 논의한 결과, 기존에 본궁에 있
던 위판과 새로 봉안할 위판의 크기가 다르면 곤란하다는 의견에 따라
기존 위판과 같은 모양으로 새 위판을 만들기로 했다.

그런데 위판 제작 단계까지 갔음에도 추부 논의는 도중에 보류되었다.
몇몇 신하들이 강력히 반대하고 나섰기 때문이다. 집권 남인의 영수였던
허적은 본궁 제사 자체가 잘못된 것이므로 폐지하자고 건의하는 한편,
신덕왕후 추부에도 반대 의견을 보였다. 앞서 봉안하지 않던 위판을 새
로 넣는 것은 부당하다는 이유에서였다.

원론적으로 본궁 제사를 폐지해야 한다면 추부는 의미 없는 일이 된
다. 따라서 본궁 추부 문제는 본궁 제사에 대한 입장이 먼저 정리되어야
비로소 논의될 수 있었다. 이에 숙종은 추부를 보류했는데, 정계에는 본
궁 제사를 폐지하자는 의견이 많았다. 숙종은 워낙 유래가 오래되어 갑
자기 없앨 수 없다며 거부했다. 달포가 넘은 폐지 요구에도 숙종은 물러
서지 않았지만, 이런 마당에 신덕왕후 추부를 밀어붙이기도 난감한 일이
었다.

숙종은 이 일을 계기로 본궁 사적에 대해 낱낱이 확인할 필요를 느끼

고 감사에게 본궁의 창건 유래를 조사하여 보고하도록 했다. 함경 감사
는 유래가 불분명한 영흥본궁을 중심으로 보고했다. 함흥본궁은 그 유래
와 운영이 이미 어느 정도 알려져 있었기 때문이다.

함흥본궁은 태조가 살던 집이었다. 태조가 즉위한 뒤 태조의 4대조와
비의 위판을 봉안하고, 태조 사후에는 태조와 신의왕후의 위판을 추가로
봉안했다. 이곳에는 본디 양속*200호를 두어 운영비를 충당했는데, 성
종 때 내수사에서 관할하도록 했다. 선조 때 양속을 폐지하고 내수사 노
비 500호를 두었다. 함흥본궁 건물은 임진왜란으로 불탔으나 1610년(광
해군 2) 관찰사 한준겸이 다시 짓고 내수사 노비 200호를 보충했다. 내수
사에서는 별좌 또는 별차라고 불리는 사람을 보내 본궁을 관리했다.

한편 함경 감사가 현지 주민의 말을 채록해 보고한 영흥본궁의 내력은
다음과 같다. 영흥본궁은 태조의 잠저가 아니며 광해군 이전에 주민들이
신청(神廳)이라 부르며 제사를 지내던 곳이다. 광해군 때 김상궁*이 해마
다 영흥에 내려가 무당 제사를 베풀었는데, 인조반정 이후 무당 제사는
폐지되었다. 이에 내수사 노비와 함흥본궁의 별차가 의논하여 태조와 신
의왕후의 위판을 만들어 제사를 지냈고, 1665년(현종 6) 중건한 뒤 비로소
본궁이라 불렀다.

감사의 보고로 영흥본궁의 연혁이 정부에 알려지자 예조에서 조속히
없애자는 의견을 올렸다. 그러나 숙종은 해당 지역에 관련 자료가 없는
상황에서 백성의 말만 믿을 수는 없다며 반대 입장을 분명히 했다. 특히

● 양속(良屬) : 신분은 양인이지만 특정 관청이나 시설에 속해 세금을 납부하는 사람들.
● 김상궁(金尙宮) : 광해군에게 영향을 미쳤다는 궁인으로 이름은 개시(介屎)이다.

왕실에 보관 중인 기록물에 선조 때 영흥과 함흥의 본궁을 조사한 기사가 있는 점에 근거하여 광해군 때 창건했다는 주장을 일축했다. 숙종은 전대부터 선왕을 모시는 제사가 이루어졌다는 점에 무게를 두고 영흥본궁까지 그대로 인정하려는 태도를 보였다.

서인이 본궁 추부 논의를 왜곡한 이유

숙종 초 신덕왕후의 본궁 추부에 관련된 기사를 보면 주목을 끄는 대목이 하나 보인다. 당시 논의에 대한 실록 기사에 집권 남인이 신덕왕후를 추폐, 다시 말해 종묘에서 도로 내치려 했다는 의혹을 제기하고 있다는 사실이다. 《숙종실록》에는 다음과 같은 사신의 평론이 덧붙여져 있다.

> 신덕왕후 복위는 송시열이 간청하여 이루어졌기 때문에, 남인이 뜻을 얻자 신덕왕후를 추폐하자는 의논이 있었다. 허적이 본궁 추부를 반대한 데 이어 제사를 폐지하자고 청한 것은 이 때문이다.

위 평론은 본궁 추부 반대를 종묘 추부 취소로 연결하여 이해하고 있다. 하지만 다른 자료에서 추폐 논의는 확인되지 않는다. 현실적으로 당시 추폐 논의가 있었을 가능성은 거의 없다. 종묘 추폐는 선왕인 현종이 고심 끝에 내린 결정을 뒤집는 것이다. 따라서 현종 말에 있었던 두 번째 예송, 이른바 갑인예송에서 정당성을 인정받고 집권한 남인이 추폐를 건의하는 무리수를 둘 이유가 전혀 없었다.

현종 때 종묘 추부 논의는 모든 신하들의 공론으로 추진되었고, 처음에 소극적이었던 허적도 뒤에 찬성으로 돌아 국왕을 압박하는 데 동참했다. 그런 그가 말을 바꾸어 숙종의 의심을 살 이유가 없었다. 그것은 두 차례 예송으로 서인이 실각한 과오를 자신이 되풀이하는 셈이었기 때문이다.

《숙종실록》의 평론은 서인이 남인의 잘못을 부각시키기 위해 허적의 주장을 왜곡한 것이다. 본궁 제사 폐지는 이 문제가 처음 불거진 인조대 이래 신하들의 공통된 의견이었다. 남인은 물론 서인도 내수사가 본궁 운영을 담당하는 것부터 마음에 들지 않았다. 본궁 위판을 교체하는 기사에 덧붙인 사신의 평론에도 본궁 제사는 예법에 어긋나므로 폐지해야 한다는 주장이 명시되어 있다.

특이한 점은 《숙종실록》에는 허적이 추부 반대를 먼저 말하고 이어 제사 폐지를 주장한 것으로 되어 있으나, 같은 내용을 전하는 《승정원일기》*에는 제사 문제를 먼저 거론한 뒤 추부를 반대한 것으로 되어 있다. 실록의 평론에서 순서를 바꾼 것인데, 이는 본궁 추부와 관련하여 전혀 다른 평가를 유도한다.

본궁 제사가 예법에 어긋나므로 폐지해야 한다고 보면, 본궁 추부는 무의미해진다. 어차피 없앨 제사에 위판을 추가로 넣을 이유가 없기 때문이다. 따라서 제사의 존속 여부를 결정한 뒤 비로소 본궁 추부를 논할 수 있다. 허적의 주장은 분명 본궁 제사를 폐지해야 하므로 본궁 추부는 적절치 않다는 것이었다. 추부 반대는 제사 폐지 문제에 의해 결정되므

● 승정원일기(承政院日記) : 왕명을 받들어 시행하는 승정원에서 국왕의 정무에 대해 일지 형태로 정리한 자료. 현재 인조대부터 남아 있으나 영조대 이전은 화재로 손상되어 내용이 완전하지 않다.

로 이 문제를 종묘 추부에 대한 재평가로 연결할 여지도 없었다.

그러나 추부를 먼저 반대하고 나중에 제사 문제를 언급했다면, 추부 반대는 제사를 폐지해야 한다는 전제에서 제기되는 것이 아니다. 그렇다면 추부 반대는 어떤 근거에서 나온 것일까? 본궁 추부는 종묘 추부의 연장에서 자연스럽게 추진되었으므로, 본궁 추부 반대는 종묘 추부가 잘못이라고 보았기 때문이라는 해석을 유도하게 된다. 결국 실록에 평론을 적은 사신은 허적의 주장에서 논리적 순서를 바꿈으로써 남인에게 신덕왕후 추폐를 주장했다는 혐의를 뒤집어씌운 것이다.

이로 보아 숙종 초의 본궁 추부 논의는 서인 쪽에서 추진했을 가능성이 높다. 숙종이 본궁 추부를 허가한 뒤 새로 봉안할 신덕왕후의 위판을 만들 때, 서인의 핵심 인물인 김수항은 새 위판을 본궁에 있는 기존의 위판과 같게 만들어야 한다고 주장했다. 위판의 규격이 종묘에 있는 것과 다른 것을 문제 삼았다면, 기존에 본궁에 있던 위판까지 전부 같은 규격으로 바꾸는 게 순리이다. 하지만 본궁의 현황을 그대로 수용한 것을 볼 때, 김수항이나 정계에 남아 있던 서인들이 본궁 추부를 추진했다고 해석할 수 있다.

그렇다면 서인은 왜 예법에 문제가 있다는 점을 알면서도 본궁 추부에 적극적이었던 것일까? 서인은 앞서 송시열이 나서서 신덕왕후 종묘 추부를 실현시킨 바 있다. 같은 원리를 가진 본궁 추부는 앞서 실행한 종묘 추부의 명분을 다시 기억하게 만들 수 있었다. 잘못된 예론으로 효종을 깎아내렸다는 혐의를 안고 있는 서인으로서는 이를 만회할 수 있는 좋은 기회라고 기대했을 법하다. 김수항은 갑인예송 당시 영의정으로, 송시열과 함께 책임을 지고 유배된 김수흥의 동생이다.

김수항과 그의 아들 김창업이 그린 송시열 초상 초본

　반면 남인은 예법에 어긋나는 본궁 제사를 폐지해야 한다는 원칙을 그 대로 유지했기 때문에 신덕왕후를 본궁에 추부하는 일에도 부정적이었다. 그런데 뒤에서 설명하겠지만, 기사환국으로 집권한 남인이 다시 실각하고 서인이 정계에 복귀한 뒤인 1695년(숙종 21) 신덕왕후는 마침내 본궁에 추 부되었다. 결국은 숙종 초 본궁 추부를 주장했던 서인의 입론이 인정받은 것이다.

　그러나 서인으로서도 예법에 어긋난 본궁 제사를 두둔할 수는 없었다. 본궁 추부를 위한 논의가 실록에 거의 나타나지 않은 것은 아마도 이를 의식해서 편집한 결과가 아닌가 한다. 대신 본궁 추부를 반대한 남인을 비난함으로써 반사 이익을 노린 것이다. 《숙종실록》은 서인, 특히 남인 에 대해 강경한 입장을 가졌던 노론의 시각을 반영하고 있다는 데서 그 편집 의도를 가늠할 수 있다.

마침내 본궁 추부도 실현되다

추부 실현과 본궁 인식의 변화

숙종 초 본궁 추부를 제기한 서인은 정작 경신환국으로 집권한 뒤에는 본궁 추부 문제를 더 이상 꺼내지 않았다. 대신 신덕왕후의 위호 회복에 맞추어 방번·방석에게 대군의 칭호를 내리는 정도에 머물렀다. 서인 또한 원론적으로 본궁 제사의 문제점을 모르지 않았다. 단지 숙종 초에는 갑인예송으로 인해 정치적으로 수세에 몰리자, 이를 타개하기 위해 본궁 추부를 활용했을 뿐이다. 당시 서인에게 본궁 추부는 자신들의 주도로 실현된 종묘 추부의 기억을 되살려 예송의 혐의를 벗겨 줄 방안으로 여겨진 것이다. 하지만 다시 집권한 마당에 예법에 문제가 있는 본궁 문제를 꺼낼 이유가 없었다.

이 문제가 다시 정계에서 논의된 것은 1695년(숙종 21) 민진후가 발의하면서부터이다. 이 해는 기사환국으로 실각했던 서인이 갑술환국으로 다시 집권한 이듬해이다. 민진후는 함흥본궁이 원묘로서 종묘와 다름없다고 전제하고, 신덕왕후를 종묘에 부묘한 만큼 본궁에도 추부해야 한다고 주장했다. 아울러 영흥본궁에도 신덕왕후를 추부할 것을 요청했다. 원묘는 종묘와 별도로 왕실에서 조상을 받드는 제사를 올리는 사당을 말한다.

이전까지는 함흥과 영흥의 본궁을 원묘라고 생각하지 않았다. 대개는 부적절한 음사로 보거나 원묘와 원리는 비슷하지만 그보다 격이 떨어진다고 여겼다. 그런데 민진후는 본궁을 원묘로 규정하고 이를 종묘와 다름없다고 평가함으로써 근거 없는 음사라는 종래의 인식을 무너뜨렸다. 물론 민진후 역시 내수사에서 운영을 담당하는 데에는 문제가 있다고 인정했다. 하지만 한편으로 "조종*의 깊은 뜻이 담겨 있다"라고 해석하면서 지엽적인 문제로 치부했다. 나라에서 공식적으로 관리만 한다면 문제될 게 없다는 생각이었다. 이로써 숙종 초 추부 논의를 무산시켰던 '비례'* 문제를 극복하고 신덕왕후를 추부할 수 있는 토대가 마련되었다.

민진후가 본궁을 원묘라고 한 이유는 본궁의 설립 목적이 조상을 받드는 선왕의 뜻에 있다고 해석했기 때문이다. 제사와 관련된 예법은 운영상의 문제일 뿐이며, 설립 목적과 관련된 존재 의미를 부정할 수 없다는 논지였다. 이렇게 보면 논의는 존속이냐 폐지냐를 따지는 게 아니라 당연히 존속하면서 운영을 개선하는 쪽으로 방향을 잡게 된다. 그러기 위해서는 태조비로서 신덕왕후를 추부하는 건 당연한 일이었다.

● 조종(祖宗) : 선대 국왕을 가리키는 것으로 대개 그 권위를 표상할 때 사용한다.
● 비례(非禮) : 예법에서 어긋난 행위.

그는 함흥본궁을 통해 본궁의 위상을 설명하면서 끝에 영흥본궁을 덧붙이는 방법을 취했다. 함흥본궁은 태조의 잠저로서 연원이 분명한 반면 영흥본궁은 유래를 알 수 없어, 본궁 제사를 폐지해야 한다는 주장은 대개 영흥본궁을 일차적인 표적으로 삼았다. 그런데 민진후는 먼저 함흥본궁을 통해 원묘라는 명분을 확보한 뒤 영흥본궁도 같은 취지라며 끼워넣었다. 이를 통해 영흥본궁을 음사라고 몰아붙이는 시각을 가로막을 수 있었다. 신덕왕후의 위판을 두 본궁에 추부하는 것은 이들의 동질성을 확인하는 의미도 있었다.

숙종은 민진후의 건의를 대신들의 논의에 부쳤다. 이에 대신들이 동의하고 숙종이 이를 받아들이면서 신덕왕후의 위판을 곧바로 본궁에 봉안했다. 이와 함께 내수사 별차 대신 다른 왕릉이나 사당처럼 참봉을 두어 제사와 관리를 담당케 했다. 또한 이전까지 내수사에서 담당하던 제사에서는 제문이 없었는데, 숙종은 추부를 위한 제문을 직접 지어 보냈다. 이로써 본궁은 나라에서 관리하는 제사에 포함되었다. 하지만 세세한 운영에는 손을 대지 않았다. 이 부분이 정리되는 시기는 앞서 설명했듯이 정조 때의 일이다.

여전히 본궁 추부에 반대하는 의견도 있었다. 숙종은 반대 주장에도 일리가 있다고 인정하면서도 본궁 운영에 담긴 조상의 깊은 뜻을 내세워 추부를 실행했다. 이러한 숙종의 인식은 숙종이 직접 지은 제문에 잘 나타나 있다.

빛나는 청결한 사당에 다섯 선조께서 의탁하시며 於穆淸宮 五聖攸托

큰 천명을 받아 왕업의 기초를 여셨습니다 誕膺景命 肇基王跡

주나라 기산과 같고 한나라 풍패와 같은 곳이라   如周岐山 若漢豊沛

이에 사당을 세웠으니 선왕의 뜻이 깊습니다   於焉立廟 聖意深遠

어린 제가 이를 본받아 공경히 계승하고   眇予小子 式克欽承

밤낮으로 게으르지 않게 경건히 받들어야 할 것입니다   夙夜匪懈 虔奉當然

정릉의 의례는 마음을 드러내는 데 모자람이 없고   貞陵禘儀 情文罔缺

또 누락된 예제를 행하여 한 방에 나란히 모셨습니다   又擧闕典 蹄祔一室

이제 예가 이루어져 제문과 제물을 바치니   肆當禮成 陳辭薦牢

작은 정성을 살피시어 길이 복을 내려 주십시오   尙監微誠 永錫純嘏

위에서 숙종은 함흥과 영흥을 주나라의 근원지 기산과 한나라 고조의
고향 풍패와 같은 곳으로 평가했다. 정릉의 의례는 현종 때 이루어진 종
묘 추부를 가리키며, 누락된 예제를 행하는 것은 본궁 추부가 종묘 추부
에 이어 당연히 해야 할 조치였음을 밝힌 것이다.

이로써 본궁이 종묘에 준하는 원묘이자 선조의 뜻이 담긴 사적이 되었
다. 연원이 불분명한 영흥본궁마저 함흥본궁과 같은 위상으로 인정을 받
았다. 이제 북도 지역에 흩어져 있는 태조 및 선조들의 사적에 주목할 첫
단추가 꿰어진 것이다.

갑술환국의 후유증

1695년 신덕왕후를 함흥본궁과 영흥본궁에 추부한 것은 본궁을 원묘
로 규정하고 그 위상을 종묘에 버금가는 것으로 인정한 결과였지만, 당

시 그러한 논리를 개발하고 추부를 추진한 데에는 또 다른 정치적 배경
이 있었다. 바로 전 해에 있었던 갑술환국과 인현왕후 복위이다.

1689년(숙종 15) 소의 장씨가 낳은 아들을 원자로 정하는 문제로 기사
환국이 촉발되었다. 서인이 실각하고 남인이 집권하면서 중전 인현왕후
도 폐출되었다. 숙종은 인현왕후가 원자를 미워하며 해치려 한다고 비난
을 퍼부었다. 빈 중전 자리에는 원자의 생모인 장씨를 올렸다.

인현왕후는 대표적인 서인 가문 출신으로, 아버지 민유중은 송시열의
최측근인 민정중의 동생이다. 정권이 서인에서 남인으로 교체되면서 서
인 가문의 인현왕후가 원자에게 부담이 될 것을 우려한 숙종은 중전을
폐출하는 극단적 조치를 기꺼이 단행했다.

그런데 1694년(숙종 20) 몇몇 신하들이 인현왕후의 복위를 요청하고 나
서면서 파문이 일었다. 그 주모자들이 투옥되어 조사를 받게 되자, 서인
을 확실히 제거할 수 있는 기회라고 생각한 남인은 사건을 확대했다. 그
러나 숙종은 왕실 문제를 정치적으로 이용하려는 남인에게 강한 반감을
느꼈다. 이에 전격적으로 남인을 축출하고 서인을 복귀시키는 또 한 번
의 환국을 단행했다. 그리고 폐위된 인현왕후를 중전으로 복위시키고 장
씨는 희빈으로 강등시켰다.

일단 외형상으로는 기사환국 이전으로 돌아온 듯했다. 하지만 거듭된
환국 단행에 따르는 명분적 부담을 피할 수는 없었다. 갑술환국은 기사
환국이 잘못이었음을 전제로 한다. 따라서 단순히 그 이전으로 돌리기
만 한다면 기사환국의 잘못을 고스란히 인정하는 셈이었다. 그렇다고
국왕이 선뜻 잘못을 인정하면 정국을 주도할 수 있는 권위에 손상을 입
게 된다.

숙종은 인현왕후를 비난하며 쫓아낸 것은 성급했다고 인정했지만, 근본적으로 잘못했다고는 시인하지 않았다. 자신의 정당성을 부정하지 않으면서 기사환국으로 파생된 문제를 덮으려면 무엇인가 더 큰 명분이 필요했다.

그러한 예로 이이의 문묘 종사를 들 수 있다. '문묘'는 공자를 모시는 사당을 말하며, '종사'는 함께 제사를 받는 것을 말한다. 문묘에는 공자 이후 도통●을 계승했다고 평가되는 인물들을 함께 제사했다. 우리나라에서도 고려 이래로 문묘 종사를 위한 논의가 이루어졌다. 신라의 설총과 최치원, 고려의 안향과 정몽주가 문묘에 종사된 인물이다. 조선에서는 광해군 초에 조광조와 김굉필, 정여창, 이언적, 이황 등 이른바 오현(五賢)의 문묘 종사가 이루어졌다.

서인의 표상으로 추앙받던 이이는 젊은 시절 출가한 전력이 문제되어 서인의 끈질긴 요청에도 불구하고 문묘 종사가 실현되지 않았다. 숙종은 경신환국 이후 비로소 이이의 문묘 종사를 받아들였다. 그러나 기사환국 때 이이의 문묘 종사는 잘못된 일이었다며 문묘에서 위패를 치워 버렸다. 그리

조선 유현(儒賢) 19위의 신위가 모셔진 성균관 대성전 동무

●도통(道統) : 유교의 학문과 의리가 전수되어 내려가는 계통.

고 갑술환국이 일어나자 다시 이이를 문묘에 종사했다. 숙종은 학문과 도덕을 기준으로 결정해야 하는 문묘 종사를 정치적 상황에 따라 거듭 뒤집었다는 비난을 피하기 어려웠다.

숙종은 이이의 학문적 권위를 전보다 더 높여 줌으로써 이 문제를 모면하고자 했다. 그의 대표 저술인 《성학집요》를 경연 교재로 채택한 것이다. 조선 학자의 저술이 국왕이 공부하는 경연의 교재가 된 첫 사례였다. 이이의 학문은 국왕을 이끄는 지침이 되었고, 이이의 권위는 비할 데 없이 높아졌다. 이렇게 이이를 존중하는 태도를 보여 문묘 종사를 거듭 뒤집은 데 대하여 신하들이 왈가왈부할 여지를 막아 버렸다.

숙종은 인현왕후에 대해서도 같은 방법을 동원했다. 인현왕후는 경신환국 후 숙종의 첫 왕비인 인경왕후가 사망하여 새 왕비로 간택되었다. 하지만 기사환국으로 폐출되었다가 갑술환국으로 복위되었다. 이이의 문묘 종사와 똑같은 궤적이다.

특히 인현왕후의 복위는 기존의 중전이자 세자의 어머니인 장씨를 희빈으로 강등시키는 부담을 무릅쓰고 이루어졌다. 6년이나 중전 자리에 있던 장씨가 후궁으로 강등될 만한 잘못이 있었던 것도 아니다. 단지 갑술환국의 명분을 위해 인현왕후의 복위가 필요했고, 그러기 위해서는 장씨를 강등시킬 수밖에 없었다.

결국 '왕비 교체'라는 점에서 이 조치는 기사환국 때의 조치를 재현한 셈이고, 숙종은 잘못된 조치를 반복했다는 혐의에서 벗어날 수 없었다. 이 혐의를 벗기 위해서는 인현왕후의 위상을 전과 다른 차원으로 높여야 했다. 복위된 인현왕후는 앞서 중전이었던 장씨는 물론 처음 책봉될 때와도 격이 달라야 했다.

그래서 숙종은 인현왕후를 중전으로 다시 책봉하면서 전과 다른 의례를 적용했다. 먼저 현종 때 숙종의 어머니 명성왕후 책봉과 숙종 초 인경왕후 책봉의 사례를 고찰하여 책봉식을 치렀다. 이는 인현왕후에게 폐위 전으로 되돌리는 것 이상의 의미를 부여하려는 의도였다.

또 숙종은 1696년(숙종 22) 세자가 결혼할 때 세자빈의 묘현례*를 거행했는데, 인현왕후도 함께 참여하도록 했다. 이전까지 왕실에서 치른 묘현례는 선조 때 인목왕후를 맞아들일 때가 유일했고, 인현왕후 묘현례는 처음 책봉할 때에도 행하지 않았다. 이런 점에서 복위한 중전의 위상을 전과 다른 차원으로 높이려는 숙종의 의도가 잘 드러난다. 세자빈의 묘현례 자체가 인현왕후의 묘현례를 위해 마련한 것이었다.

인현왕후와 신덕왕후

갑술환국 이듬해에 이루어진 신덕왕후 본궁 추부 또한 인현왕후의 위상과 깊이 관련되어 있다. 이 관계는 신덕왕후의 종묘 추부 논의가 교착 상태에 빠졌을 때 이를 강하게 견인하여 추부를 실현시키는 계기가 되었던 송준길이 인현왕후의 외할아버지이며, 본궁 추부를 주도한 민진후가 바로 인현왕후의 친오빠라는 점에서 쉽게 추측할 수 있다. 그 초점은 바로 '폐위된 왕비의 복권'이라는 맥락에서 인현왕후 복위에 신덕왕후의

●묘현례(廟見禮) : 유교식 예법에서 며느리를 맞이한 뒤 사당에서 처음 인사를 올리는 것. 우리 나라에서는 잘 시행되지 않았다.

상징성을 접목하는 데 있었다.

당초 인현왕후 폐위는 연산군의 생모인 폐비 윤씨의 고사를 원용하고 있었다. 윤씨는 성종의 후궁으로 있다가 중전으로 책봉되었으나 투기가 심하다는 이유로 폐출되었고, 뒤에 반성하지 않고 있다는 모함을 받아 사약을 받은 것으로 알려져 있다. 윤씨의 사례는 중전에게 문제가 있을 경우 나라를 위해 폐위할 수 있다는 근거를 제공했다. 숙종은 거듭 윤씨에 빗대어 인현왕후의 죄상을 비난하며 자신의 행위를 정당화했다.

그런데 선왕의 사례를 인현왕후 폐위의 근거로 삼았다면, 이를 뒤집는 복위에도 이를 뒷받침할 전례가 있어야 했다. 물론 폐위 때와 달리 복위의 전례를 직접 들이댈 수는 없었다. 폐위와 복위 모두 숙종 자신의 결정이었기 때문이다. 하지만 상징적 측면에서 폐위된 중전의 복위를 보여주는 전례가 있다면, 이를 매개로 복위 명분을 우회적으로나마 보강할 수 있었다.

이러한 사례는 신덕왕후가 유일했다. 폐비 윤씨는 연산군 때 왕비로 추존되었으나 중종반정으로 다시 폐위되었다. 따라서 복위의 전례가 될 수 없었다. 세조에 의해 추폐되었다가 중종반정 후 복위된 소릉(현덕왕후)이나 광해군에 의해 유폐되었다가 인조반정 후 복권된 인목대비의 사례도 생각할 수 있다. 그러나 이들은 '반정'이라는 특별한 상황에 의해 복위되었다는 공통점을 가지고 있다. 이를 인현왕후 복위의 전례로 삼을 경우 폐위 조치가 연산군이나 광해군의 폐정과 연결되는 위험을 안게 되었다.

반면 신덕왕후는 태종에 의해 격하되었지만, 현종 때 종묘에 추부되면서 그 책임이 당시 일을 맡았던 사람들에게 전가되어 있었다. 곧 신덕왕

숙종과 인현왕후의 명릉

후는 폐위와 관련된 부담은 없고 복위의 명분만 활용할 수 있는 좋은 전례였다. 따라서 인현왕후 복위에 신덕왕후의 전례를 원용한다면, 복위의 명분을 강조하면서도 폐위의 책임을 비켜 가는 효과를 얻을 수 있었다.

인현왕후 복위에 이어 신덕왕후를 본궁에 추부한 것은 바로 이러한 상징적 관계를 보여 주기 위해서였다. 신덕왕후의 사적을 다시 떠올림으로써 복위된 인현왕후의 입지를 다지는 한편, 복위의 정당성도 부각시킬 수 있었다. 민진후가 그동안 존폐 논란이 있던 본궁에 신덕왕후를 추부하도록 강력히 요구한 것도 바로 동생 인현왕후의 위상을 역사적으로 뒷받침하는 효과가 있었기 때문이다. 숙종 또한 그러한 의미를 인정하여 반대론을 누르고 본궁 추부를 실행했다.

신덕왕후는 태조의 두 번째 부인이지만 태조가 인정한 정후였다. 인현왕후는 숙종의 두 번째 왕비지만 그 위상만큼은 다른 왕비와 달랐다. 숙

종 능인 명릉에는 첫 왕비인 인경왕후나 마지막 왕비인 인원왕후가 아니
라 인현왕후가 나란히 누워 있다. 인현왕후에 대한 숙종의 인정이 어떠
했는지 잘 말해 주는 부분이다.

4장 • 북도 사적을 정비하기 시작하다

1

북도 사적 재인식

반역의 땅에서 창업의 땅으로

세조대 이후 반역의 땅으로 여겨지며 중앙 정계의 관심 밖으로 밀려났던 북도는 신덕왕후가 본궁에 추부된 뒤 창업의 땅으로 탈바꿈하기 시작했다. 이곳이 태조의 고향이라는 사실을 누구도 부정하지 않았지만 그렇다고 특별히 주목하지도 않았다. 그동안 본궁 제사를 내수사가 맡은 까닭은 그만큼 관심이 적었기 때문이다. 이제 나라에서 직접 본궁 제사를 관리하면서 북도 사적에 대한 관심도 덩달아 높아졌다. 숙종이 신덕왕후를 제사하는 글에서 북도를 한나라 고조의 고향 풍패에 견준 것은 그러한 인식 변화를 잘 보여 준다. 자연히 본궁 이외의 사적에도 관심이 미치게 되었다.

북도 사적에 대한 숙종의 관심은 다른 글에서도 확인할 수 있다. 역대 국왕의 글을 모은 《열성어제》에는 본궁을 비롯한 북도 사적과 관련된 숙종의 글이 여러 편 실려 있고, 영조 때 위창조가 편찬한 《북로능전지》도 마찬가지이다. 위창조는 함흥 출신으로 이곳에서 시행된 별시를 통해 중앙 정계에 등용되어 승지를 지낸 인물이다. 《북로능전지》는 북도에 있는 목조를 비롯한 태조 선조들의 능과 두 본궁과 준원전 등 사당들을 정리한 책인데, 여기에 주변의 왕실 사적과 지역에 내려오는 이야기도 널리 수집하여 정리했다. 위창조는 이 책을 영조에게 바쳤고, 영조는 왕명으로 이를 증보하여 다시 간행하게 했다.

《북로능전지》 첫머리에는 숙종의 시가 수록되어 있다. 숙종은 이 시 서문에서 "북로●는 왕업이 일어난 땅"이라며 이곳에 흩어져 있는 선조들의 사적을 후손으로서 사모해야 한다고 다짐했다. 시 본문은 함흥에 있는 만세교라는 다리를 소재로 창업의 땅으로서 북도의 의미를 새긴 것이다.

<blockquote>

예부터 전하기를 '만세'라 칭했는데　自古相傳萬歲稱

이 다리를 한 번 건너면 함흥이라네　此橋一渡卽咸興

가득한 아름다운 기운은 삼전을 이어 있고　蔥籠佳氣連三殿

울창한 소나무 숲 팔릉을 받들고 있네　薈苑松林拱八陵

길이 멀다지만 예를 어찌 그만둘 것인가　途道雖長禮豈廢

구름 낀 하늘 멀리 보니 감흥만 늘어나네　雲天遙望感徒增

구구한 소망을 언제 이룰 것인가　區區至願何時邃

그저 훗날 풍년을 기다릴 뿐이라네　祇俟他年稔事登

</blockquote>

●북로(北路) : 북도의 또 다른 표현.

1704년(숙종 30)에 지은 이 시는 1722년(경종 2)에 함흥 사람들이 현판에 새겨 향교 명륜당에 걸었다고 한다.

이 시에서 숙종은 '삼전'과 '팔릉'을 언급하고 있어 이 시를 '팔릉삼전시(八陵三殿詩)'라 부르기도 한다. 여기서 팔릉은 태조의 4대조와 그 왕비들의 능을 말한다. 먼저 현 함경남도 남쪽 경계에 있는 안변에 지릉(익조)이 있고, 그 북쪽의 문천에 숙릉(익조비)이 있다. 그리고 함흥에는 정릉(환조)·화릉(환조비)·의릉(도조)·순릉(도조비)·덕릉(목조)·안릉(목조비)이 있다.

삼전은 함흥본궁과 영흥본궁 그리고 준원전을 말한다. 《북로능전지》에는 이들 말고 함흥 경흥전도 소개되었는데, 숙종 때 경흥전은 본궁이나 준원전처럼 제사가 이루어진 곳은 아니었다.

경흥전은 태조가 살던 집으로 정종과 태종이 이곳에서 태어났다. 1410년(태종 10) 함주 목사 이안우가 이곳에 전각을 짓고 경흥전이라 했다. 태종이 이를 허물려고 하자, 의정부에서 나중에 태종의 영정을 봉안하는 곳으로 활용하겠다며 말렸다. 영흥의 준원전과 같은 기능을 생각해 둔 것이다. 하지만 실행 여부는 알 수 없다.

경흥전 역시 임진왜란 때 불타 조선 후기에는 터만 남았는데, 1658년(효종 9) 관찰사 정지화가 중건했다. 그 뒤 1661년(현종 2) 관찰사 권우가 건물 주변에 나무를 심었으며, 1710년(숙종 36) 관찰사 조태동이 수리하고 '경흥전'이라는 편액을 걸었다고 한다.

따라서 숙종이 시를 지을 당시까지 경흥전에 대한 인식은 아직 확립되지 않았음을 알 수 있다. 그러나 이후 북도 사적에 대한 관심이 높아지면서 경흥전도 숙종의 관심 대상이 되었다. 숙종은 경흥전을 소재로 한 시도 남겼는데, 이에 대해서는 뒤에서 다시 설명하기로 한다.

숙종 이전까지 팔릉은 왕실 능침의 하나로 관리되었을 뿐, 그와 관련된 특별한 인식은 나타나지 않았다. 준원전도 태조의 진전으로 유지되고 있었으나 '창업 사적'이라는 특별한 의미가 부여된 것은 아니었다. 두 본궁 역시 국가의 공식 관리 대상에서 벗어나 있었다. 그런데 숙종대 이후 창업 사적으로 특별한 의미를 부여받으며 정계의 주목을 받기 시작했다.

이러한 변화는 신덕왕후를 본궁에 추부한 데서 비롯했다. 신덕왕후는 개국의 정후로서 그 위상을 공인받았고, 이에 따라 신덕왕후를 제사하는 공간은 그가 지닌 이미지를 구현하는 장이 되었다. 두 본궁은 신덕왕후 추부를 통해 창업과 관련된 상징성을 얻게 되었다. 이를 토대로 태조 및 그 선조들의 각종 사적이 모두 창업 사적이라는 관점에서 이해되었고, 그에 맞추어 국가 차원의 관심과 관리가 이루어지기 시작했다.

북방 경영과 창업 사적

북도가 창업의 땅으로 새롭게 주목받으면서 북도와 관련된 정책을 세울 때 이 사적들은 그 명분으로 거론되기 시작했다. 1697년(숙종 23) 남구만은 《성경지》에 실려 있는 지도를 새로 편찬하여 숙종에게 바쳤다. 《성경지》는 청나라에서 심양 지역(지금의 중국 랴오닝 성 일대)의 현황을 정리한 지리서이다. 남구만은 여기에 수록된 그림을 확대하여 이수를 표시하고 산천과 고을, 역참 이름을 기재한 다음, 그림 아래에 역대의 연혁과 현재 설치된 관청을 기록했다.

이 지도를 바치며 남구만은 두만강 방면에 대한 관심을 촉구했다.

지금 두만강 북쪽 간동과 해관성 사이는 옛 덕릉과 안릉이 있던 곳으로 아주 가깝습니다. 철룡이 산에 묻히고 백마가 물을 건넜다는 고사는 지금도 민간에 전해집니다. 지금 성상께서 북쪽을 바라보면 선조들의 사적을 추모하는 마음이 생길 것입니다.

간동은 목조가 덕원에서 옮겨 와 살던 곳으로 기록에 따라 알동으로 적기도 한다. 《태조실록》 총서에는 경흥 동쪽 30리에 있다고 적혀 있다. 해관성은 《용비어천가》에 두만강 동쪽 5리에 있다고 적혀 있다.

대개 덕릉과 안릉은 두만강 바로 남쪽 지역인 경흥에 있었는데, 1410년(태종 10)에 함흥으로 옮겼다고 알려져 있다. 그런데 《동여도》*를 보면, 두만강 너머 간동 지역의 향각봉 부분에 적힌 설명에 덕릉과 안릉이 본디 이곳에 있었으며, 1395년(태조 4)에 능평으로 옮겼다는 내용이 적혀 있다.

192쪽 지도를 보면, 그림 중앙에 본디 덕릉과 안릉이 있었던 향각봉이 보인다. 그리고 왼편으로 강 건너 경흥의 고덕릉(古德陵)과 고안릉(古安陵) 표시가 있다. 이곳이 능평이다. 그러므로 덕릉과 안릉은 처음에 두만강 북쪽에 있다가 태조 때 강 남쪽으로 옮겨졌고, 뒤에 다시 함흥으로 옮겨진 것이다.

한편 남구만이 언급한 고사 중 철룡을 묻었다는 것은 옛 안릉의 왼쪽 산에 철로 만든 용을 묻어 지맥을 보충했다는 이야기를 말한다. 그리고 백마가 물을 건넜다는 고사는 익조가 오랑캐의 공격을 피해 적도로 이주한

● 동여도(東輿圖) : 작자 미상의 조선 지도. 19세기 후반에 제작된 것으로 추정된다.

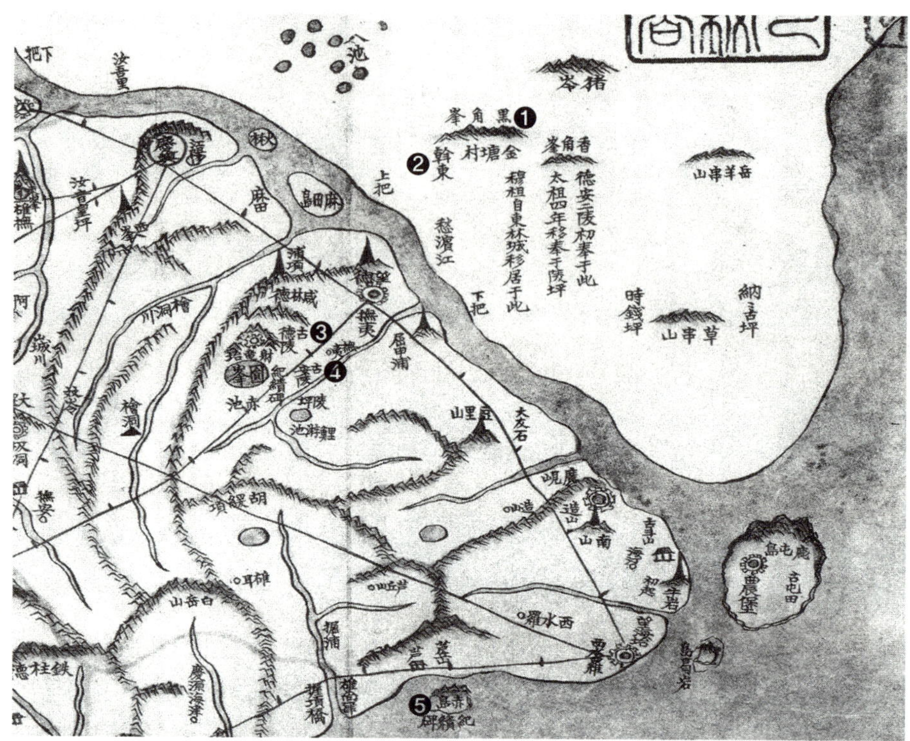

《동여도》에 그려진 간동 지역 부분. ❶ 향각봉 ❷ 간동 ❸ 고덕릉 ❹ 고안릉 ❺ 적도

사적을 말하는데,《태조실록》총서에 그 개략이 아래와 같이 실려 있다.

익조는 부인과 함께 말을 달려 적도의 북쪽 언덕에 이르렀는데, 물의 넓이는 600보나 되고 깊이는 헤아릴 수 없는데, 약속한 배도 오지 않았으므로 어찌할 수가 없었다. 북해(北海)는 본디 조수(潮水)가 없었는데, 물이 갑자기 백여 보 가량 줄어드니물이 얕아져 건널 만하였다. 익조는 부인과 한 마리 백마를 같이 타고 건너고, 따르는 자들이 다 건너자 물이 다시 크게 불어나 적병이 와도 건너지 못하였다이 내용은 《용비어천가》 4장에도 실려 있다. 옆의 지도 아랫부분에 '적도'가 표시되어 있다.

남구만이 이러한 고사를 소개한 이유는 북방 경영에 대한 관심을 높이기 위해서였다. 그는 현종 때부터 북방 지역의 경비를 강화하자고 주장했다. 함경 감사로 있을 때에는 함경도 내륙을 개척하고 후주(厚州)를 다시 설치하자고 건의하기도 했다. 후주는 세종 때 설치한 4군의 하나인 무창군 관내의 보*이다. 이 지역은 4군 개척으로 조선 영토로 들어왔다가 4군이 폐지되면서 다시 공백지로 남아 있었다. 남구만은 후주가 압록강 남쪽에 있어 본디 우리 땅이라고 주장하면서 후주를 다시 설치하면 외침을 막고 이 지역에 유입된 주민을 안정시킬 수 있다고 주장했다.

남구만은 기사환국 바로 전에 숙종의 노여움을 사 실각했다가 갑술환국으로 정계에 복귀한 뒤 북방 경영 문제를 다시 꺼냈는데, 여기에 북도사적을 언급하여 정책의 당위성을 보강했다. 태조와 그 조상의 활동 무대가 곧 우리 영토라고 전제하면서, 이를 통해 지역 개발이 꼭 필요하다는 인식을 얻어 내려 한 것이다. 이후 지역 개발과 관련된 사안에서 북도사적은 점점 중요한 위치를 차지하게 된다.

1712년(숙종 38) 백두산에 정계비를 세워 조선과 청나라의 국경선을 표시한 것도 이러한 분위기에서 이루어졌다. 당시 조선은 청나라와의 관계가 안정되면서 두 나라 사이에 국경선을 정확히 그을 필요가 있었다. 내륙 지역을 개발하여 조선의 영토로 만들어야 한다는 인식도 고조되었다. 남구만의 방안은 이러한 배경에서 나왔지만, 청나라와 분란을 야기할 수

● 보(堡) : 일반 읍성(邑城)보다 규모가 작은 방어 시설.

있다는 우려를 낳아 실행에 이르지는 못했다.

그런데 조선 사람들이 강을 넘어 청나라 사람들과 계속 충돌하자, 청나라의 요구로 백두산 일대를 답사하여 경계를 확정하게 되었다. 그 결과를 표시하여 세운 비가 바로 백두산 정계비이다. 잘 알려져 있듯이 그 내용은 서쪽으로는 압록강, 동쪽으로는 토문강을 경계로 삼는다는 것이다.

그 뒤 19세기 말에 간도 지역이 개척되면서 조선과 청나라 사이에 다시 국경 분쟁이 발생했다. 조선은 토문강이 송화강 상류의 지류를 가리키며 간도는 조선 영토라고 주장했으나, 청나라는 토문강이 두만강을 가리킨다며 자기네 영토라고 주장했다. 당시 협상은 결렬되었다. 그러나 1909년 9월 대한제국의 외교권을 빼앗은 일제 남만주 지역에 철도 부설권을 받는 대가로 정계비의 토문강을 청나라 주장대로 두만강으로 인정해 주었다. 이후 간도는 중국 영토로 넘어갔지만, 토문강을 둘러싼 논쟁은 지금도 계속되고 있다.

2

《팔준도첩》 제작과 《용비어천가》

《팔준도첩》, 어떻게 만들어졌을까?

신덕왕후를 본궁에 추부한 뒤 정계에서는 태조 사적을 폭넓게 재인식하는 움직임이 일어났는데, 《팔준도첩》 제작도 그 산물이었다. 1705년(숙종 31) 숙종은 태조가 탔다는 여덟 마리의 준마, 곧 팔준을 그린 화첩을 다시 제작하게 했다. 〈팔준도〉는 세종 때 안견이 그린 것으로, 태조의 팔준을 찬미한 《용비어천가》의 내용을 토대로 하고 있다. 팔준은 당 태종의 육준(六駿) 고사를 모델로 한 것이다.

당 태종의 육준은 삽로자·권모왜·백제오·특륵표·청추·십벌적이며, 태조의 팔준은 횡운골·유린청·추풍오·발전자·용등자·응상백·사자황·현표이다.

세종은 과거 시험에서 문신들에게 "집현전진팔준도전(集賢殿進八駿圖箋)"을 시제로 내리고, 하연이 지은 시에 화답하는 시를 짓게 한 뒤 족자

당 태종의 소릉에 있는 육준의 여섯 번째

를 만들어 집현전에 간직하게 했다. 당시 성삼문이 지은 글이 《동문선》에 수록되어 있다. 그러나 세종 때 만든 화첩은 도중에 없어졌다.

그림이 전하지 않음을 확인한 숙종은 관련 고사를 배경으로 팔준도를 다시 그리게 했다. 이 화첩에는 숙종이 직접 지은 서문과 성삼문을 비롯해 조선 세종 때 신하들이 지은 몇 편의 글이 함께 실려 있다. 이 화첩은 현재 국립중앙박물관에 소장되어 있다.

1683년(숙종 9) 송시열이 태조 시호 추상의 명분을 '춘추대의'로 평가할 때, 바로 성삼문의 〈팔준도명〉이 그 인식의 출발이 되었다. 성삼문은 이 글에서 무장으로서 태조의 공업을 찬양했는데, 그 가운데 위화도회군이 들어 있었다. 송시열은 이를 창업과 연결하여 춘추대의로 설명했다. 숙종은 태조 시호를 추상하는 과정에서 팔준의 존재를 알게 되었고, 신덕왕후 본궁 추부를 계기로 태조 사적 전반으로 관심을 넓혀 갔다. 그 표현의 하나가 팔준도를 다시 그리는 것이었다.

숙종의 〈태조대왕소어팔준도찬병소서(太祖大王所御八駿圖贊幷小序)〉는 이 화첩을 만들고 난 뒤 감회를 담은 글이다. 숙종은 이 글에서 하늘이 낳은 준마가 사람과 한마음으로 생사를 같이하며 대업을 이루었다고 칭송했다. 그리고 안견이 그린 〈팔준도〉가 병란으로 없어져 다시 그린 경위를 설명하고, 태조가 창업한 고난과 후손이 수성●하는 어려움을 잊지 않게 하고자 한다고 의의를 밝혔다.

이러한 인식은 찬●의 본문에도 잘 나타나 있다.

고려 말에 정치가 잔학하여　麗季政虐

도적 떼는 들끓고 백성은 흩어졌다네　寇多民散

성조께서 천명을 받아　聖祖受命

세상을 구하고 난을 바로잡았네　濟世撥亂

(중략)

한번 채찍에 깃발을 돌리니　一策回旗

큰 공업이 빛으로 열렸네　鴻業光開

여기서 숙종은 고려 말에 태조가 천명에 따라 나라를 일으켰음을 형상화했는데, 그 초점은 역시 위화도회군에 있다. 위화도회군이 창업의 사적으로 공인되면서 그 당시 태조의 활약을 표상하는 팔준 역시 창업 사적이 되었다. 없어진 《팔준도첩》을 다시 만든 것은 터만 남은 태조의 잠저에 사적비를 세운 것처럼 태조의 창업 사적을 길이 전하기 위한 노력의 하나인 셈이다.

●수성(守成) : 창업주가 나라를 세운 뒤 그 후손이 왕조를 이어받아 지켜 나가는 것.
●찬(贊) : 한문 문장의 한 형식. 대개 소재가 되는 대상의 의미를 칭송하는 것이다.

팔준과 도련포 목장

《팔준도첩》은 무장 시절 태조의 공업을 찬양하고 이를 창업으로 연결하여 그린 작품이지만, 북도 사적과 직접 연계되는 요소도 가지고 있었다. 팔준 가운데 말 두 마리가 바로 북도의 도련포 목장에서 나왔기 때문이다. 팔준의 사적이 널리 알려지면서 도련포 목장에 대한 관심도 높아졌다. 도련포는 압록강 어귀에서 시작한 고려의 천리장성이 끝나는 지점으로 잘 알려져 있는데, 조선에서는 이곳에 목장을 만들어 운영했다.

《용비어천가》에는 팔준 중에서 유린청과 현표가 함흥에서 태어난 것으로 되어 있다. 《팔준도첩》에 실려 있는 두 말의 모습은 아래 그림과 같다.

왼쪽 그림에 적혀 있는 글은 《용비어천가》에서 유린청을 묘사한 부분이다. 청색을 띤 유린청은 함흥에서 태어났으며 태조가 해주 싸움과 운봉의 승첩(황산대첩) 때 탔다고 한다. 태조가 전투에서 가장 많이 탄 말로,

유린청과 현표

이 말이 죽었을 때 함흥 사람들이 무덤을 만들어 주었다는 이야기도 전한다. 오른쪽 그림은 현표이다. 역시 《용비어천가》에서 현표를 묘사한 글을 옮겨 적었다. 흑색을 띤 현표 역시 함흥에서 태어났으며 태조가 왜적을 토벌할 때 탔다고 한다.

유린청과 현표는 태조의 대표적인 승첩을 함께한 말로 주목을 받았으며, 이를 배경으로 도련포 목장이 운영되었다. 그러나 조선 후기에 이르러 말이 번성하지 못한 데다가 물과 가까운 탓에 제방이 자주 무너져 민폐가 되고 있었다.

1689년(숙종 15) 이만원은 목장의 실상을 설명한 뒤 목장을 다른 곳으로 옮기자고 건의했다. 이 과정에서 도련포 목장이 태조의 준마가 나온 곳이라는 것도 소개했다. 비록 목장 이전을 건의하는 과정에서 나온 말이기는 하지만, 도련포 목장을 팔준 사적과 연결한 것은 앞 시대와 달라진 분위기를 반영한다.

이에 앞서 1664년(현종 5) 함경 감사 민정중은 함흥 도련포 목장과 홍원 마랑도 목장이 말을 방목하기에 적합하지 않다며 주변의 다른 목장으로 옮기자고 건의했다. 그러나 두 목장에서 좋은 말이 많이 난다는 무장들의 반대로 무산되었다. 이 논의에서는 목장의 적합성을 둘러싼 논란만 있을 뿐, 태조나 팔준의 사적에 대한 언급은 보이지 않는다. 아직 태조의 북도 사적에 대해 그다지 주목하지 않고 있었던 탓이다.

그런데 숙종대에 들어 태조와 북도 사적이 새롭게 관심을 끌면서 도련포 목장 역시 태조 사적으로 떠올랐다. 이만원의 설명은 함흥 지역에 전해 내려오는 이야기를 채록한 것으로, 태조 사적에 대한 숙종의 관심에 부응하는 태도라 할 수 있다.

이만원의 요청에 따라 도련포 목장은 문을 닫고 말을 마랑도로 보냈
다. 목장 터는 백성들에게 경작을 허락하는 대신 세금을 거두어 말 사육
과 관리 비용에 충당했다. 그런데 숙종은 1709년(숙종 35) 도련포 목장을
복구하도록 지시했다. 목장을 다시 여는 명분에 팔준이 직접 언급되지는
않았지만, 앞서 1705년에 있었던《팔준도첩》제작이 하나의 배경이 되었
을 것이다.

도련포 목장이 다시 설치되기 직전인 1708년 강화 목장을 없앨 것인지
를 두고 논란이 있었다. 강화 목장이란 진강 목장과 북일 목장 두 곳을
한꺼번에 일컫는 말인데,《용비어천가》에는 팔준의 하나인 사자황이 진
강 목장에서 난 것으로 되어 있다.

당시 강화 유수 박권은 농업에 지장을 준다는 이유로 목장을 폐지하자
고 건의했다. 이 논의는 진강 목장을 그대로 유지하고 북일 목장만 폐지
하는 선에서 마무리되었다. 진강 목장은 말의 종자가 좋다는 이유로 일
찍이 효종이 없애지 말도록 지시한 일이 있었기 때문이다.

효종은 1658년(효종 9) 강화 목장을 폐지하자는 건의가 올라오자 태조
의 팔준이 나온 곳이라 절대 폐지할 수 없다며 유지를 결정했다. 이는 현
종대까지 도련포 목장과 관련하여 팔준이 언급되지 않았던 것과 대비된
다. 효종대는 북벌 준비가 한창이었고, 강화도는 한양과 가까운 요새로
주목받은 탓에 팔준 이야기도 일찍부터 중앙에 알려져 있었던 것이다.

《용비어천가》의 팔준 사적과 효종의 결정을 근거로 진강 목장이 유지
된 것은 이듬해 도련포 목장을 다시 여는 데 직접적인 배경이 되었다. 효
종이 팔준 사적을 목장 유지의 명분으로 삼았으므로, 이를 접한 숙종 또
한 진강 목장과 도련포 목장에 대해 같은 인식을 가진 것이다. 그리고《팔

준도첩》제작을 계기로 효종의 결정이 가지는 의미를 새롭게 주목했다.

이처럼 강화나 도련포 목장을 둘러싼 논의를 보면, 결국 말을 생산하는 효용보다 태조 사적으로서 지니는 상징성이 훨씬 중요시되었음을 알 수 있다. 당초 좋은 말 생산이 어려운 상황에서 목장을 폐지하고 백성들이 그 땅을 경작하도록 하는 쪽이 낫다는 생각이 일반적이었다. 그런데 이제는 말을 생산하는 이익은 없어져도 태조 사적이기 때문에 폐지할 수 없다는 논리가 힘을 얻었다.

이처럼 팔준 사적은 진강 목장은 물론 도련포 목장까지 태조 사적으로 규정하는 근거가 되었다. 이와 더불어 팔준의 근거 자료인《용비어천가》도 함께 주목받게 되었고, 이는 다시 그 안에 담겨 있는 태조 및 선조들의 사적을 재발견하는 발판이 되었다.

관심사로 떠오른 《용비어천가》

태조와 그 선조들의 사적은 대부분 북도에 흩어져 있었고, 그 내용은 창업 과정을 노래한 《용비어천가》에 실려 있다. 《용비어천가》는 훈민정음으로 만든 노래 가사만 익히 알려져 있지만, 여기에는 가사 내용의 역사적 배경에 대한 자세한 설명이 붙어 있다. 곧 《용비어천가》는 고려 말 조선 창업 과정을 담은 역사서 성격도 띠고 있다. 여기에 실린 내용들은 가공되거나 과장된 것이 많지만, 사실 여부와 관계없이 당대의 사람들에게 《용비어천가》는 태조와 그 선조들의 사적을 증명하는 일차 자료였다.

《용비어천가》는 광해군에 의해 처음 복간되었다. 1610년(광해군 2) 《용비어천가》 책을 진상받은 광해군은 평소에 보고 싶었던 거라며 크게 기뻐했고, 당시 간행을 준비하고 있던 경서들과 함께 간행하도록 지시했다. 이는 《용비어천가》에 대한 광해군의 관심을 그대로 반영하고 있다. 앞에서 설명했듯이 광해군은 태조 사적의 재정립을 통해 전쟁 피해를 추스르고 체제를 재정비하는 자신의 정치적 권위를 과시하려 했다. 창업 사적을 담은 책으로서 《용비어천가》의 복간은 태조 영정처럼 자신의 의지를 보여 줄 수 있는 방안이었다.

광해군에 이어 《용비어천가》에 관심을 보인 국왕은 효종이었다. 효종은 1658년(효종 9) 《용비어천가》를 조상의 공덕이 실린 책이라며 간행하여 널리 보급하고자 했다. 당시 실록 기사에 따르면, 《용비어천가》는 왕실에만 한 질이 보관되어 있고 세간에는 간행된 것이 없었다고 한다. 효종의 결정에 따라 이듬해 《용비어천가》가 다시 간행되었다.

앞서 지적했듯이, 1658년은 효종이 진강 목장을 폐지해야 한다는 신하들의 주장에 태조의 팔준 사적을 내세워 반대한 시점이다. 이 당시 효종은 태조 사적에 새롭게 주목하고 있었던 것이다. 그러나 이듬해 효종이 사망하면서 《용비어천가》 간행을 통해 보여 준 관심이 실제 사적 정비로 이어지지는 못했다.

1670년(현종 11)에는 선비들로 하여금 나라의 사적과 전례를 익히고 경전을 배우게 한다는 취지에서 《오례의》와 《경국대전》 등 국가 제도에 관한 책, 유학의 기본 경전인 사서삼경, 그리고 각종 유학 관련 서적과 문집을 함경도로 보냈다. 그런데 여기에 《용비어천가》도 들어 있었다. 조정에서 알리고자 한 나라의 사적을 담은 것이 바로 《용비어천가》였다.

한 해 전인 1669년(현종 10)의 신덕왕후 종묘 추부가 《용비어천가》에 대한 관심을 다시 불러일으키는 계기가 된 것으로 보인다. 신덕왕후가 폐위된 적이 없다는 근거로《용비어찬가》에 '신덕'이라는 시호가 그대로 나온다는 점이 지적되었고, 태종이 신덕왕후를 어머니로 극진히 받들었다는 주장도《용비어천가》를 통해 입증되었다. 추부 논의 과정에서《용비어천가》가 자주 언급되는 한편, 책을 다시 간행해 보급하려던 효종의 사업과도 연결되며 이에 대한 관심이 높아졌다.

현종은 추부 요청이 한창이던 1669년 3월 춘당대에서 문신과 무신들에게 시험을 치르게 했는데, 당시 문신들에게 내린 시제가 "용비어천가의 뒤에 쓰다[題龍飛御天歌後]"였다. 그리고 이 해 8월 종묘 추부가 마침내 실현되었다. 당시 신하들은 현종이 내린 시제가 신덕왕후 추부를 암시하는 것이라고 이해했다.

《용비어천가》는 현종 당대에는 북도의 창업 사적에 주목하는 단계로 나아가지 못했지만, 숙종대 이후 그러한 과정을 밟는 토대가 되었다. 태조 시호 추상 논의에서 송시열은 회군의 공업을 시호에 반영해야 한다고 주장하면서 그 근거로《용비어천가》9~11장을 지목했다.

《용비어천가》10장에는 다음과 같은 내용이 있다.

경은 조민수의 부(副)로서 요동 공략에 나섰으나, 압록강을 지나자 경이 나라의 존망이 달린 계책으로 여러 장수들을 달래어 회군하였다. 이것은 경이 이미 뼈다귀만 남은 백성들에게 살을 붙인 것이다. 나라가 폐허가 되지 않은 것은 오직 경의 힘을 입은 것이다. 경의 용기는 삼군(三軍)의 으뜸이고, 지위는 양부(兩府)에서 가장 높으며, 공명은 이 세상을 덮고 있지만 교만하지 않았다.

앞 글은 공양왕이 이성계의 공적을 치하하면서 위화도회군을 높이 평가한 내용이다. 《용비어천가》는 천명에 의한 조선 창업 과정을 담은 것이고 여기에 위화도회군의 공업이 들어 있으므로 회군을 창업주의 공업으로 평가해야 한다는 주장을 하게 된 것이다.

한편 개성 잠저에 비를 세우자던 낭원군 이간은 《용비어천가》를 근거로 "어느 날 흰 용이 (경덕궁) 뜰에 내렸다"는 이야기를 인용했다. 이 내용은 《용비어천가》 100장에 실려 있다.

이처럼 《용비어천가》는 효종이 다시 간행하고 현종대 신덕왕후가 종묘에 추부되는 근거 자료로 활용되면서, 창업 사적을 확인하는 텍스트로서 권위를 확보했다. 아울러 그 안에 담긴 창업 사적은 국왕과 신하들의 관심을 끌기 시작했다. 태조의 권위가 정치적 영향력을 갖추면서 이 사적을 활용하려는 움직임도 활발해졌고, 숙종 말부터 북도 사적을 정비하고 비를 세우는 등의 사업이 본격화되었다.

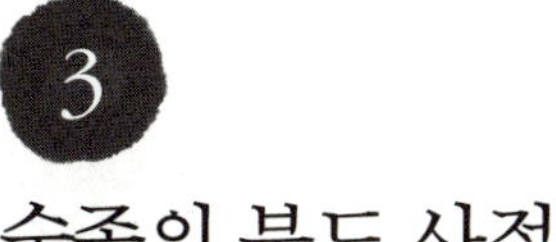

숙종의 북도 사적 정비

북도 사적을 노래한 숙종의 시문

함흥본궁과 영흥본궁이 창업 사적으로 공인되면서 북도 지역에서 이루어진 태조의 활동이나 태조와 관련하여 지역에 내려오는 이야기들도 주목을 받기 시작했다. 그 중심에는 국왕 숙종이 있었다. 숙종은 다양한 어제˙를 통해 창업 사적에 대한 감회를 드러냈다. 여기에는 북도 사적을 소재로 한 글도 많다.

국왕의 관심은 신하와 백성들에게 직접 영향을 미친다. 더구나 직접 글로 감회를 표현한다면 그 영향력은 배가된다. 이 점에서 북도 사적에 대한 숙종의 글을 하나하나 음미할 필요가 있다.

1708년(숙종 34)에 지은 〈석왕사소장누판인출소축지(釋王寺所藏鏤板印出

●어제(御製) : 왕이 직접 지은 글. 직접 쓴 글씨는 어필(御筆)이라 한다.

석왕사 전경(왼쪽)과 용비루

小軸識》)는 태조가 창건한 사찰인 안변 석왕사와 관련된 것이다. 태조가 즉위하기 전에 무학대사가 왕이 되는 꿈을 풀이해 주었고, 그 보답으로 태조가 절을 짓고 이름을 석왕사라 했다는 이야기가 전한다.

이 이야기에 나오는 태조의 꿈과 무학의 해몽은 다음과 같다.

무학이 안변 설봉산 아래 토굴에서 살았는데, 어느 날 태조가 찾아와 꿈풀이를 부탁했다. 그의 꿈은 허물어진 집에 들어가 세 개의 서까래를 지고 나왔다는 것이다. 무학은 세 서까래를 진 것은 '왕(王)' 자 모양으로 왕이 된다는 뜻이라고 풀이했다. 또한 꽃이 떨어지고 거울이 떨어지는 꿈에 대해서는 열매가 맺고 소리가 울린다는 뜻으로 역시 새 왕조의 창업과 연결했다. 크게 기뻐한 태조는 그곳에 큰 절을 짓고 이름을 석왕사라 했다.

이 이야기가 언제 만들어진 것인지는 알 수 없지만, 석왕사는 조선 초기부터 태조가 창건한 사찰로 중시되었다. 1398년(태조 7) 이곳에서 환

조·도조·익조를 위한 재를 올린 사실이 확인되며, 이후 태조의 원찰*로
인식되었다.

　1442년(세종 24) 요양을 위해 강원도 이천의 온천에 행차한 세종은 석
왕사에 새로 기와를 이는 비용을 지원하라고 지시했다. 신하들은 동해안
쪽에 수해가 난 것을 이유로 강하게 반대했지만, 세종은 태조가 창건한
절이라는 이유를 내세워 뜻을 관철시켰다. 하지만 16세기 이후 석왕사와
관련된 내용은 찾기 어렵다. 1576년(선조 9) 선조가 "설봉산석왕사(雪奉山
釋王寺)"라는 편액을 내렸다고 전해지는 정도이다.

　석왕사 사적은 숙종 때 이르러서 다시 주목받기 시작했다. 석왕사에는
창건 경위를 담은 158자의 누판*이 있었는데, 태조의 글씨를 새긴 것으
로 알려져 있었다. 그 내용에 따르면, 당시 동북면도원수*였던 이성계는
그 휘하의 강서, 홍징, 유원, 정몽주, 이복 형제인 이화와 함께 홍무 10년
(우왕 3, 1377)에 왕명을 받아 청주(북청)에 주둔해 있었다. 이때 해양(길주)
광적사에 있던 대장경 1부와 불상, 법기*가 병란으로 없어질 위기라는 것
을 전해 듣고 사람을 보내 배로 실어 오게 한 뒤, 이를 보수하여 안변 석
왕사에 보관했다는 것이다.

　숙종 때 승려가 이 누판을 내수사에 올리면서 돌에 새기자고 요청했
고, 숙종은 이를 감상한 뒤 간행하여 축문*으로 만들었다. 이때 직접 그
경위를 적은 것이 위에 언급한 석왕사의 창건 경위이다. 숙종은 이 누판

●원찰(願刹) : 가문이나 개인의 복을 빌기 위해 재산을 시주하여 만든 절.
●누판(鏤板) : 글자를 새긴 목판.
●동북면도원수(東北面都元帥) : 지금의 함경도 지역 군사 지휘를 담당한 장수.
●법기(法器) : 승려들의 생활이나 불교 법회에 사용하는 그릇이나 도구.
●축문(軸文) : 두루마리 형태로 된 책이나 문서.

이 태조의 글씨라는 증거는 없으나 300여 년 동안 온전히 보관된 것도 신기한 일이라며 간행을 허락했다. 이는 석왕사에 내려오는 이야기를 그대로 믿기 어렵다고 보면서도 완곡하게나마 태조 사적으로 인정하는 태도를 보여 준다.

한편 〈준원전태조대왕수종송찬(濬源殿太祖大王手種松贊)〉은 함흥 준원전에 태조가 심었다는 소나무를 소재로 삼아 태조의 창업을 기리고 조선의 왕업이 무궁하기를 염원한 글이다. 준원전은 태조의 잠저인 탓에 창업 과정을 형상화하는 의미가 컸다. 여기서 글의 전문을 소개하면 다음과 같다.

저기 쌍성을 돌아보니 한나라 풍패와 같네　晱彼雙城 若漢豊沛

이에 영정을 받들어 높고 큰 전각에 모셨네　乃奉睟容 玉殿高大

태조께서 손수 심은 소나무가 시들지 않아　聖祖手裁 有松不矮

300여 년이나 되어 감히 새로 짓지 못했네　餘三百年 莫敢或創

늙은 용이 비늘을 펼치니 맑은 그늘이 사방을 덮고　老龍鱗成 淸陰四盖

상서로운 기운과 구름이 어려 있네　瑞氣 葱葱 祥雲靄靄

사람이 그것을 보고 보배처럼 여겼으니　人之玩之 如寶珠貝

아, 기이하구나. 천 년을 길이 무성하리라　嗚呼異哉 千秋長薈

흥미로운 사실은 태조가 심었다는 소나무는 준원전이 아니라 함흥본궁에 있었다는 점이다. 《북도능전지》*의 준원전 항목에는 숙종의 어제시를 수록했으나 소나무에 대한 설명은 보이지 않는다. 반면 함흥본궁 항

●북도능전지(北道陵殿志) : 영조가 위창조의 《북로능전지》를 증보하여 간행한 책.

목에는 본궁의 뒤뜰에 단이 있고 그 옆에 '수식송'이 있다는 기록이 있다. 이 수식송은 태조가 심은 나무로, 활을 쏠 때 여기에 활을 걸어 두었다 해서 사람들이 '괘궁송'이라 불렀다고 한다. 이 소나무는 태조가 잠저에 직접 심은 것으로 인식되었기 때문에 창업 과정을 표현하는 효과적인 소재가 되었다. 정선의 작품 〈함흥본궁송〉은 바로 이 소나무를 그린 것이다.

정선이 그린 〈함흥본궁송〉

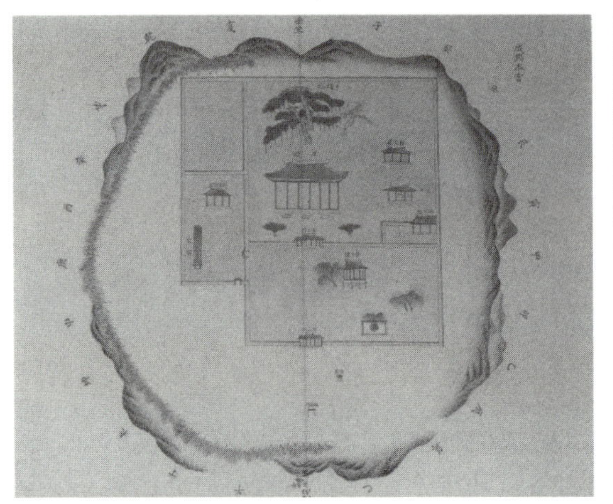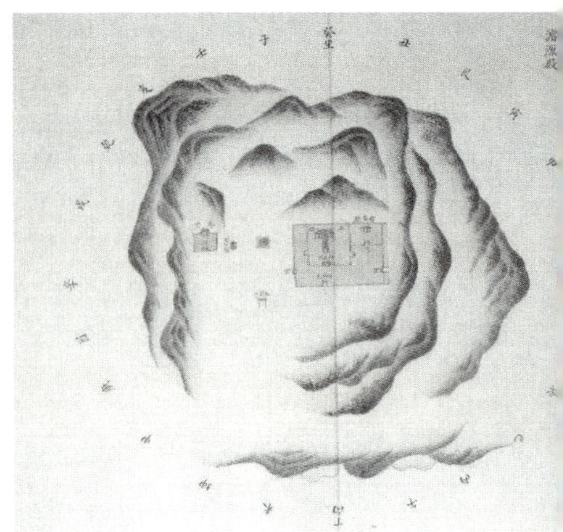

함흥본궁(왼쪽)과 준원전 도형

한편 국립문화재연구소 소장 《북도각릉전각도형》에는 북도 지역의 능과 전각을 그린 지도가 수록되어 있는데, 여기에 함흥본궁과 준원전의 지도도 포함되어 있다. 두 지도를 비교하면 소나무의 소재를 직접 확인할 수 있다.

위 그림에서 왼쪽 함흥본궁 지도에는 '수식송'이 표시되어 있다. 그리고 오른쪽 준원전 지도에는 소나무가 없다. 숙종이 소나무가 있는 함흥본궁을 준원전과 혼동했거나 태조의 잠저라는 점에서 일부러 동일시한 결과일 것이다.

한편 〈함흥본궁태조대왕소어궁명(咸興本宮太祖大王所御弓銘)〉은 함흥본궁에 소장된 태조의 활을 소재로 한 것이다.

글 전문은 다음과 같다.

위대한 태조께서는 신기한 무술이 비할 데 없었고 洪惟聖祖 神武絶倫

잠저 때부터 위엄과 덕이 날로 새로웠네   自在潛邸 威德日新

무늬 새긴 활에 흰 깃털로 변방을 소탕하니   彫弓白羽 廓掃邊塲

백발백중 뚫는 표적은 더욱 신비롭네   百發百中 穿札尤神

황산의 대승으로 하나도 돌아가지 못하니   荒山之捷 不返隻輪

문장 짓는 신하가 찬양하고 돌에 새겼다네   詞臣揄揚 刻之貞珉

다행히도 활이 남아 고향에서 보배로 삼았으니   何幸遺弓 豊沛藏珍

고향에 간직하여 천 년을 전하리라   藏之豊沛 傳諸千春

숙종은 활을 통해 태조의 남다른 무예와 공적을 찬양했는데, 이는 태조가 뛰어난 활 솜씨를 과시하며 왜구를 굴복시켰다는 황산대첩을 소재로 하고 있다. 그 개략은 다음과 같다.

태조는 우왕 때 경상도 함양에서 전라도 남원 쪽으로 넘어오던 왜구와 운봉의 황산에서 대치했다. 왜구가 험한 산세에 의지하여 창을 들고 공격하니 태조가 화살 50여 발을 쏘아 적들의 얼굴에 명중시켜 모조리 사살했다. 또한 왜구의 용맹한 장수 아지발도(阿只拔都)의 투구를 쏘아 떨어뜨린 뒤 이두란으로 하여금 사살시켜 적을 굴복시켰다.

선조 때 이곳에 태조의 전적을 기리는 비를 세웠는데, 이 비가 황산대첩비이다. 위의 시에서 "사적을 돌에 새겼다"는 것은 바로 이를 가리킨다. 앞서 설명한 대로 이 비는 일제에 의해 파괴되었다.

당시 숙종이 노래한 활이 실제 태조가 쓰던 활인지는 확인할 길이 없지만, 함흥본궁에는 일제 강점기까지 활이 보관되어 있었다. 212쪽 사진은 1913년 촬영한 활과 화살의 유리원판 사진이다.

한편 함흥에 있는 태조의 잠저이자 정종과 태종이 태어난 곳이기도 한

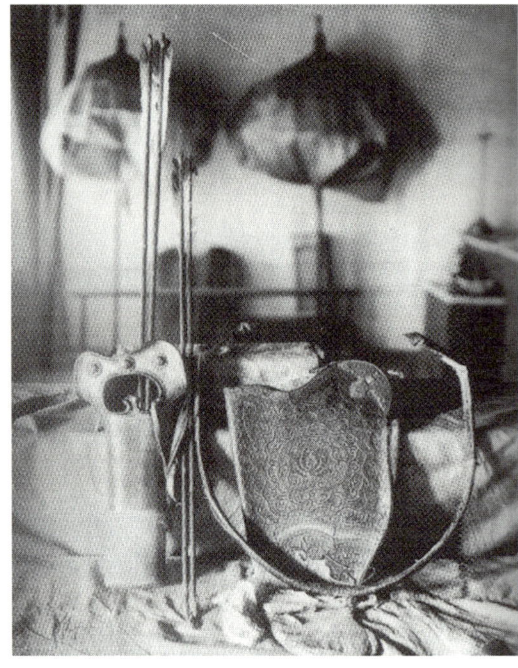

함흥본궁 소장 태조의 활과
화살

경흥전에 대한 시도 찾을 수 있다. 여기서도 창업의 사적임을 기리고 왕
업의 무궁한 발전을 기원했다. 시 전문을 소개하면 다음과 같다.

하늘의 용이 날아 왕위에 자리하고　九五龍飛正御天

높은 성덕은 길이 전하고 있네　巍巍盛德永留傳

끝없는 큰 공업이 이곳에서 비롯되었으니　無疆鴻業基玆地

국운이 만년에 이를 것을 알겠네　國祚應知亘萬年

한편 《용비어천가》에는 덕원의 큰 나무가 말라죽어 있다가 개국하기
전 해에 다시 살아났으며, 사람들은 이를 두고 개국의 징조로 여겼다는

내용이 있다. 숙종은 이를 소재로 찬을 지었는데, 내용은 다음과 같다.

나라가 일어날 때에는 반드시 상서가 있는데　國之將興 必有禎祥

전해지는 이야기가 있으니 그 이치가 크고 밝다네　於傳有之 厥理孔彰

지금 의주(덕원)에는 그 증거가 더욱 빛나니　而今宜州 其驗益章

아! 의주는 네 조상의 고향이라네　嗚呼宜州 四聖御鄕

이곳에 큰 나무가 말라 살아날 가망이 없었는데　有樹大枯 生意已亡

홀연히 다시 살아나 지난해에 거듭 빛났다네　忽然復生 去歲重光

천명을 받은 경사에 하늘이 동방을 도우니　受命之慶 天祐東方

하늘이 도운 이후로 끝없이 복을 받으리라　自天祐之 受祿無彊

《용비어천가》에 따르면 전주를 떠난 목조는 바닷길로 의주(덕원)에 정착했다가 뒷날 쌍성 지역으로 들어갔다고 한다. 이 때문에 덕원을 어향[*]이라고 부른 것이다.

숙종이 이처럼 북도 사적에 관심을 보이며 다양한 어제를 통해 감회를 표한 데에는 태조의 업적을 기리고 왕조의 무궁한 번영을 염원하는 의미가 있지만, 한편으로는 창업주의 권위를 배경으로 정치적 주도권을 쥐고 체재 정비를 이끌어 가는 자신의 위상을 다지려는 의도도 담겨 있었다. 그리고 숙종의 관심과 행보는 신하들에게도 영향을 미치면서 태조의 또 다른 사적을 발굴하고 정비해 나가는 바탕이 되었다.

● 어향(御鄕) : 왕실의 고향.

북도에 처음 세운 사적비

숙종 말부터 북도의 사적을 발굴하고 정비하는 움직임이 있었는데, 1716년(숙종 42) 함흥 독서당 터에 세운 비가 그 출발이었다. 태조가 잠저 시절 초당을 짓고 경서를 탐독했다고 알려진 독서당은 경흥전 동북쪽에 있었다. 1716년 관찰사 김연이 중건하고 그 사적을 기록한 비를 세웠다. 이것이 '독서당구기비'이다.

이 비의 탁본은 장서각에 '조선태조대왕독서당중건사적비'라는 이름으로 소장되어 있어 그 내용을 확인할 수 있다.

비문에 따르면, 태조의 독서당은 건물은 없어지고 터만 남아 있었는데, 덕순이라는 승려가 작은 건물을 지어 표지로 삼았다. 이마저 세월이 흘러 퇴락하자 함흥본궁의 별차가 내수사에 보고하여 고쳐 짓고자 했고, 내용을 전해 들은 숙종이 내수사로 하여금 공역을 도와주도록 지시했다.

김연이 독서당을 중건하는 데 그치지 않고 사적을 기록한 비까지 세운 것은 그 상징성이 작지 않다고 판단했기 때문이다. 이는 태조 사적을 재인식하고 시문 등을 통해 감회를 드러내 온 숙종의 뜻을 따른 것이라 할 수 있다. 아울러 당시 북도 사적에 대한 사회적 관심이 커졌다는 증거이기도 하다.

〈독서당구기비〉 탁본

독서당은 무장이었던 태조에게 학문적 기반도 있었다는 측면을 보여 주는 물증이었다. 외적을 물리칠 용맹은 있으나 나라를 경영할 식견은 부족하다는 인식을 불식시킬 근거가 된 것이다. 역대 국왕의 시호에 문무가 함께 들어가는 형식에서 알 수 있듯이, 제왕의 자질로 문무를 고루 갖추는 것이 요구되었다. 세자나 왕자들은 교육을 통해 이러한 자질을 수련하지만, 무장으로 출세한 태조에게 학문 수련의 기회를 생각하기란 어려웠다.

이를 의식해서인지 태조의 학문에 대한 이야기가 많이 만들어졌다. 《태조실록》은 이성계가 무장 시절부터 《대학연의》를 좋아했다고 적고 있다. 《대학연의》는 고려 말 성리학 보급과 함께 군주의 학문 교재로 부각된 책이다. 이 내용은 무장인 태조에게 국왕이 될 만한 학문적 자질이 있었음을 보여 주기 위해 들어간 것이다. 이는 유학자와의 교분을 통해서도 보증되었다. 태조가 대사성* 유경과 더불어 《대학연의》의 내용을 토론했다는 이야기가 그 예이다.

또한 《북도능전지》는 이 비문을 소개하면서 태조가 가문에 유학을 전공한 사람이 없어서 태종에게 학문을 닦도록 했다는 이야기도 실어 놓았다. 태조의 여러 아들 가운데 유일하게 과거에 급제한 인물이 바로 태종임을 감안하면, 태조의 학문에 대한 인식은 그 후계자로서 태종의 위상을 보증하는 의미도 지닌다.

독서당구기비 건립은 국왕이 주도하지는 않았지만, 북도 사적을 발굴 정비하고 비를 세워 그 의의를 새긴 첫 사례라는 점에서 특별한 의미가

●대사성(大司成) : 국립학교인 성균관(成均館)의 최고 책임자.

있다. 이전까지는 주로 숙종의 시문을 통해서만 그 의의를 알 수 있었다. 그런데 이제 비문이라는 가시적이고 지속적인 기록을 통해 사적의 의미를 전달하는 형태로 발전한 것이다.

독서당 이야기는 태조가 개성에 진출하여 활동하기 전부터 이미 학문적 토대가 있었음을 보여 주는 증거이다. 태조 사적에 대한 관심이 개성 잠저에서 북도 사적으로 확장되는 부분과 짝을 이루는 현상이라 할 수 있다. 김연이 비를 건립하고자 한 것도 숙종이 개성의 태조 잠저에 '비계영경지비'를 세운 사례를 따른 것이다.

국왕의 허락을 받아 독서당구기비가 건립되자, 이때부터 사적 발굴과 기념을 위한 건의가 줄을 이었다. 1717년(숙종 43)에는 영흥의 생원 주태하가 유사시에 준원전의 영정을 봉안할 수 있는 시설을 미리 만들자고 요청하고, 아울러 태조가 탄생한 곳으로 알려진 흑석리 터를 소개했다. 《북도능전지》에서는 이곳을 '탄생기'로 기록했다.

영흥 탄생기는 준원전에서 동쪽으로 2리쯤 되는 곳에 있으며, 오래전부터 백성들이 경작하고 있었다. 1612년(광해군 4)에 관찰사 한준겸이 소문을 듣고 직접 살펴본 뒤 이곳에 있던 백성들의 땅을 관청 소유지와 교환해 주고 경작을 금했다. 이 무렵부터 탄생기는 황무지가 되었다. 이때 땅을 바꾸어 준 서류가 민가에 전해졌고, 이를 근거로 영흥 주민들이 사적 정비를 요청한 것이다. 주태하는 그 터에 단을 쌓고 담을 둘러 수호하는 한편, 비를 세워 사적을 기록하자고 건의했다.

예조에서는 본궁의 위판도 따로 봉안처를 두지 않은 만큼 영정 봉안처를 두는 것은 지나치다고 반대했다. 다만 탄생기에 대해서는 황폐한 상태로 놔두면 문제가 있다며, 관찰사로 하여금 사적을 확인한 뒤 주변을 정비하고 비를 세우자고 청했다. 숙종은 이를 허락했지만 당대에 실행되지는 못했다.

영흥 탄생기에 비를 세운 것은 1755년(영조 31)의 일이다. 이 해는 태조가 탄생한 1335년에서 7주갑˙이 되는 해로, 영조는 이를 기념해 비 건립을 실행한 것이다. 영조는 "태조대왕탄생구리(太祖大王誕生舊里)"란 여덟 자를 직접 써서 새겨 넣게 하였고, 비의 음기˙도 직접 지었다.

실상 영흥에서 태조가 태어난 곳은 준원전이 되었으므로 이곳 말고 따로 탄생한 곳이 있을 수는 없었다. 이 때문에 탄생기의 사실성에 의문이 제기되기도 했으나 결국 태조 사적의 하나로 공인되었다. 가능하면 태조 사적을 하나라도 더 갖추려는 국왕의 의도를 볼 수 있다. 숙종이 태조의 글씨라는 확신이 없으면서도 석왕사 누판의 의미를 태조와 관련하여 새기는 글을 쓴 것도 같은 맥락에서 나온 것이다.

1720년(숙종 46)에는 종실 이욱이 함흥의 경흥전에 비를 세우자고 요청했다. 그의 요청은 승정원에서 기각하여 정부의 논의에 이르지 못했지만, 1787년(정조 11)에 이르러 경흥전에 비를 세우게 되었다. 이 해는 태종이 태어난 지 7주갑이 되는 해였다. 영조가 태조의 7주갑을 맞아 영흥 탄생기에 비를 세운 것처럼, 정조는 태종의 7주갑을 계기로 경흥전에 비를 세운 것이다. 정조는 이 조치를 영조에 대한 '계술'로 자평했다.

이처럼 숙종의 적극적인 인식을 계기로 숙종 말부터 종실과 신하들을 중심으로 북도 사적의 발굴과 정비에 노력을 기울였다. 이러한 작업은

● 주갑(周甲) : 간지가 한 바퀴 도는 시간. 곧 60년.
● 음기(陰記) : 비의 뒷면에 건립 경위나 후원자 등을 정리한 부분이나 그 내용.

숙종 말에 비로소 추진된 까닭에 당대에는 큰 성과를 내지 못했으나 영조와 정조대에 걸쳐 다수가 실현되었으며, 이후 고종대에 이르기까지 꾸준히 이루어졌다. 그만큼 북도 사적은 조선 창업의 상징으로서 의미가 컸고, 그것을 향한 국왕과 정계의 관심도 점점 뜨거워졌다. 그 출발점에 창업주 태조를 되살린 국왕 숙종의 관심이 자리하고 있음은 두말할 나위가 없다.

5장 • 태조를 따라 기로소에 들어가다

① 숙종의 기로소 입소

기로소 입소를 추진하기까지

14세의 어린 나이로 왕위에 오른 숙종이 어느덧 1719년(숙종 45) 59세가 되었다. 이 무렵 숙종이 기로소에 들어가는 문제가 정계의 현안으로 떠올랐다. 기로소는 70세가 넘은 2품 이상의 전·현직 문관을 예우하는 의미에서 설치한 관청이다. 통상 70세가 되면 관직에서 은퇴하기 때문에 기로소에 들어가는 기준이 70세였다. 기로소 입소는 오랫동안 높은 관직을 지내며 나라에 공헌하고 장수까지 누리는 걸 의미하기 때문에 대단한 영예로 여겨졌다.

자격을 갖춘 입소 대상자는 〈기로소선생안〉*에 이름이 적혔으며, 봄가

●기로소선생안(耆老所先生案) : 역대 입소자 명단을 정리한 장부. 여기서 선생은 전임자를 뜻하며, 선생안은 전임자의 명단을 순서대로 정리한 장부를 말한다.

이경석이 사용했던 궤장과 〈사궤장연회도첩〉

을 두 차례 베푸는 기로연에 참석했다. 국왕은 이들에게 궤장*과 가마를 내려 원로를 예우하는 모습을 보였다. 입소 대상은 어디까지나 신하들이었다. 늙은 신하를 위해 국왕이 베풀어 주는 은전이었기 때문이다. 그런데 왜 신하가 아닌 국왕이 기로소에 들어가는 문제가 논의되었을까? 거기에는 숙종 말 왕위 계승과 관련된 복잡한 사연이 얽혀 있다.

숙종의 기로소 입소는 종실 쪽에서 처음 말을 꺼냈다. 인조의 셋째 아들 인평대군의 후손 여성군 이즙은 대리청정* 중이던 세자(경종)에게 태조의 전례에 따라 숙종을 기로소에 들이기를 청했다. 그는 실록과 《선원보략》*에 태조가 60살이 되던 1394년(태조 3)에 기로소에 들어간 기록이 있음을 근거로 내밀었다.

요청 당시 숙종은 아직 59세였지만, 1년 당겨 행하는 것이 어떻겠냐는

● 궤장(机杖) : 노인이 앉는 의자와 짚고 다니는 지팡이.
● 대리청정(代理聽政) : 국왕이 많이 아프거나 긴한 사정이 있을 때 세자가 대신 정무를 보는 것.
● 선원보략(璿源譜略) : 조선 왕실의 역대 계보를 요약하여 정리한 책.

의견이었다. 세간에는 회갑연이나 회혼례*를 사정에 따라 당겨서 치르는 경우가 있었다. 마찬가지로 기로소 입소 또한 미리 시행하면 아버지에 대한 효도를 드러낼 수 있다는 취지였다. 여러 해 전부터 건강이 나빠져 온 숙종은 1717년(숙종 43) 눈병을 이유로 세자에게 대리청정을 명했다. 곧 요청 당시에는 세자가 대신 정무를 보던 중이었기 때문에 세자에게 청원을 올린 것이다. 대신들은 숙종의 건강이 여의치 않다는 점을 감안하여 기로소 입소를 행하자는 쪽으로 생각을 모았다.

세자 또한 이 요청에 적극 찬성하며 준비 작업을 서둘렀다. 다만 태조 이래 시행된 적이 없는 의례인지라 먼저 당사자인 숙종의 허가가 필요했다. 여기에는 노론 대신들이 나섰다. 숙종의 건강을 살피는 총책임자인 약방도제조 이이명은 숙종을 만나 태조가 기로소에 들어간 사적을 소개하고, 숙종의 기로소 입소는 곧 태조 고사의 재현이라는 의미가 있다고 평가했다. 이이명은 태조 사적의 근거 자료로 선조 때 심희수가 지은 《기로소선생안》과 김육의 서문을 제시했다.

이 중 심희수의 글은 1603년(선조 36) 임진왜란으로 파괴된 기로소를 복구하면서 만든 자료로 정확한 제목은 '기로소선생안중수기'이다. 태조의 기로소 입소를 기록한 자료 가운데 가장 오래된 것으로 인용되어 왔으나 현재 전하지 않는다. 그의 문집은 물론 후대의 기로소 관련 문헌에도 글의 전문을 실려 있지 않다.

숙종은 이즙이 상소하기 전에 이미 세자가 기로소 입소를 청한 일이 있다며 이이명의 요청을 받아들였다. 특히 숙종은 후손으로서 60세가 되

● 회혼례(回婚禮) : 결혼 60주년을 기념하는 의례.

어 태조의 이름 아래 자신의 이름을 올린다는 건 무척 뜻깊은 일이라며 크게 반겼다. 1년 당겨 시행하는 것임에도 별 주저 없이 받아들인 것이나 세자가 먼저 요청했다고 덧붙인 것을 보면, 기로소 입소는 사실상 숙종이 준비한 기획 작품이라 짐작된다.

숙종의 입소가 결정되자, 이를 위한 세부 절차를 마련하는 일에 착수했다. 태조의 고사를 근거로 한 만큼 먼저 강화도에 소장된 실록에서 관련 자료를 찾아오게 했다. 그런데 일주일이 지나 올라온 보고에 따르면, 실록에는 기로소 입소와 관련된 기록이 없었다. 태조가 60세 되던 1394년(태조 3)에는 한양 천도가 단행되었다. 개성에서 즉위한 태조는 새 도읍으로 한양을 건설하고 이 해 10월 천도했다. 한양에 들어온 태조는 일단 한양 객사에 머물렀다. 아직 경복궁이 완성되지 않았기 때문인데, 경복궁은 이듬해 9월에야 비로소 완공되었다.

한편 궁궐과 함께 주요 관서의 청사들도 건설되었다. 의정부의 전신으로서 최고 권력기관이었던 도평의사사 청사는 1395년에 완공되었다. 이에 비추어 특별한 기능도 없는 기로소가 1394년에 도평의사사보다 먼저 청사를 마련했을 가능성은 거의 없다. 심희수의 글에는 태조가 기로소 서쪽 누각에 직접 들어가 자신의 이름을 썼다는 내용이 들어 있다고 소개되어 있는데, 이는 사실상 불가능한 일이다.

태조 당시에는 기로소라는 관청 자체도 없었다. 기로소의 원형이라 할 전함재추소*조차 태종 때 처음 정비된 제도이다. 친목회 성격을 띠었던

● 전함재추소(前銜宰樞所) : 퇴직한 전임 재상을 대우하기 위해 마련한 관청. 전함이란 퇴직한 관리를 말하며, 재추는 고려시대 재상을 가리킨다.

전함재추소의 청사 또한 1411년(태종 11)에 마련되었으며, 1428년(세종 10)에 이르러 비로소 기로소라는 명칭이 제정되었다. 이러한 정황을 볼 때 태조의 기로소 입소 사적은 실재하지 않았으며, 심희수의 《기로소선생안》이 작성된 선조대 즈음에 만들어진 이야기일 가능성이 크다.

숙종 초 《선원보략》을 간행하면서 선조대 기록을 근거로 태조의 기로소 입소 사실을 내용에 넣었다. 그리고 인현왕후 폐위와 장희빈의 중전 책봉, 인현왕후의 복위와 장희빈의 강등, 인원왕후의 책봉 등 왕실 계보의 내용 수정을 요하는 중요 사건이 이어졌다. 이를 반영하기 위해 《선원보략》이 거듭 수정 증보되었다. 이 과정에서 책에 실린 태조의 기로소 입소 사적도 널리 알려지면서 사실로 굳어졌고, 이를 근거로 숙종의 기로소 입소를 추진하기에 이르른 것이다.

자료 조사를 맡았던 민진후는 국왕이 신하의 모임인 기로소에 들어가는 것은 명분상 무리가 있으므로 숙종의 60세를 기념하여 진연*하고, 세자로 하여금 헌수*하는 게 좋겠다는 의견을 올렸다. 민진후의 지적대로 국왕이 신하들의 모임에 들어가는 것 자체가 논란의 소지가 있었다. 태조의 전례가 있다면 이를 재현하는 의미를 가지므로 크게 문제될 게 없지만, 태조의 사적이 사실이 아니라면 국왕의 기로소 입소는 달리 명분을 찾을 수 없었다.

숙종을 다시 만난 대신들은 엄격한 군신 관계에 맞지 않을 수 있다며 완곡히 반대 의사를 비쳤다. 다만 김창집은 태조가 기로소에 들어간 것

● 진연(進宴) : 조선시대 궁중 연회의 한 가지. 규모에 따라 진작(進爵)·진찬(進饌)·진연(進宴)·진풍정(進豊呈)의 등급을 두었는데, 진풍정이 가장 성대한 연회였다.
● 헌수(獻壽) : 윗사람에게 술을 올리면서 무병장수를 기원하는 것.

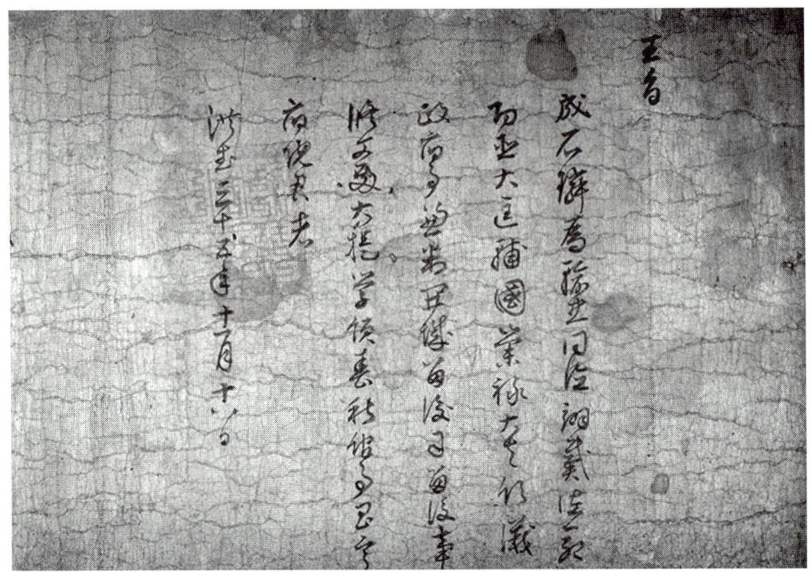

1402년(태종 2) 성석린을 영의정부사겸판개성유후사로 임명하며 내린 왕지(王旨)

은 당시 입소한 신하들이 태조의 옛 친구들이었기 때문이라고 해석했다. 국왕의 기로소 입소가 군신 관계에 저촉될 수 있다는 비판을 피할 길을 터 준 것이다. 나아가 그는 태조의 기로소 입소가 실제는 기영회를 일컫는 것으로 풀이했다.

'기영회'란 나이 든 관리들이 친목을 도모하기 위해 갖는 하나의 계 모임이었다. 기로소가 국가의 공식 관서로 제도화된 모임이라면, 기영회는 사적이고 자발적인 모임이다. 1411년(태종 11) 성석린이 기영회를 결성한 사실이 실록에서 확인된다. 성석린은 태조와 함께 공양왕을 옹립하고 뒤이어 태조의 즉위에도 기여한 측근이다. 또한 태종의 즉위에도 공헌함으로써 국가의 원로 예우를 받았다.

김창집의 설명은 실록에 기로소에 대한 기록이 없으므로 이를 기영회로 바꾸어 해석한 것이다. 하지만 이처럼 해석하더라도 이는 어디까지나 고려의 신하였던 태조의 특수한 사정을 근거로 한다. 국왕으로서 신하들의 모임에 참여했다고 해서 이를 후대 국왕이 따라 할 수 있는 행사로 보기는 어려웠다.

부담을 느낀 대신들은 숙종의 회갑을 축하하는 의미에서 잔치를 베풀거나 국왕이 직접 기로 대신에게 잔치를 베푸는 식으로 의미를 살리자고 청했다. 《기로소선생안》의 태조 이름 아래에 숙종의 이름을 적는 방법으로 기로소 입소의 의미를 살리자는 방안도 거론되었다. 태조의 기로소 입소를 입증할 만한 근거 자료가 없음을 확인한 숙종은 결국 입소 준비를 중단했다.

선조의 사적으로 명분을 보강하다

숙종이 기로소 입소를 중단하기로 결정하자 종실을 중심으로 다시 실행을 바라는 상소를 거듭 올렸다. 세자가 앞장서서 아쉬움을 나타냈고 숙종의 다른 아들들도 거들고 나섰다. 둘째 아들 연잉군(영조)과 셋째 아들 연령군이 종실을 이끌고 공동 명의로 상소를 올렸다. 숙종이 입소 중단을 결정한 이유가 태조 사적에 대한 근거 자료가 없다는 데 있었으므로, 이번 상소에서는 이를 넘어설 수 있는 새로운 논리를 들고 나왔다.

그 논점은 크게 두 가지였다. 하나는 태조의 기로소 입소가 실재했을 가능성을 놓고 볼 때, 간략하게 기록된 실록을 근거로 이를 부정하는 태도는 결국 태조의 성대한 사적이 인멸되는 결과를 불러온다는 것이었다.

다시 말해 실록에는 없으나 태조의 기로소 입소는 분명 있었던 일이며, 이번에 행사를 재현하여 후대에 그 사적을 확실하게 전해야 한다는 입장이었다. 사적 보전을 위해서라도 숙종의 기로소 입소는 반드시 해야 한다는 논리였다.

다른 하나는 선조 역시 태조의 고사를 따르려 했지만 그전에 사망하여 실현하지 못했을 뿐이라고 전제하고, 숙종의 기로소 입소는 선조가 미처 행하지 못한 의례를 실현한다는 '계술'의 의미가 있다는 것이었다. 선조는 1552년 태어나 1567년 16세에 왕위에 올랐으며, 41년 동안 재위하다 1608년 57세에 사망했다. 14세에 왕위에 올라 재위 45년을 거치고 있는 숙종과 비슷한 연륜이었다. 그러므로 숙종이 60세를 앞둔 상황에서 선조가 뜻했으나 이루지 못한 일을 실행해야 한다는 주장이었다.

이것은 숙종대에 선조 사적이 관심사로 떠오르면서 더욱 설득력을 가질 수 있었다. 임진왜란 이후 선조는 중흥주로서 태조에 비견할 만했다. 전란을 이겨 내고 왕조를 다시 정비한 공업은, 고려 말 왜구를 격퇴하여 명망을 얻고 이를 발판으로 조선 개국에 이른 태조의 공업과 비슷한 맥락으로 인식되었다. 광해군이 선조의 묘호에 왕조 중흥의 공업을 반영하여 '조'를 넣은 이유도 선조를 태조에 비견하여 평가했기 때문이다.

선조가 후대 국왕들에게 모범이 된 또 하나의 지표는 재위 초반 공론을 적극 수용하는 정치를 행했다는 점이다. 이것은 뒤에 '목릉성세'*라는 이름으로 이상화되었다.

● 목릉성세(穆陵盛世) : 선조 때가 문물이 융성한 시대였다는 뜻. 선조대의 정치를 이상화하는 의미로 사용되었다. 목릉은 선조의 능으로, 선조를 가리키는 또 다른 표현으로 사용되었다.

숙종은 선조대의 정치를 모범으로 평가하여 《선묘보감》을 편찬했다. '보감'이란 후손이 보배로 삼을 만한 선왕의 사적을 정리한 것을 말한다. 세종은 태조와 태종의 행적 중에서 귀감이 될 만한 내용을 간추려 처음으로 보감을 편찬하려 했으나 미처 완성을 보지 못했다. 이후 1457년(세조 3) 세조가 태조·태종·세종·문종 등 네 국왕의 행적을 정리해 보감을 편찬했다.

그러나 보감 편찬은 중단되었다가 1684년(숙종 10) 《선묘보감》을 만들면서 재개되었다. 그리고 영조가 숙종대의 사적을 정리한 《숙묘보감》을, 정조는 영조 및 앞서 보감이 편찬되지 않은 나머지 국왕에 대해서도 각기 주요 사적을 정리하여 《국조보감》을 완성했다.

《선묘보감》 편찬은 선왕의 사적을 새롭게 주목하는 전기가 되었다. 여기에 바로 1년 전에 이루어진 태조 시호 추상에 힘입어 태조 사적에 대한 관심이 더해지면서 '조종'* 사적은 정치적으로 더욱 중요한 의미를 가지게 되었다. 태조 사적을 원형으로 하고 선조가 뜻했으나 실행하지 못한 일이라는 점에서, 기로소 입소는 숙종에게 이들에 대한 '계술'의 표상이 될 수 있었다.

그런데 선조가 기로소에 들어가려 했다는 것도 직접적인 근거는 없다. 《선조실록》 및 《선조수정실록》 모두 선조의 기로소 입소와 관련된 내용이 없다. 아마도 심희수가 기로소 중건에 맞춰 《기로소선생안》을 작성한 사실을 근거로, 선조가 기로소에 입소하려 했다는 것으로 확대 해석한 게 아닌가 한다.

● 조종(祖宗) : 선대 국왕의 권위를 표상하는 말.

하지만 선조 사적의 진위 여부를 떠나 그에 대한 적극적인 이해가 마련되면 태조의 사적까지 신뢰할 수 있는 연쇄 논리가 가능하다. 기로소 복구는 선조가 입소를 염두에 둔 것이라는 해석을 통해, 선조가 태조의 전례도 없이 이런 일을 하려 했겠느냐는 이해를 끌어낸 것이다.

숙종은 연잉군이 주도한 상소를 계기로 "태조의 고사를 따르고 선조가 이루지 못한 바를 실행한다"는 명분을 내세우며 기로소 입소를 다시 결정했다. 숙종 역시 선조가 태조의 고사를 이어 가려 했다는 사실을 근거로 선조 때 작성된 기로소 관련 자료의 내용을 인정했다. 그리고 "태조의 성대한 일을 후세에 영원히 없애 버리지 않기 위해" 기로소에 들어가겠다고 밝혔다. 이렇게 해서 기로소 입소의 걸림돌이었던 태조 사적의 기록 부재라는 문제를 해결했다.

숙종의 기로소 입소가 선조대의 전례를 배경으로 삼았다는 점은 세자의 위상과 관련하여 중요한 상징성을 띤다. 임진왜란으로 선조는 택현의 논리에 따라 광해군을 세자로 책봉했다. 그러나 전란이 끝나고 의인왕후가 사망한 뒤 새로 맞이한 계비 인목왕후가 영창대군을 낳으면서 정계에는 미묘한 기류가 흘렀다.

영창대군이 점차 성장하자, 선조 말년에는 몇몇 신하들을 중심으로 세자를 영창대군으로 바꿔야 한다는 주장이 고개를 들었다. 하지만 세자를 지지하는 세력도 만만치 않았다. 이에 세자를 지지하던 핵심 인물인 정인홍과 이이첨을 유배에 처했으나 그 사이에 선조가 사망했다. 결국 세자 교체는 이루어지지 못했고 광해군은 왕위에 오를 수 있었다. 그러나 세자 교체 논란은 결국 영창대군의 죽음과 인목대비 유폐라는 사태를 불러왔다. 흔히 '폐모살제'로 규정되는 이 조치는 인조반정이 일어나는 결정적인 명분이 되었다.

이렇게 보면 숙종의 기로소 입소 결정에는 세자의 불안한 위상을 다지려는 의도가 있었음을 짐작할 수 있다. 만약 선조가 기로소 입소를 통해 후계자와의 관계를 분명히 했다면 광해군을 폐립해야 한다는 주장은 나오기 어려웠을 거라는 인식이 가능하기 때문이다.

물론 숙종은 인조의 후손으로서 광해군의 세자 지위를 적극 옹호할 생각은 추호도 없었을 것이다. 다만 장희빈의 아들로서 세자를 부정적으로 보는 시각이 정계 곳곳에 도사리고 있는 마당에 광해군의 전례를 의식하지 않을 수 없었을 것이다. 숙종은 기로소 입소를 단행하면서 이를 주도하는 세자에게 확고한 후계자 위상을 마련해 주고 싶었던 것이다. 이는 당시 세자가 대리청정을 수행하던 상황과도 밀접히 관련된다.

세자 대리청정과 정유독대

숙종 말 세자의 대리청정

잘 알려진 대로 숙종의 세자(경종)는 희빈 장씨 소생이다. 그가 태어난 지 1년 만에 숙종은 그를 원자로 정한다는 명을 내렸다. 그런데 왕과 중전의 나이가 아직 젊으니 중전의 왕자 출생을 기다려야 한다는 여론이 일었다. 서인 대표 송시열은 원자를 정하는 것이 너무 이르다는 취지로 상소를 올렸다가 숙종의 노여움을 샀다. 숙종은 신하들이 왕위 계승 문제에 간여할 수 없다는 원칙을 내세워 송시열에게 사약을 내리고 서인을 정계에서 축출하는 환국을 단행했다. 이것이 1689년(숙종 15)에 일어난 기사환국이다. 경종은 출생부터 정치적 소용돌이의 한가운데에 서 있었던 셈이다.

숙종은 또 환국 이후 세자를 미워했다는 이유로 중전인 인현왕후를 폐위해 내쫓고 세자의 생모 장씨를 중전으로 책봉했다. 그러나 불과 5년 뒤

1694년(숙종 20) 갑술환국으로 남인이 실각하고 서인이 다시 집권했다. 이에 인현왕후가 다시 중전으로 복위되면서 장씨는 희빈으로 되돌려졌다. 이때 장희빈의 오빠이자 세자의 외삼촌인 장희재는 인현왕후를 해치려 했다는 죄목으로 유배에 처해졌다. 당시 노론은 장희재를 처형해야 한다고 주장했으나 소론은 세자의 혈육임을 이유로 감형을 주장하여 결국 유배로 그쳤다.

그러나 1701년(숙종 27) 인현왕후가 죽은 뒤 장희빈은 중전을 저주했다는 죄목으로 사약을 받고 장희재도 처형되었다. 경종은 세자이면서도 하루아침에 생모와 외삼촌을 잃고 세자로서의 위상 또한 크게 흔들렸다. 세자에 대한 숙종의 신뢰와 애정은 변함이 없었지만, 장희빈이 사사된 마당에 세자의 입지는 결코 안전할 수 없었다.

숙종이 정국을 주도하는 동안에는 세자의 신변에 별다른 문제가 없었으나 숙종의 건강이 악화되면서 상황은 달라졌다. 숙종은 자신의 권위가 계속 건재하지 않으면 정통성에 약점을 가진 세자가 공격당할 수 있다고 보았다. 문제가 커지기 전에 세자의 입지를 확고히 다질 수 있는 조치가 필요했다. 1717년(숙종 43) 7월 숙종이 건강 악화를 빌미로 세자의 대리청정을 실시한 것은 그 귀결이었다. 안질이 너무 심해 억지로 사무를 보다가는 죽음을 재촉할지 모른다며 세자에게 정무를 맡겼다.

왕조 국가에서 모든 권력은 국왕에게 집중되어 있다. 권력이 분산될 경우 자칫 분열과 갈등이 야기될 수 있기 때문에 마지막까지 국왕이 정무를 처리하는 게 원칙이었다. 세자의 대리를 명할 경우, 신하들이 앞다투어 한사코 말리는 이유도 여기에 있었다. 일단 대리 명령이 내려지면 실행하든 철회하든 결정이 날 때까지 논란이 일 수밖에 없었다.

조선 전기에 대리 명령은 세종과 중종 때 단 두 차례 있었을 만큼 흔한 일이 아니었다. 둘 다 국왕의 건강이 크게 나빠진 탓이 컸지만, 여기에는 후계자의 위상 강화라는 정치적 과제가 궤를 같이하고 있었다.

세종은 셋째 아들임에도 아버지 태종의 정치적 의도에 따라 큰아들이자 세자였던 양녕대군을 밀어내고 즉위했다. 하지만 자신 이후에도 파행적인 왕위 계승이 계속되도록 놔둘 수는 없었기에 적장자 계승 원칙을 확립하고자 했다. 태종과 자신의 즉위는 개국 초 과도기에나 있을 수 있는 일로 마무리짓고자 한 것이다. 이를 위해 큰아들(문종)을 세자로 책봉하는 한편, 뒤이어 문종의 아들(단종)을 세손으로 정하여 왕위 계승 구도 자체를 미리 못박아 버렸다. 세손 책봉은 세자에게 왕위를 반드시 물려준다는 원칙을 재확인하는 조치였다.

대리청정 또한 조만간 세자에게 왕위가 계승된다는 사실을 미리 알리는 신호탄이었다. 이를 위해 세종은 1442년(세종 24) 동궁● 첨사원을 두고 국가의 제반 업무를 처결하도록 하여 실행을 보았다.

중종 때도 마찬가지였다. 중종의 첫 부인 신씨는 연산군의 처남인 신수근의 딸이다. 중종반정 공신들은 이를 문제 삼아 신씨를 쫓아냈다. 신씨는 영조 때 가서야 비로소 단경왕후라는 위호를 받았다. 중종은 신씨를 내쫓은 뒤 새로 중전을 간택하지 않고 반정 뒤에 맞이한 여러 후궁 중에서 가장 먼저 임신한 윤씨를 중전으로 선택했다. 그가 장경왕후이다.

장경왕후는 먼저 딸을 낳고 나중에 세자(인종)를 낳은 뒤 세상을 떴다. 그런데 세자가 태어나기 전에 중종은 다른 후궁들에게서 아들을 얻었는

●동궁(東宮) : 세자의 처소. 세자를 가리키기도 한다.

데, 경빈 박씨가 낳은 복성군은 중종의 장자였다. 장경황후가 죽은 뒤에는 후궁 중에서 중전을 뽑지 않고 새로 간택했다. 이렇게 맞이한 왕비가 문정왕후로, 그에게서도 아들이 태어났으니 그가 바로 명종이다.

결국 인종은 왕비의 아들이라는 자격으로 세자가 되었지만 어머니가 일찍 죽은 바람에 입지가 불안했다. 세자를 지지하는 세력은 세자에 대한 위협을 사전에 막기 위해 경빈 박씨와 복성군을 제거했다. 불태운 쥐를 묻어 세자를 저주했다는 죄몫이었다. 흔히 '작서의 변'이라고 부르는 이 사건은 나중에 세자의 외삼촌 윤임 세력이 조작한 사건으로 밝혀졌다.

불안한 세자의 처지를 염려한 중종은 말년에 세자의 입지를 확고히 하기 위해 대리청정을 시도했다. 그러나 신하들의 강력한 반대에 막혀 실행에 이르지는 못했다. 세자는 우여곡절 끝에 즉위했으나 중종의 상도 마치기 전에 사망했다. 그를 이어 문정왕후가 낳은 아들이 즉위하니 그가 명종이다.

숙종이 말년에 세자의 대리청정을 밀어붙인 이유도 앞 사례와 크게 다르지 않다. 국초에 태조의 세자 방석이 그랬고 중종의 세자 인종이 그랬듯이, 모후*를 잃은 세자의 처지는 불안했다. 하지만 숙종은 어떤 경우에도 왕위는 세자로 이어 가야 한다고 생각했다. 환국을 무릅쓰고 원자로 정할 때부터 숙종은 한결같은 입장이었다. 생모 장희빈을 사사한 뒤에도 마찬가지였다.

하지만 생모가 사사된 탓에 세자의 위상이 크게 흔들릴 우려 또한 무시할 수 없었다. 이에 숙종은 세자의 위상 강화에 유난히 신경을 썼다.

---

* 모후(母后) : 왕비인 어머니.

1705년(숙종 31) 건강 문제를 들어 세자에게 전위하겠다는 명을 내린 것이 그 예이다. 이는 신하들의 반대로 곧바로 철회되었지만, 세자의 입지를 다지는 데 큰 도움을 주었다.

대개 전위 소동은 진심이 아니라 국왕 자신의 입지를 재확인하기 위한 정치 행위의 색채가 짙었다. 태종이 세자 양녕대군에게 전위하겠다고 소동을 피워 태조에게 재신임을 받았고, 선조 역시 전위 소동을 통해 전란으로 약화된 자신의 권위를 다진 바 있다.

그런데 숙종의 전위 소동은 태종이나 선조와는 경우가 달랐다. 태종은 무력으로 왕위에 올랐고 선조는 국왕의 아들이 아니었다. 그러나 숙종은 국왕과 왕비의 아들로 태어나 세자로 책봉되어 즉위한 몇 안 되는 국왕 가운데 한 사람이다. 굳이 전위 소동까지 벌여 권위를 재확인할 이유가 없었다는 뜻이다. 그러므로 이는 장희빈 사사 이후 흔들릴지 모를 세자의 위상을 다지기 위한 조치였다고 해석된다.

당시 숙종의 전위 명령에 대해 소론 대신들을 중심으로 조직적인 반대 여론이 형성되었다. 문무 백관들은 물론 종실들까지 어명 철회를 요청하고, 세자 역시 대죄*하며 명령을 거두어 달라고 간청했다. 숙종이 거부하자, 경기관찰사가 휘하 관리들을 거느리고 상소하고 도성의 백성 880명과 성균관 등 유생 221명도 공동 명의로 상소했다. 전위 절차가 더 이상 진행되지 않은 채 논란이 확산되자, 숙종은 비로소 전위 명령을 거두었다.

이후 10여 년이 지난 1717년, 이번에는 대리청정을 명했다. 그런데 어찌 된 일인지 반대 여론 없이 곧바로 시행에 들어갔다. 전위 소동 당시

●대죄(待罪) : 자신에게 책임이 있음을 인정하며 국왕의 처벌을 기다리는 것.

숙종은 45세, 세자는 18세에 불과했지만, 대리를 명령할 때 숙종은 57세에 이르고 세자도 30에 이르렀다. 그만큼 숙종의 건강이 악화된 부분도 있고 세자의 나이 또한 정사를 보기에 충분하다는 이유도 있었다. 그러나 의례적으로라도 국왕이 계속 정사를 보아야 한다는 주장이 나올 법한 상황이었으나 그런 움직임이 보이지 않았다.

이는 노론이 주축이 된 대신들이 세자의 대리청정에 일제히 동의했기 때문이다. 당시 좌의정 이이명은 인현왕후가 중전으로 복위된 뒤 세자가 효도를 다했다며 그 자질을 칭송했고, 나이도 정사를 충분히 감당할 수 있다며 숙종의 결정을 적극 지지했다.

대신들의 동의를 등에 업은 숙종은 조종의 전례에 따라 세자에게 대리하게 하고 자신은 건강 관리에만 전념하겠다고 널리 알렸다. 그리고 세자의 대리를 위한 세부 절차를 마련하도록 지시했다. 조종의 전례란 세종 말 세자(문종)가 대리청정한 것을 가리킨다. 숙종의 명을 받은 승정원은 세종대의 실록을 상고하여 대리청정을 위한 절목*을 만들기로 하고, 나흘 뒤 강화에 가서 관련 자료를 찾아 실행을 위한 준비에 나선다.

독대를 둘러싼 논란과 소론의 반발

숙종은 미리 노론 대신들과 대리청정에 대한 교감을 나누었다. 바로 대리에 앞서 노론 대신과 독대를 결행한 것이다. 숙종은 먼저 이이명을

●절목(節目) : 의례나 정책의 세부 시행 지침을 항목별로 정리한 것.

불러 독대한 뒤 당일 김창집·이유 등 노론 대신을 불러 세 차례에 걸쳐 대리 의사를 알렸다. 효종과 송시열의 독대 이후 또 한 번 독대가 단행된 것인데, 이를 '정유독대'라 한다.

소론에서는 이런 식의 대리 결정은 문제가 많다며 크게 반발했다. 밀실 협의의 성격이 강한 독대는 그 자체로 금기였거니와 효종대의 독대처럼 국가 운영 방향을 설정하기 위한 독대도 아니었다. 따라서 이이명이 숙종과 가진 독대는 당연히 비난받을 행위였다. 더구나 독대에 이어 노론 대신을 불러 대리청정에 대한 동의를 받은 것은 논의에서 배제된 소론의 의혹을 사기에 충분했다. 노론 대신들은 숙종에게 의혹을 갖지 않게 관련 내용을 기록으로 남기고 공포해 달라고 요청했다. 이에 숙종은 국조의 고사, 곧 관례대로 실행한 일임을 근거로 세자의 대리가 결정되었음을 분명히 했다.

하지만 논란은 쉽게 가라앉지 않았다. 숙종과 노론은 국조의 고사라고 표방했지만, 실제로 대리청정 사례는 세종대가 유일해 조종의 고사라 하기에는 무리가 있었다. 아무리 세자가 국정 운영의 책임을 맡는다 하더라도 살아 있는 국왕의 뜻을 거스를 수는 없었다. 결국 세자와 국왕이라는 두 개의 권력이 작동하게 되고, 이로 인한 정치적 분란이 야기될 수 있었다. 세자의 명령과 국왕의 뜻이 다르다고 판단되면 신하들은 난처한 상황에 빠지고 급기야는 정치적 파란으로 이어질 수도 있었다. 뒷날 영조가 대리 중이던 세자(사도세자)를 뒤주에 가둬 죽이게 되는 사례는 그 위험성을 여실히 보여 준다.

이미 세종대에도 집현전 부제학 최만리가 대리청정을 격렬히 비판한 바 있다. 그는 세자의 정사 대행은 정말 부득이할 경우에만 행하는 법인데, 갑자기 대단치 않은 병환으로 권력을 두 개로 쪼개면 뒷날 갖가지 폐단을 불러오게 된다고 주장했다. 이는 대리청정을 정치적으로 활용하려는 세종의 의도를 정확히 읽고 비판한 것이었다.

한편 숙종이 전위 소동을 철회한 경험에 비추어 볼 때, 노론 대신들이 숙종의 대리 제안에 바로 찬성한 것 또한 적절치 않은 처신으로 비쳤다. 대리가 결정된 지 20여 일 뒤 소론 대신으로서 광주에 은퇴해 있던 윤지완은 늙은 몸을 이끌고 서울로 올라와 상소를 올리며 이 문제를 강력히 비판했다. 그의 논지는 크게 두 가지였다.

하나는 대리를 다급히 논의할 이유가 없다는 입장이었다. 후계자로서 입지를 이미 굳힌 세자에게 '대리'라는 어려운 명을 내릴 게 아니라 정사에 참여시켜 경험을 쌓게 하는 쪽이 훨씬 낫다는 것이었다. 다시 말해 숙종을 간호하는 데 주력하면서 그 여가에 정사에 참여하여 작은 일은 단독으로, 큰일은 숙종의 허가를 받아 처리한다면 굳이 대리가 아니어도 똑같은 효과를 거둘 수 있다는 것이었다.

다른 하나는 대리 과정에 대한 비판이었는데, 숙종이 이이명과 나눈 독대를 문제 삼았다. 그는 세자의 대리가 독대와 대신들의 동의를 통해 결정된 데 대해 "대신들을 사인(私人)으로 대한 것"이라고 꼬집었다. 국가의 공적 운영을 책임져야 할 대신들이 국왕의 잘못된 행위를 바로잡지 않고 오히려 국왕의 잘못을 부추긴다며 맹공을 퍼부었다.

국가 원로이자 병중에 있던 윤지완의 비판을 접하고 독대의 당사자 이이명은 성밖으로 나가 사직을 청했으며, 대리청정에 곧바로 동의한 영의정 김창집은 《국조보감》에 있는 문종의 전례를 따랐을 뿐이라며 변명했다. 숙종은 독대 역시 조종의 고사일 뿐이라며 윤지완의 행위를 당론에 매몰된 태도라고 매도했다. 반대로 공격의 표적이 된 이이명에게는 변함없는 신뢰를 보냈다.

숙종은 대리 명령과 마찬가지로 독대에 대해서도 조종의 고사를 내세워 반발을 무마하고자 했다. 하지만 윤지완 등 소론의 반발은 원론적으로 정당했기 때문에 숙종과 노론 대신 모두 난감한 처지에 빠졌다. 따라서 독대의 부작용을 최소화하고 대리를 지속하기 위해서는 다른 방향에서 명분을 보강할 필요가 있었다. 그 방안의 하나가 태조의 전례에 따라 기로소에 입소하는 것이었다.

뒤에 살펴보겠지만, 숙종의 기로소 입소는 숙종 본인의 권위보다 사실상 행사를 이끌어 가는 세자의 역할이 부각되는 이벤트였다. 대리 중이던 세자는 이를 통해 대리 과정을 둘러싼 논란을 잠재우고 입지를 확고히 할 수 있었다. 이는 무엇보다 태조의 사적을 재현한다는 점에서 그 권위를 확보했다. 숙종대 태조는 시호 추상 이후 이어진 사적 정비 과정을 통해 창업주로서 절대적 권위를 확보해 가고 있었다. 숙종의 기로소 입소는 태조의 권위를 배경으로 세자의 위상을 다지고 독대와 대리로 인한 논란을 잠재움으로써 후계 구도를 완성하는 정치적 조치였다고 말할 수 있다.

3
기로소 입소 의례와 의미

세자가 이끈 기로소 입소

숙종의 기로소 입소가 최종 결정된 뒤 이를 위한 갖가지 의례 절차가 마련되었다. 실록을 상고하는 과정에서 드러났듯이, 국왕의 기로소 입소에 참조할 수 있는 전례는 없었다. 따라서 논의 과정에서 나타난 여러 명분에 맞게 의례를 새로 만들어야 했다.

우선 기로소에 입소한다는 명목을 달고 있지만 실제 행사에 숙종이 직접 참여하지는 않았다. 대신 기로소에 보관되어 있는 선생안에 숙종의 이름을 적어 봉안하는 것으로 대신했다. 그런데 태조의 이름이 적힌 선생안은 남아 있지 않았으므로 새로 선생안을 만들기로 했다.

당시 행사에 참여해 기로소에 들어간 신하들에게는 행사 광경을 담은 그림과 저마다의 초상화를 엮은 《기해기사첩(己亥耆社帖)》을 나누어 주었는데, 현재 몇 개가 남아 전해 오고 있다.

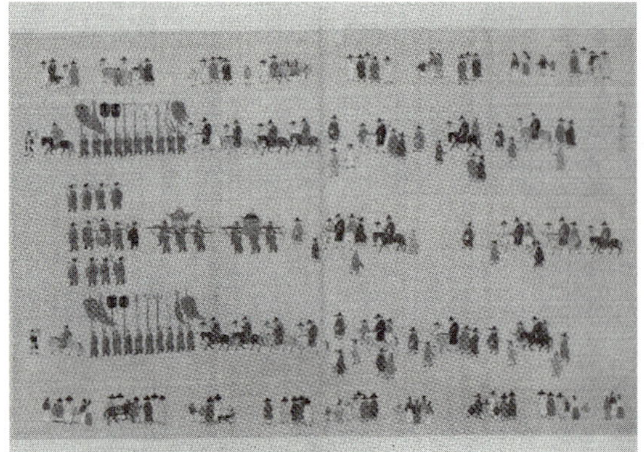

〈어첩봉안도〉와 〈숭정전진하전도〉

여기에 수록된 행사 그림의 내용과 의미를 살펴보자.

먼저 위 왼쪽 그림은 〈어첩봉안도〉로 숙종의 이름을 적은 어첩을 기로소에 봉안하기 위해 봉송하는 행렬을 그린 것이다. 3월 11일 숙종이 거처하던 경덕궁(경희궁)으로 기로소당상 김창집이 선생안을 가져와서 숙종의 이름을 적은 뒤 이를 다시 기로소에 가서 봉안했다. 이때 국왕 이름을 적었기 때문에 선생안이라는 이름이 적절하지 않다는 지적에 따라 제목을 '기로소어첩'으로 고쳤다.

오른쪽 그림은 〈숭정전진하전도〉로 어첩을 봉안한 다음 날 이를 기념하여 경덕궁의 정전*인 숭정전에서 기로소 당상 8인이 국왕 숙종에게 축하 내용을 담은 글을 올리는 장면을 담고 있다.

그림에는 국왕 모습을 직접 그리지 않기 때문에 앉는 자리만 표시했다. 오른쪽 가운데 두 줄로 서 있는 8명이 기로소당상들이다.

●정전(正殿) : 궁궐에서 공식 행사가 열리는 중심 전각.

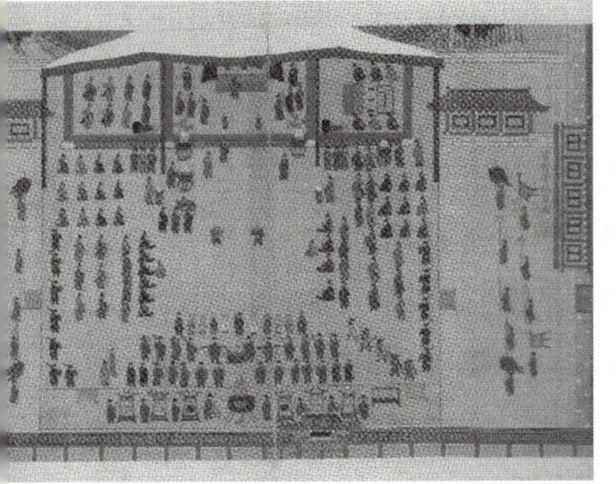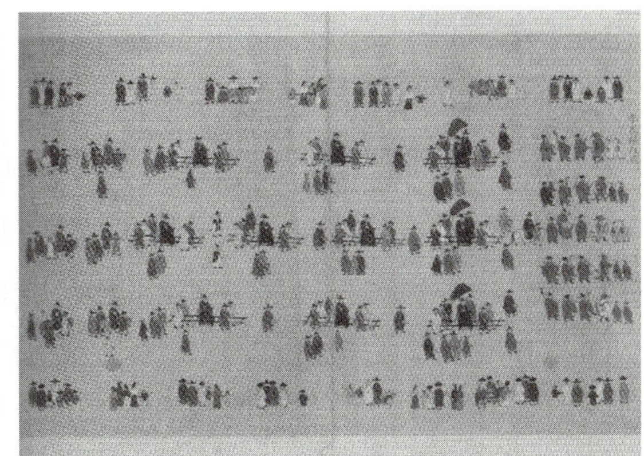

〈경현당석연도〉와 〈봉배귀사도〉

　위의 왼쪽 그림은 〈경현당석연도〉로, 4월 18일 경현당에서 숙종이 기로소에 들어온 신하들에게 잔치를 베푸는 장면을 담고 있다. 여기서 숙종은 "경현당에 직접 가서 기로소의 여러 신하들에게 연회를 내리는 날 짓다(親臨景賢堂耆老諸臣錫宴日作)"라는 제목의 시를 지었다. 그중 일부를 인용하면 다음과 같다.

> 내 나이 육순에 이르렀는지 깨닫지 못하다가　不覺吾年及六旬
>
> 친히 기로소에 참여한 것은 옛 법도를 따른 것이라네　親參耆社舊章遵
>
> 병을 무릅쓰고 전각에 오르니 백관이 모였는데　强扶陞殿群官集
>
> 음악을 연주하고 술잔을 돌리니 늙은 신하 열 명이 왔구나　作樂行醮十老臻

　숙종은 이 시에서도 자신의 기로소 입소가 옛 법도를 따른 것, 다시 말해 태조의 전례를 재현한 것임을 분명히 했다. 숙종이 베푼 연회가 끝난 뒤 잔치는 장소를 기로소로 옮겨 계속되었다. 오른쪽 그림은 〈봉배귀사도〉로, 숙종이 연회 당시 기로소에 내린 은 술잔을 들고 기로소 당상들이 기로소로 돌아오는 장면을 그렸다.

행사를 치른 지 세 달 뒤에는 숙종과 세자, 종실, 문무 백관이 참여하는 진연이 경현당에서 열렸다. 세 달이나 지나서야 정식 연회를 베푼 것은 그 사이 입소자의 한 사람인 서종태가 사망했기 때문이다. 뒤이어 어첩을 봉안할 전각인 영수각이 완성되어 의례가 모두 마무리되었다.

당시 기로소 입소에 관련된 모든 의례는 일일이 숙종에게 재가를 받기는 했지만, 실제로 행사는 세자가 도맡아 진행했다. 태조의 전례대로 한다면 어첩에 적는 이름은 숙종이 직접 써야 했다. 하지만 숙종은 안질을 핑계삼아 세자로 하여금 어첩 제목과 태조·숙종의 휘호를 대신 쓰게 했다. 또한 숭정전의 행사에는 승지까지 배제한 채 기로소당상과 숙종만 참석했는데, 예외적으로 세자는 참석했다.

이러한 면면은 결국 이 행사가 숙종 자신이 아닌 세자를 위한 행사임을 보여 준다. 결국 태조의 후예이자 숙종의 후계자로서 세자의 위상을 과시하려는 목적이 담긴 것이다. 태조의 전례가 실재했는지 확인되지 않은 상황에서 행사를 당겨 59세에 결행한 것도 세자를 위한 행사였기 때문이다. 그만큼 세자의 입지 다지기는 절박한 과제였다.

기로 대신들에게 내려 준 연회와 문무 백관이 참여해서 경현당에서 진연을 베푼 것도 세자의 위상과 관련된다. 숙종은 당시 희정당에서 정사를 보았으므로 잔치 또한 이곳에서 여는 게 상례였다. 그러나 정작 희정당이 아니라 세자의 대리청정이 이루어지던 경현당에서 잔치가 열린 사실만 보아도 이 행사가 누구를 위한 행사인지는 의심할 여지가 없다.

숙종의 고민

독대를 통해 세자의 대리청정을 결정하고 실행에 옮긴 것은 애당초 문제가 있는 행위였다. 삼사에서 언론을 담당하던 노론의 젊은 신하들조차 조정의 중대사를 공론도 모으지 않고 국왕과 대신들이 밀실에서 처리했다며 비판의 목소리를 높였다. 이이명은 비록 효종대의 고사가 있지만 당시에도 독대는 옳지 않다는 말이 있었다며 자신의 잘못을 인정했다.

독대라는 형식도 문제였지만, 앞서 있었던 전위 소동 때와는 다른 태도에 대해서도 비판의 화살이 쏟아졌다. 전위 소동 당시 소론의 최석정을 중심으로 대신들은 한사코 숙종을 만류했다. 최석정은 선조가 광해군에게 내린 전위 교서의 실행을 막은 유성룡의 사례를 인용했다. 유성룡은 태종이 양녕대군에게 전위하려고 했을 때와 중종이 인종에게 대리청정을 명했을 때 신하들이 만류하여 철회하도록 한 사적을 들어 전위를 막았다.

최석정의 주장에 당시 조정에 참여한 노론 대신들도 동조했다. 권력의 사전 이동을 신하들이 쉽게 추종해서는 안 된다는 인식에는 역사적 사실이 뒷받침하고 있었다. 대신들의 강력한 요구에 숙종도 결국 전위 명령을 철회했고, 신하들과 백성의 충의를 높이 평가하는 태도를 보였다. 그런데 대리 명령에 대한 노론 대신의 태도는 전위 소동 때와 판이하게 달랐다. 그것은 물론 숙종의 근본 의도와 실행 의지가 달랐기 때문이지만, 적어도 이를 대하는 대신들의 태도는 일관될 필요가 있었다.

이 점에 대해 소론의 시각이 투영된 《숙종실록보궐정오》에서는 매우 비판적인 논조를 보였다. 앞서 설명했듯이, 숙종은 대리 명령을 비판한 윤지완에 대해 당론에 따른 행위라며 반박하고 이이명을 두둔했다. 이를 두고 《숙종실록보궐정오》에서 나이가 90에 이른 윤지완이 국가 대사를 위해 시골에서 올라와 상소를 올린 충정은 생각하지 않고 당론적 행위로 몰아갔다며 불만을 토로했다.

세자의 대리 문제가 노론과 소론의 당론적 인식으로 연결된 것은 전해에 있었던 병신처분과도 연결된다. '병신처분'이란 노론과 소론 사이에 오랜 기간 갈등의 불씨가 되었던 이른바 '회니시비(懷尼是非)'에 대해 숙종이 노론의 손을 들어준 것을 말한다. 회니시비는 노론과 소론의 영수로 평가되는 송시열과 윤증의 대립을 가리키는데, 송시열이 거주하던 회덕(懷德)과 윤증이 거주하던 이산(尼山)에서 따온 명칭이다.

송시열은 윤증의 아버지 윤선거와 친구였으며, 윤증은 송시열 아래서 공부한 제자였다. 윤선거가 사망한 뒤 윤증은 송시열에게 아버지의 묘갈문●을 요청하면서 관련 자료를 보냈다. 송시열은 이 자료에 자신을 비판한 부분이 있어서 묘갈문에 윤선거의 잘못을 지적하는 내용을 넣었다. 윤증은 여러 차례 고쳐 달라고 요청했으나, 송시열은 몇몇 글자만 바꾸었을 뿐 기본 내용은 그대로 두었다. 이에 윤증이 반발하면서 두 사람 사이가 멀어지기 시작했다.

두 사람의 갈등은 학문적 차이에다 제자들의 반목까지 더해지면서 노론과 소론의 분당에 촉매가 되었다. 서인이 노론과 소론으로 갈라지게 된 것은 갑술환국 이후 남인을 처리하는 과정에서 강경파와 온건파의 대립으로 표면화되었지만, 많은 사람들이 그 이면에 회니시비에 따른 갈등

● 묘갈문(墓碣文) : 묘 앞 비석에 새기는 글.

이 내재해 있다고 생각했다. 실제 회니시비가 노소 분당의 직접 원인으로 작용했는지는 단정하기 어렵다. 하지만 적어도 노론과 소론이 이 문제에 민감하게 반응하면서 대립 각이 날카로워진 것만큼은 분명하다. 이에 대해 숙종이 송시열 쪽의 정당성을 인정한 것이 바로 병신처분이다.

결국 노론의 명분적 우위를 공인해 준 병신처분과, 이듬해 노론 대신과 독대를 통해 결정한 세자의 대리청정은 같은 맥락에 있었다. 숙종은 노론 중심의 정국 운영을 전망하면서 이를 세자의 위상 강화와 묶고자 한 것이다. 《숙종실록보궐정오》는 이러한 숙종의 행보에 대해 강한 비판 의식을 가질 수밖에 없었다.

숙종의 독대와 세자 대리청정에 대한 소론의 반발은 이듬해 윤지완이 사망하면서 다소 누그러졌지만, 원칙에 어긋난 행위를 하고 그 잘못을 지적한 원로를 배척했다는 혐의를 완전히 거두지는 못했다. 숙종이 기로소 입소를 기획한 데에는 이러한 분위기를 수습하려는 의도도 들어 있었다. 두 붕당의 대립을 완화시킬 수 있는 행사를 모색한 것이다.

붕당은 정치의 중심인 국왕의 권위를 해치는 행위로 간주되었다. 중종 때 사림파가 숙청된 기묘사화도 바로 붕당을 지어 국왕의 권위를 해쳤다는 게 주된 이유였다. 숙종은 1694년(숙종 20) 갑술환국 직후 탕평교서를 반포하여 붕당의 위험성을 경고했지만, 현실에서는 노론과 소론 사이에 대립의 골이 갈수록 깊어져 갔다.

이에 비추어 병신처분과 정유독대는 분명 탕평의 원칙에서 벗어난 선택이었다. 그렇다면 숙종은 왜 이런 선택을 했을까? 그것은 역설적으로 세자의 지지 세력이 노론이 아니라 소론이었다는 데서 기인한다. 숙종은 어차피 노론과 소론이 갈려 버린 상황에서 과거 장희빈 문제에 강경한 입장이었던 노론과 세자 사이가 벌어질수록 정국 운영에 어려움이 클 수밖에 없는 현실을 우려했다. 그래서 숙종은 이런 우려를 막기 위해 사전에 노론을 세자와 정치적으로 묶는 예방책을 도모한 것이다. 그러나 결국은 소론의 반발이라는 부작용을 비켜갈 수 없었다. 세자를 지지했어도 정치적으로 소외되는 상황을 수긍할 수 없었기 때문이다. 숙종에게는 갈등을 덜어 낼 또 다른 조치가 필요했다. 그게 바로 기로소 입소였다.

숙종의 기로소 입소는 함께 입소한 대신들과의 돈독한 관계를 보여 주고 이를 세자로 연장해 가려는 의도를 담고 있었다. 특히 태조의 고사를 재현한다는 명분 아래, 국왕과 기로 대신들의 관계를 태조와 개국 원로들의 관계와 동일시하는 효과를 얻을 수 있었다. 태조와 개국 원로의 관계는 함께 창업한 행적 때문에 다른 시기의 군신 관계보다 남다르게 간주되는데, 숙종은 자신 및 세자와 대신들 사이에도 이러한 관계를 맺어 주고자 했다.

그런데 원로 대신 전체를 아우르는 것으로 포장되기는 했지만, 내용의 핵심은 여전히 노론에 있었다. 이 행사는 세자와 노론을 맺어 주는 데 소론에게 동조하라는 요구에 가까웠다. 이 사실을 모르지 않는 소론은 자신들이 행사장 들러리로 전락할 수 있다고 보았다.

광주에 은퇴해 있던 소론 대신 최규서가 거듭 부름을 받고서도 끝내 행사에 참석하지 않은 이유도 그 때문이었다. 당시 70세였던 그는 기로소 입소 대상자였다. 그러나 숙종에게 축하 글을 올리는 숭전전 행사는 물론 어첩 봉안 행사, 진연 행사에 모두 불참했다. 행사 자체를 인정하지 않는다는 노골적인 표시였다.

이로 인해 당시 제작된 계첩*의 입소 대상자 명단에는 그의 이름이 실려 있지만 초상화는 그리지 않았다. 곧 대상 인원이 11명이었으나 계첩에는 10명의 초상화만 실린 것이다. 참석자들이 지은 시를 수록한 부분에도 그 몫으로 배정된 자리는 내용 없이 비어 있다.

이처럼 숙종 말에 진행된 병신처분과 세자 대리청정, 그리고 숙종의 기로소 입소는 숙종과 노론의 정치적 연대라는 틀 속에 이루어졌다. 숙종은 노론의 명분적 우위를 공인해 주고, 이를 토대로 자신과 후계자 경종의 정치적 기반을 다지고자 했다. 특히 태조의 전례를 근거 삼아 기로소 입소 행사를 실행함으로써 태조의 후계자로서 자신과 세자의 위상을 다지는 한편, 태조와 개국 원로의 긴밀한 관계를 환기하고 이를 세자의 치세에 적용하고자 했다.

조선 초기의 정치 과정에서 잊혀져 있던 창업주 태조는 숙종 초 시호 추상으로 새로운 의미를 획득한 뒤 숙종 말에 이르면 명실상부하게 현 국왕의 위상을 뒷받침하는 가장 강력한 명분적 존재가 되었다. 태조를 되살리고 그 상징성을 높인 숙종의 조치는 영조와 정조로 이어지면서 더욱 확대 재생산된다.

●계첩(契帖) : 모임을 가진 뒤 참석자의 명단과 글, 그림 등을 모은 책.

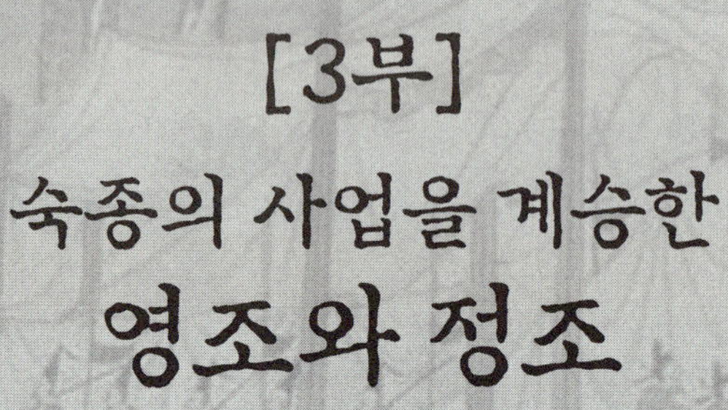

[3부]
숙종의 사업을 계승한
영조와 정조

1장 • 영조, 경복궁 빈터에서 중흥을 꿈꾸다

영조와 경복궁 빈터

숙종 계술을 천명한 영조

세자의 생모인 희빈 장씨를 사사한 뒤에도 세자에 대한 숙종의 애정과 신뢰는 변함이 없었다. 그는 자신이 확보한 권위를 고스란히 세자에게 물려주고자 했다. 그러나 여러 차례 환국을 반복하며 얻은 권위를 신하들이 세자에게 그대로 인정할 거라고 믿을 수는 없었다. 이 때문에 숙종은 세자에게 대리청정을 맡기고, 거의 신뢰할 수 없다는 것을 알면서도 태조의 기로소 입소 사적을 재현하여 세자에게 태조의 권위를 실어 주고자 했다.

그러나 세자에게는 자식이 없다는 치명적인 약점이 있었다. 세자가 무난히 왕위를 잇는다 해도 그다음이 어떻게 될지 예측할 수 없었다. 그리고 그 약점은 세자가 즉위한 뒤 바로 나타났다. 노론은 세자(경종)가 즉위하자 곧바로 후계자 결정을 요구했다. 숙종에게는 세자 말고도 숙빈 최씨 소생인 연잉군(영조)과 명빈 박씨 소생인 연령군이 있었다. 그런데 연령군은 숙종 말년에 요절했기 때문에 세자 외에 남은 혈육은 연잉군이 유일했다.

1721년(경종 1) 노론은 경종의 몸이 약하고 자식이 없다는 이유를 들어 연잉군을 세제로 책봉하도록 요구했다. 경종은 이 요구를 받아들였다. 얼마 후 노론은 다시 경종에게 세제의 대리청정을 요구했다. 노론이 단기간에 왕위 계승 구도를 못박으려는 의중을 아는 소론이 가만히 있을 리 없었다. 노론의 요구를 죄다 들어주면, 경종은 숙종에서 연잉군으로 이어지는 왕위 계승의 징검다리 역할로 전락하게 되었다. 소론 강경파는 노론의 행보가 결국 국왕을 바꾸려는 역모라며 공격했다. 이번에는 경종이 소론을 지지함으로써 다수의 노론이 숙청되었다. 이를 '신축옥사'라 한다.

그러나 사태는 이것으로 수습되지 않았다. 이듬해 소론인 목호룡이 노론의 역모를 고변했다. 노론 일당이 경종을 왕위에서 밀어내기 위해 직접 살해하거나 독살하거나, 그도 여의치 않으면 여론을 일으켜 폐출하는 세 단계의 음모를 도모했다는 내용이었다. 이로 인해 이른바 노론의 4대 신으로 불리는 김창집, 이이명, 이건명, 조태채를 비롯해 수많은 노론 인물들이 사사되었다. 이를 '임인옥사'라 하며, 전년의 신축옥사까지 합쳐 '신임사화'라 부른다.

노론이 경종을 제거하고 대신 추대하고자 한 인물로 지목된 대상은 연잉군이었다. 역모에서 추대된 인물은 잘못이 없거나 사건을 알지 못했더라도 살아남기 어려웠다. 역적의 입에 오르내렸다는 사실만으로 제거되어야 하는 정치적 운명이었다. 연잉군도 옥사에서 무사할 수 없었지만,

하나 남은 형제를 죽이고 싶지 않았던 경종의 의지와 대비 인원왕후(숙종의 계비)의 도움으로 화를 면할 수 있었다. 경종이 재위 4년 만에 죽자, 연잉군이 왕위를 이어받으니 그가 영조이다.

영조는 즉위 뒤 임인옥사가 무고에 의해 발생한 사건이라고 판정을 내렸다. 노론 4대신을 비롯해 다수의 노론 인물이 복권되었고, 김일경과 목호룡 등 옥사를 주도한 소론 강경파들이 처형되었다. 그러나 1727년(영조3) 경종에게 대리청정 시행까지 요구한 노론의 행위는 명백히 역심이 있어서라는 소론의 주장을 받아들인 영조는 노론 4대신의 관직을 다시 추탈˚하고 소론 온건파를 정계의 전면에 포진시켰다. 이를 '정미환국'이라 한다. 경종의 세제로서 왕위를 이어받은 영조는 자신을 인정하고 보호한 형 경종과의 의리를 무시할 수 없었다. 형에 대한 노론의 반역 혐의를 인정한 것이다.

그러나 영조 즉위와 함께 숙청된 소론 강경파는 영조가 숙종의 아들이 아니며 경종의 죽음에도 관련되어 있다는 의혹을 제기했다. 영조의 어머니 숙빈 최씨는 신분이 미천한 것으로 알려져 있다. 이 때문에 영조가 실제로는 숙종의 아들이 아닐 수 있다는 주장이 나오게 되었다. 또한 경종은 연잉군의 궁방˚에서 올린 게장을 먹은 뒤 죽었다는 설이 유포되었고, 이를 근거로 독살되었다는 주장이 일기도 했다. 이렇게 영조의 왕통을 부정하며 일어난 반란을 무신란 또는 이인좌의 난이라 한다.

영조는 자신의 혈통을 부정하고 형을 죽인 패륜으로까지 몰아세우는

● 추탈(追奪) : 관직이나 명예를 나중에 빼앗는 것.
● 궁방(宮房) : 궐 밖에 사는 왕실 인물의 생활을 담당하는 관청.

공격에 큰 충격을 받았다. 상황을 그대로 두면 자신의 왕위마저 흔들릴지 모른다고 우려한 영조는 노론과 소론의 대립을 해소할 요량으로 양자를 절충하는 처분을 내렸다. 대리청정을 강요할 때 중요한 역할을 한 김창집과 이이명의 죄는 인정하되 관련성이 적었던 이건명과 조태채는 복권시켰다. 이를 '기유처분'이라 한다. 그리고 노론과 소론을 고루 등용하는 탕평을 천명했다. 영조의 탕평은 이른바 조제보합*과 쌍거호대*의 원칙을 가지고 있었다.

그러나 영조의 의지는 제대로 구현되지 못했다. 양쪽 입장을 모두 수용한다는 '절충'이 실제로는 어느 쪽에서도 인정받지 못할 위험이 그대로 드러났다. 소론은 영조의 탕평책을 상당 부분 긍정하는 입장이었지만, 노론 4대신 모두에게 죄가 있다는 생각은 그대로여서 불만이 없지 않았다. 반면 상대적으로 정계에서 밀려나 있던 노론은 두 사람만 용서한 조치는 말이 안 된다는 입장을 굽히지 않았다. 죄가 있으면 네 사람 모두에게 있고 죄가 없으면 모두 없다는 논리에서 영조의 어정쩡한 태도를 비판했다. 영조는 소론과 노론을 대표하는 이광좌와 민진원을 불러 직접 화해시키며 설득했지만 성과를 얻지 못했다. 결국 탕평도 실효를 거두지 못한 채 흐지부지되었다.

이렇게 소론이 이끄는 정국이 10여 년 계속되었다. 그런데 1740년(영조 16) 그동안 자신에게는 '충'이라 하더라도 경종에게 '역'이라는 취지에서 용서하지 않았던 김창집과 이이명을 전격 복권시켰다. 이를 '경신처

● 조제보합(調劑保合) : 서로 섞어 씀으로써 보완이 되도록 함.
● 쌍거호대(雙擧互對) : 한 붕당의 인물을 등용하면 비슷한 지위에 다른 붕당의 인물을 임명하는 것.

분'이라 한다. 이 처분은 신임사화 때 자신의 왕위 계승을 위해 노론이 보여 준 충의를 전면 인정한 것이며, 더 이상 경종의 동생으로서 왕위를 계승했다는 사실에 매이지 않겠다는 선언이었다.

이듬해에는 신유대훈을 반포해 자신의 왕통과 관련해 충역 시비를 더 이상 논하지 못하게 했다. 대신 효종과 현종 그리고 숙종의 혈육으로 자신만 남았기 때문에 왕위 계승은 당연하다는 논리, 이른바 '삼종혈맥론'을 내세웠다. 숙종의 왕위를 계승할 사람은 경종과 자신만 남았는데 경종이 죽었으므로 자신이 어쩔 수 없이 왕위를 이어받았을 뿐이라는 논리였다. 이 주장을 뒷받침하기 위해 영조는 경종에게 자식이 있었다면 자신은 왕위에 오르지 않았을 거라는 주장을 되풀이했다. 따라서 영조가 노론의 의리를 인정했다 하더라도 이는 삼종혈맥론에 종속되는 것이었다. 신하들이 영조의 즉위를 이끌어 냈다는 논리를 인정하지 않는 선언이었다.

경종으로부터 자유로워진 영조는 숙종의 아들로서 왕위를 계승했다는 점을 부각시켰다. 자신의 모든 정책을 아버지 숙종의 사업을 계술하는 데 초점을 맞추었다. 그것은 세조가 형 문종과 자신이 밀어낸 조카 단종을 배제하고 아버지 세종의 사업을 이어받았다는 점을 명분화한 것과 같은 원리였다.

숙종이 태조를 재발견하고 그 사적을 통해 자신의 권위를 보강한 것처럼, 숙종을 계술하는 영조의 사업은 태조에 대한 인식을 강화하는 방향으로 나아갔다. 앞에서 살펴본 것처럼, 영조가 개성에 행차해 태조의 잠저였던 경덕궁과 목청전을 둘러보고 숙종의 시에 화답하는 시를 지은 것은 단적인 예이다. 태조 사적 또한 숙종을 통해 영조로 계승되었는데, 영조가 특히 주목한 것은 태조의 창업 공간인 경복궁이었다.

빈터가 된 창업의 궁궐, 경복궁

왕조 국가에서 궁궐은 국왕이 거주하는 집이며 국가의 주요 업무가 처리되는 정치적 공간이다. 특히 법궁은 즉위식이나 책봉식을 거행하고 백관들이 정월 초하루 같은 날 국왕에게 직접 인사를 올리거나 갖가지 의례를 행하는 곳이다. 그래서 법궁은 왕조를 표상하는 곳으로서 국왕의 다양한 거주 공간으로 활용되는 일반 이궁과 구분되었다. 조선의 법궁은 경복궁이었다.

1392년 이성계는 개성에서 공양왕한테서 왕위를 물려받아 고려의 국왕으로 즉위했다. 하지만 이듬해 국호를 '조선'으로 바꾸고 한양에 새 도읍을 건설했다. 한양 도성을 쌓으면서 새 왕조의 궁궐로 경복궁도 지었다. 1394년에 시작된 공역은 이듬해 마무리되었다. '경복(景福)'이라는 이름은 정도전이 《시경》의 "이미 술에 취하고 이미 덕에 배불렀으니 군자가 만년토록 그대의 큰 복을 도우리라[旣醉以酒 旣飽以德 君子萬年 介爾景福]"라는 한 구절에서 가져왔다고 한다.

경복궁의 중심 건물인 정전은 근정전이다. 이곳에서 즉위식을 비롯해 국왕과 신하가 함께 참여하는 국가적 행사를 베풀었다. 이에 비해 국왕이 평상시에 지내면서 대신을 만나 정무를 논의하는 편전은 사정전이다. 국왕의 숙소인 침전은 강녕전, 왕비의 처소는 교태전, 세자가 지내는 동궁은 자선당이다.

경복궁은 태조의 창업과 직접 관련된 궁궐이지만, 태종이 창덕궁을 건설한 뒤에는 처소로는 그리 많이 활용되지 않았다. 태종은 세종에게 왕위를 물려주고 상왕이 된 뒤 창덕궁 옆에 수강궁을 지어 처소로 사용했다. 수강궁은 성종 때 대비들을 위한 궁궐로 사용되며 이름을 창경궁으로 바꾸었다. 이후 조선 국왕은 공식적인 의미가 강한 경복궁보다 창덕궁을 주로 사용했다. 하지만 조선 왕조의 상징으로서 그 의미가 분명했기 때문에 정통성에 약점이 있는 몇몇 국왕은 오히려 경복궁을 선호했다. 반정으로 즉위한 중종이나 국왕의 아들이 아니었던 선조는 경복궁을 적극 활용했다.

경복궁은 임진왜란으로 모두 타 버려 조선 후기에는 빈터만 남았다. 하지만 법궁으로서의 의미는 국왕의 거주 공간에만 국한되지 않았다. 왕조 개창과 한양 도성 건설, 그리고 경복궁 영건[•]은 모두 같은 맥락에서 진행되었고, 경복궁을 중심으로 도성의 모든 공간이 배치되었다. 가장 중요한 종묘와 사직은 경복궁을 기준으로 왼쪽(동쪽)과 오른쪽(서쪽)에 배치되었다. 이것은 경복궁이 불탄 뒤에도 달라지지 않았다. 이곳은 창업주 이후 역대 국왕의 사적이 담긴 공간이었다.

전란 이후 경복궁 복구가 당면 과제로 떠올랐지만, 공역에 소요되는 재정적 부담이 큰 탓에 쉽게 진행되지 못했다. 선조는 한양 도성으로 돌아온 뒤 곧바로 경복궁 중건을 추진했다. 그러나 신하들은 전쟁을 겪어 피폐한 백성들을 다시 공역에 동원할 수 없다며 반대했다. 부득이하다면 규모를 줄여야 한다고 보았다. 선조는 법궁을 다시 짓지 않는다면 그만

● 영건(營建) : 규모가 크고 중요한 건물을 짓는 것.

이지만, 짓는다면 제대로 해야 한다며 맞섰다. 결국 경복궁 중건 논의는 표류했다.

경복궁 중건과 별개로 국왕이 살며 정무를 처리할 궁궐은 필요했다. 우선 선조가 도성에 돌아와 임시로 머물던 정동의 행궁*을 보강하여 궁궐로 삼았는데, 이것이 경운궁(지금의 덕수궁)이다. 그리고 창덕궁을 우선 중건하기로 했다. 1607년(선조 40) 시작된 창덕궁 중건 공사는 1610년(광해군 2)에 마무리되었다. 창덕궁은 인조 즉위 후 이괄의 난으로 정전인 인정전을 제외한 건물 대부분이 불탔으며, 1647년(인조 25)에 비로소 복구되었다.

선조를 이어 즉위한 광해군 역시 선조 이상으로 경복궁 중건에 관심을 가졌다. 하지만 체제 복구가 절실한 여건에서 경복궁 중건은 바람직하지 않은 일로 여겨졌다. 꼭 공역이 부담이 아니더라도 경복궁을 중건하지 않는 것은 민생을 먼저 생각한다는 정치적 표현으로서 의미가 컸다. 이를 알고 있던 광해군은 경복궁 중건 대신 따로 궁궐을 만드는 쪽을 택했다. 이렇게 해서 인왕산 밑에 인경궁을 새로 지었고, 새문동 곧 지금의 서대문 안쪽에 경덕궁을 마련했다. 여기에는 새 궁궐을 통해 새로운 세계를 여는 의미를 부여하려는 뜻도 담겨 있었다.

그러나 광해군이 인조반정으로 쫓겨난 뒤 그의 궁궐 영건은 폐정 곧 민폐를 가져온 잘못된 정책으로 낙인찍혔다. 마침 인조반정 뒤의 공신 포상에 불만을 품은 이괄이 반란을 일으켰을 때 창덕궁과 창경궁이 불타는 사고가 있었다. 이에 인경궁의 건물을 뜯어다가 두 궁궐을 중건하는

● 행궁(行宮) : 국왕이 이동 중에 임시로 머무르는 궁궐.

데 사용했다. 그 결과 인경궁은 흔적도 없이 사라지고 그 터도 찾을 길 없었다. 이런 마당에 경복궁을 다시 짓는다는 것은 전보다 더 어렵게 되었다. 조선 후기 국왕은 창덕궁을 주된 거처로 쓰면서 창경궁과 경덕궁을 활용하는 형태로 지내게 되었다.

정선이 그린 〈경복궁도〉

이렇게 해서 경복궁은 당연히 중건해야 하는, 그러나 현실적으로 중건할 수 없는, 혹은 중건하지 않는 쪽이 바람직한 궁궐로 정리되었다. 언젠가는 중건해야 한다는 당위가 있었기 때문에 그 터를 없앨 수는 없었다. 경복궁은 빈터만 남은 채 옛 궁궐의 기억만 간직하게 되었다.

정선의 〈경복궁도〉는 터만 남아 있던 조선 후기 경복궁의 모습을 화폭에 담은 것이다.

그림 아랫부분에 광화문 주변 담장이 남아 있는 흔적이 보인다. 가운데의 오른쪽 기단은 근정전 구기˙이다. 그 왼쪽의 사각형은 경회루 연못이며, 그 뒤에 경회루의 돌기둥이 서 있다. 그리고 소나무 숲이 있는 곳은 후원 지역을 묘사한 것이다. 당시 경복궁은 일부 건물의 기단과 석조물,

---

●구기(舊基) : 건물이 있던 자리. 대개 주춧돌을 비롯해 기단 시설이 남아 있는 상태를 가리킨다.

그리고 후원 숲 정도만 남아 있었던 것이다.

하지만 경복궁 터가 그대로 방치되지만은 않았다. 그대로 놔두면 인가가 들어차 흔적도 없이 사라지기 때문이었다. 개성의 태조 잠저도 그 터를 유지하기 위해 노력했으니 경복궁 터는 말할 것도 없었다. 전각이 하나도 없는 빈터였지만, 안쪽은 내시들이 살피고 밖은 위장[*]을 두어 지켰다.

경복궁 터에는 바닥에 깐 박석[*]을 비롯해 석재들이 많이 남아 있고 후원에는 소나무 숲이 있었다. 이것들은 다른 건물을 짓는 데 이용할 수 있었지만, 이 역시 경복궁의 일부로 간주되어 보호했다. 숙종 때 왕자의 저택을 짓기 위해 경복궁에서 기와와 돌을 가져다 쓰자, 법궁의 물건은 아무리 하찮아도 함부로 손대서는 안 된다는 비판이 일었다. 영조 때에는 경복궁 소나무를 남벌하는 문제가 거론된 일도 있었다.

이처럼 조선의 법궁으로서 경복궁의 상징성이 인정되고 그 터도 유지되었지만, 그렇다고 해서 국왕이나 신하들이 그 터에 특별한 관심을 둔 것은 아니었다. 경복궁을 중건해야 한다는 논의와 공역 부담 때문에 곤란하다는 의견이 때때로 오가며 경복궁의 상징성이 환기되는 정도였다. 논의가 지나가면 다시 잊혀졌다. 그런데 영조 중반부터 국왕이 다시 그 상징성에 주목하고 이곳에 직접 행차하며 정치적으로 활용하기 시작한다.

● 위장(衛將) : 경비 업무를 맡은 장수.
● 박석(薄石) : 바닥에 깔 수 있게 얇게 다듬은 돌.

경복궁 빈터에 행차하다

경복궁 터에 직접 와서 그 의미를 새긴 첫 국왕은 숙종이었다. 숙종은 1680년(숙종 6) 경신환국 뒤 역모를 다스린 공신들과 회맹*을 위해 경복궁 북문인 신무문 밖에 있는 회맹단에 갔다. 그리고 사정전이 있던 자리에 천막을 치고 대신들을 접견했다. 이 자리에서 황폐해진 선왕의 법궁을 안타까워하며, 이 터를 통해 선왕이 남긴 업적을 생각해야 한다는 다짐이 오갔다.

경복궁은 그 자체가 태조의 창업을 담은 사적이었다. 개성에 있던 태조의 옛집이나 북도의 본궁을 비롯한 사적들보다 더 직접적이고 명확한 창업의 표상이었다. 무엇보다 국왕이 가까이서 직접 보며 항상 태조와 창업을 기억할 수 있었다. 나아가 언젠가는 궁궐을 중건해야 한다는 염원은 나라를 다시 융성하게 만드는 중흥의 이념을 뒷받침할 수 있었다. 영조는 바로 이 점에 주목했다.

영조가 처음 경복궁에 행차한 때가 1728년(영조 4) 7월이다. 당시 영조는 무신란을 진압하고 공신을 책봉하면서 경복궁 외곽에 있는 회맹단으로 가는 길에 경복궁 터에 들렀다. 숙종이 처음 경복궁 터에 왔던 길이다. 영조는 근정전이 있던 곳에 천막을 설치한 뒤, 경회루의 돌기둥을 둘러보고 주요 전각의 위치를 물었다. 하지만 이 행차가 경복궁과 관련된 특별한 행사나 조치로 연결되지는 않았다.

●회맹(會盟) : 국왕과 공신, 또는 그 후손이 모여 제사를 지내며 왕조를 함께 지켜 갈 것을 맹세하는 의식.

영조는 1741년(영조 17) 《속오례의》를 편찬하기 위해 기존의 《오례의》를 검토하는 과정에서 다시 경복궁의 사적을 접했다. 《오례의》에 정리된 주요 의례는 대개 경복궁에서 베풀어졌다. 그런데 조선 후기에는 경복궁이 불탔기 때문에 창덕궁으로 옮겨 행사를 치렀다. 따라서 예법 규정도 현실에 맞게 내용과 절차를 고칠 필요가 있었다.

영조는 의례가 베풀어지던 전각의 명칭을 지워 버리는 것은 바람직하지 않다고 생각했다. 그래서 새로 만든 규정에 이전에 행사가 열린 전각을 함께 적도록 했다. 예를 들어 근정전에서 행하던 의례는 장소가 창덕궁 인정전으로 바뀌었는데, 그 내용 아래에 "예전에는 근정전에서 했다"라는 내용을 덧붙인 것이다. 전각이 소실된 상태에서 그 사적까지 없어질 것을 우려해 기록으로라도 남기려는 배려였다.

영조의 경복궁 행차는 사친● 숙빈 최씨의 사당인 육상묘를 참배하면서 본격화되었다. 영조는 즉위 뒤 자신이 살던 집을 숙빈의 사당으로 삼으려 했으나 대신들의 건의에 따라 경복궁 북쪽에 따로 마련했다. 당시에는 그저 '숙빈묘'라고만 불렀으나 1744년(영조 20) 사당 이름을 '육경(毓慶)'이라 하고, 묘소 이름은 '소령(昭寧)'이라 했다. 그런데 '육경'은 장릉●의 예전 명칭인 홍경원과 음이 같은 부분이 있어 '육상(毓祥)'으로 고쳤다.

육상묘는 1753년(영조 29)에 육상궁으로 개정되었고 묘소도 소령원으로 격상되었다. 여기서 '궁(宮)'은 궁궐이 아니라 사당을 뜻하는 말로, 일반적으로 사용되는 '묘(廟)'보다 격을 높이기 위해 새로 도입했다. 그리고

● 사친(私親) : 왕 또는 왕비가 아니면서 왕을 낳은 부모.
● 장릉(章陵) : 인조의 아버지인 원종의 능.

‘원(園)’은 왕과 왕비의 묘소인 ‘능(陵)’보다는 낮지만 일반 ‘묘(墓)’보다는 격이 높은 제도였다.

1745년(영조 21), 그러니까 숙빈묘를 육상묘로 바꾼 이듬해에 영조는 이곳에 참배하러 가는 길에 근정전 구기를 둘러보았다. 영조는 유달리 어머니에 대한 추모와 효심을 드러냈으며, 수시로 어머니 사당에 참배했다. 그때마다 경복궁 터를 지나게 되었다. 자연히 경복궁 행차는 횟수도 늘고 관심도 커졌다. 이날 영조가 한 말에서 그러한 행보를 예감할 수 있다.

> 지극한 정을 누르기 어려워 오늘 이렇게 (육상묘에) 참배하게 되었는데, 오는 길에 경복궁을 둘러보았다. 이곳은 우리나라가 창업할 때의 궁궐이다. 창업은 쉽고 수성은 어려운 것이니 궁궐의 옛터를 바라보며 어느새 슬퍼진다.

자신의 생일이었던 이날, 영조는 어머니 사당에 참배하고 경복궁 터에서 창업을 기억했다. 감회가 각별했을 것이다. 환궁할 때 대신들로 하여금 백관을 이끌고 광화문에서 자신을 맞이하도록 한 것도 그 표현이었다.

영조에게 육상묘 참배와 경복궁 행차는 불가분의 관계에 있었다. 어머니 신분이 미천하다는 인식 때문에 정통성을 제대로 인정받지 못했던 영조는 육상묘 설립을 통해 조금이나마 부담을 덜고자 했다. 공식 제도를 마련하여 국왕의 어머니로서 남다른 위상을 구현한 것이다. 그런 그에게 경복궁 터는 창업주 태조의 계승지로서 자신의 정치적 권위를 보완해 줄 수 있었다.

영조는 근정전 구기를 둘러보며 "우리 왕조의 근본이 되는 땅"이라 했
다. 이를 받아 신하들은 태조가 창업한 공을 본받고 이를 계승한 국왕으
로서 수성의 책임을 다하라고 당부했다. 또한 '근정(勤政)' 두 글자가 조선
왕실의 가법*이라고 설명하기도 했다. 이 말은 영조의 생각과 다르지 않
았다. 이처럼 영조는 경복궁 터에 자주 행차하며 창업을 회상하고 이를
바탕으로 중흥을 도모하는 행보를 이어 갔다.

●가법(家法) : 가문에서 대대로 지켜 나가는 법도.

2
창업 회상과 중흥

중흥을 꿈꾼 영조

영조는 신유대훈으로 붕당 문제를 정리한 뒤 체제 재정비에 박차를 가했다. 《경국대전》 반포 이후 시대 변화에 따라 새로 제정된 법제를 정리해 《속대전》을 편찬했고, 군역 정비를 표방하며 균역법을 시행했다. 이즈음부터 영조는 창업의 이념을 되살려 왕업을 다시 일으키는 중흥의 군주를 적극 자임했다. 1745년(영조 21) 영조는 경복궁 터를 둘러보면서 느낀 감흥을 적어 세자를 독려했다.

창업의 간난을 후대 국왕에게 남기셨으니　創業艱難遺後君

지금 옛 궁궐에서 이 마음에 스며드네　于今故闕此心熏

안정과 혼란을 알려면 스스로 살필지어다　欲知治亂自監也

반드시 먼저 학문을 열심히 해야 하리라　先必孜孜典學文

이 시에서 영조는 '창업의 간난'을 말하고 경복궁 터에서 감흥이 일었음을 말하고 있다. 그가 창업의 사적으로서 경복궁 터를 통해 말하고자 한 것은 바로 중흥의 이념이었다.

대개 '중흥'이란 반란이나 외침을 극복하고 왕조를 다시 안정시킨 것을 말한다. 세조와 선조, 인조는 이러한 의미에서 '중흥주'였다. '조(祖)'라는 묘호를 올린 것도 이들의 공업이 태조에 버금가는 중흥으로 평가되었기 때문이다. 그런데 중흥은 이보다 넓은 의미로도 이해되었다.

1746년(영조 22) 영조의 측근인 이종성은 세세한 사례를 통해 중흥의 두 가지 의미를 설명했다. 주나라 선왕과 한나라 선제는 모두 중흥 군주인데, 선왕은 발란(撥亂)으로, 선제는 흥쇠(興衰)로 각각 중흥을 이루었다는 것이다. '발란'은 혼란을 없애 안정을 되찾은 것을 말하고, '흥쇠'는 쇠약해진 것을 다시 흥성하게 만든 것을 말한다.

선왕은 외적을 물리쳐 주나라를 다시 안정시켰고, 선제는 곽광의 도움을 받아 체제를 재정비해 한나라를 다시 융성하게 했다는 평가를 받았다. 따라서 현 상황을 쇠퇴기로 보고 체제 재정비를 통해 왕조를 다시 일으킨다는 이념도 중흥으로 포장될 수 있었다. 영조는 이 부분에 주목했다.

영조는 자신이 중흥주의 자격을 갖췄다고 자부했다. 그 근거는 일찍부터 간난을 겪었다는 데 있었다. 영조는 왕자로 태어났으나 부왕에 의해 그 지위를 온전히 인정받지 못했다. 비록 경종 때 세제로 책봉되었으나 신임사화가 일어나 자칫 화를 입을 위기에 몰렸다. 어렵게 왕위를 이어받았으나 자신의 출생까지 부정하는 반란을 겪었다. 이러한 경험은 국왕의 권위에 부정적으로 작용할 수 있었지만, 영조는 이를 중흥의 조건으로 반전시켜 권위의 근거로 삼았다.

　이러한 논리 전환은 역시 간난의 경험을 가진 창업주와 견주면서 설득력을 확보했다. 1745년(영조 21) 반포한 《어제상훈》에서 영조는 창업과 중흥을 다음과 같이 설명했다.

　　옛사람이 창업은 쉽고 수성은 어렵다 했으니, 이 말은 중흥의 군주가 창업과 같다는 것이다. 왜냐 하면 창업과 중흥의 군주는 몸 자체가 수고롭고 간난을 두루 겪었기 때문에 그 다스림이 쉽다. 수성의 군주는 몸이 편안하여 간난을 알지 못하기 때문에 그 다스림이 어렵다.

　"창업은 쉽고 수성은 어렵다"는 설명은 《정관정요》에 나온다. 그런데 《정관정요》의 논지는 수성의 군주에게 조언을 전하는 것이지만, 영조는 이를 중흥이 창업과 같다는 방향으로 해석했다. 물론 수성 군주가 될 세자를 격려하는 목적을 내세웠지만, 그 뒤에는 중흥주로서 자신의 권위를 창업에 견주려는 의도가 담겨 있었다.

　창업과 중흥을 같은 맥락으로 이해하는 근거는 바로 간난의 경험이었다. 이 경험을 통해 사람과 세상의 이치를 잘 알고 있기에 중흥을 이룰 수 있다는 뜻이다. 이는 깊은 궁궐에서 편히 자란 수성 군주는 가질 수 없는 자산인데, 그 자산이 영조에게는 있다는 것이었다.

　《어제상훈》은 재위 20년을 넘어서면서 그동안 정리된 자신의 정치적 지향을 세자에게 전하려는 뜻에서 만든 책이다. 경복궁 터에 직접 행차해 창업 사적을 새기고 중흥을 지향하면서 세자를 격려한 것과 같은 시점이다. 《어제상훈》을 지은 시기가 6월이고 경복궁 행차는 9월이었다. 영조는 경복궁 터를 배경으로 《어제상훈》의 지향을 다시 새겼으니, 그

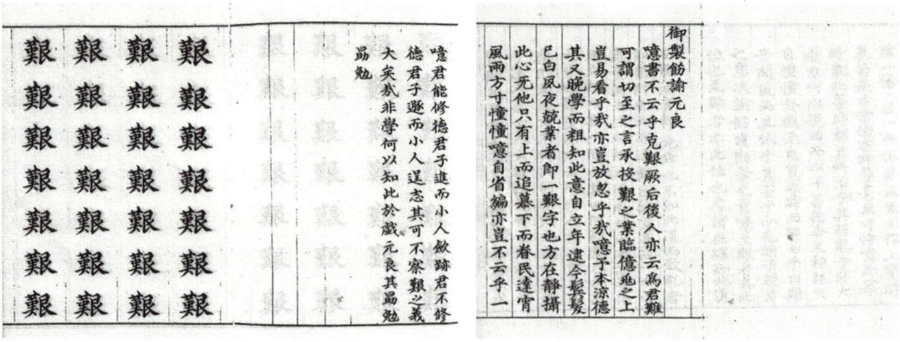

御製飭諭元良
噫書不云乎克艱厥后後人亦云爲君難
可謂切至之言承投艱之業臨億兆之上
豈易看乎哉亦豈放忽乎哉噫予本涼德
其又晩學而祖知此意自立年逮今髮鬢
已白夙夜兢業者卽一艱字也方在靜攝
此心无他只有上而追慕下而眷民達宵
風雨方寸憧憧噫自省編亦豈不云乎一

噫君能修德君子進而小人歛跡君不修
德君子遯而小人逞志其可不察艱之義
大矣哉非學何以知此於戲元良其勗勉
勗勉

艱艱艱艱
艱艱艱艱
艱艱艱艱
艱艱艱艱
艱艱艱艱
艱艱艱艱
艱艱艱艱

창업의 어려움을 강조한 《어제칙유원량》

요체는 바로 중흥을 자임하는 데 있었다.

간난의 경험을 통해 중흥주로 자처한 영조의 의식은 이 시기 세자를 격려하기 위해 지은 다수의 글에서 공통적으로 발견된다. 그 대표 사례가 《어제칙유원량》이다. 세자를 가르친다는 의미를 담은 이 글의 작성 연대는 알 수 없으나, 대상이 사도세자이므로 지은 시기를 영조 20년대로 추정할 수 있다.

이 글의 논지는 '어려움[艱]'이라는 한 글자로 집약된다. 왕업을 제대로 이어 가려면 무엇보다 어려움을 알아야 한다는 뜻에서 '간(艱)' 자를 100번 쓰고, 이것을 운자로 삼아 시를 지어 주었다.

예부터 어진 임금은 간난의 극복을 생각하니　自古賢君念克艱
아침저녁으로 어찌 '간'에 소홀할 수 있겠는가　夙宵豈敢忽于艱
나라와 백성을 다스리는 방책을 알고자 한다면　欲知御國御民策
한 장에 100자의 '간'을 보아야 할 것이다　一帖須看百字艱

飭諭元良引艱字而作詩
自古賢君念克艱
夙宵豈敢忽于艱
欲知御國御民策
一帖須看百字艱

이 시 또한 편히 자란 세자가 간난의 의미를 깨우쳐 왕업을 잘 이끌어 가기를 바라며, 동시에 자신이 이미 간난을 이기고 왕업을 이끌어 왔음을 과시하는 내용을 담았다. 이는 대표적인 중흥주인 세조가 《훈사》를 통해 세자에게 계술의 중요성을 당부한 부분과 같은 맥락이다. 당시 영조는 1746년(영조 22) 세조의 《훈사》 본문에 자신이 쓴 서문을 추가해 《광묘어제훈사》라는 이름으로 간행했다.

이처럼 영조는 간난의 경험을 매개로 자신을 창업주에 견줄 수 있는 중흥주로 자임했고, 그 가치를 세자에게 전하고자 했다. 그런 그에게 중흥의 내용으로 '홍쇠'의 실체는 '거당(祛黨)' 곧 당습 척결로 제시되었다. 그리고 중흥의 전제로 창업을 상징하는 경복궁 터는 그의 이념을 천명하는 공간적 배경이 되었다.

창업의 기억, 경복궁

영조가 생각하는 '홍쇠'의 중흥은 두 가지 내용을 담고 있다. 하나는 선왕의 성대한 사적을 이어받아 재현함으로써 중흥을 표현하는 것이고, 다른 하나는 현실 정치에서 '쇠(衰)'로 지목되는 요소를 척결하는 것이다. 후자의 구체적 지표가 바로 당습 척결이었다. 두 가지는 표리를 이루고 있었으며, 경복궁 터는 이를 효과적으로 실현하는 장으로 활용되었다.

먼저 창업의 사적으로서 경복궁에 대한 영조의 인식을 읽어 보기로 하자. 이를 잘 보여 주는 자료로《어제경복궁》을 찾을 수 있다. 1775년(영조 51)에 쓴 이 글은 "국초를 생각하니[憶國初]"라는 구절을 반복하면서 그 대구로 한양의 사적과 주요 건물들을 열거하며 그 사이에 감회를 적었다. 시 또는 정제된 형식의 글이라기보다 영조가 자신의 생각을 즉흥적으로 표현한 내용을 정리한 것에 가깝다.

이 글에서 대구로 열거된 사적과 건물 중에는 특별히 주목되는 것들이 있다. 이들은 다시 몇 개의 부류로 나누어 볼 수 있다.

   ① 흥인문, 돈의문, 남숭례, 북창의
   ② 동창덕, 서경희, 좌실동, 우사서
   ③ 창경궁, 인경궁

우선 ①은 한양 도성의 4대문이다. 실제 도성의 북문은 숙정문이며 창의문은 북서문이다. 하지만 숙정문은 거의 사용되지 않았고 북쪽으로 가는 길은 대개 창의문을 경유했기 때문에 이와 같이 표현했다. 한양 도성은 경복궁과 함께 건설되었으며, 경복궁은 도성의 공간 구조를 구성하는 기준이었다.

②는 조선 후기 경복궁을 기준으로 배치된 궁궐과 종묘·사직을 표현

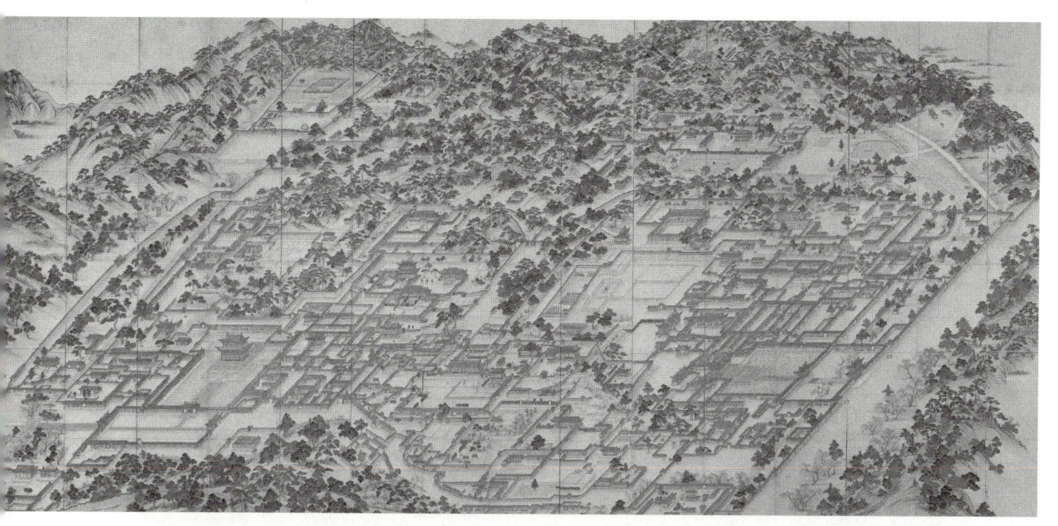

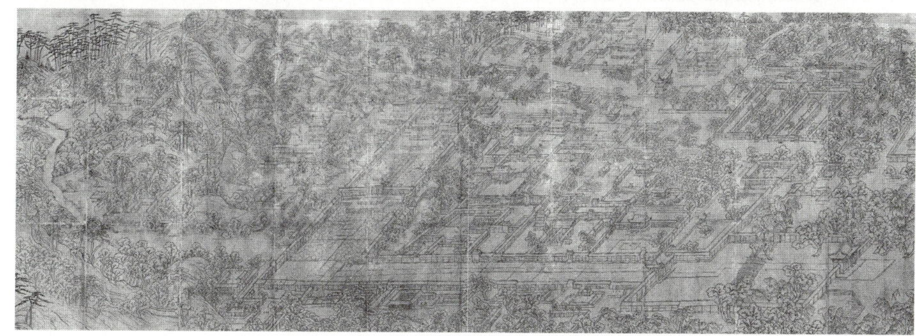

동궐도(위)와 서궐도

한 것이다. 임진왜란으로 불탄 창덕궁은 선조 말부터 복구해서 광해군 때 중건되었으나, 인조 초 다시 불탔고 인조 말에 중건되었다. 경희궁은 광해군이 건설한 경덕궁을 영조가 새 이름으로 바꾼 궁궐이다. 창덕궁이 주 궁궐로 사용되고 경희궁이 이궁으로 활용되었으나, 영조는 이를 경복궁을 중심으로 양쪽에 자리한 궁궐로 인식했다. 이에 맞추어 창덕궁은 동궐(東闕), 경희궁은 서궐(西闕)로 불렀다. 터만 남은 경복궁은 국왕이 거

경희궁 서암(瑞巖)

주하는 공간으로서 의미를 가질 수 없었으나, 실제 사용되던 궁궐을 공간적으로 인식하는 기준이었다.

③에는 창경궁과 인경궁이 나란히 열거되었다. 창경궁은 창덕궁과 바로 붙어 있어 보완 기능을 하고 있었다. 영조가 인경궁을 언급한 것은 경희궁-인경궁을 창덕궁-창경궁과 같은 구도로 이해했기 때문이다. 광해군이 궁궐을 지을 때 중심은 인경궁이고 경덕궁은 부수적이었다. 그리고 인경궁은 인조 때 창덕궁과 창경궁을 중건하면서 모두 철거했기 때문에 영조 때에는 그 터도 확인할 수 없는 상태였다.

그러나 영조는 이와 상관없이 자신이 생각하는 공간 구조로 이해했다. 이는 경희궁을 주 궁궐로 사용한 것과 무관하지 않다. 특히 경덕궁은 새문동에 있던 인조의 아버지 정원군(원종)의 옛집이라는 이야기가 전하고 있다. 이곳에 왕기(王氣)가 서려 있다는 말을 듣고 광해군이 빼앗아 궁궐로 만들었다는 것이다. 이곳에 있는 서암은 본디 왕암(王巖)으로 불리던 것이다.

하지만 정원군의 집은 따로 있었다. 지금의 한국은행 자리에 있던 송현궁이 그곳이다. 이곳에는 나중에 정원군의 어머니 인빈 김씨의 사당이 마련되어, 이름이 저경궁으로 바뀌었다. 경덕궁에 들어간 집은 인조의 동생인 능창군 집이며, 이 집은 정원군의 동생으로 선조의 총애를 받았던 신성군 집이었다. 능창군은 신성군의 양자로 들어가 그 제사를 모셨으나 광해군 때 모반 사건에 연루되어 처형되었다.

경덕궁 건설과 관련된 왕기 이야기는 본디 능창군에 대한 이야기이다. 이를 정원군의 집으로 고쳐 인조 즉위를 합리화하는 데 활용하면서 이야기의 주인이 바뀌었다. 똑같이 광해군이 지은 궁궐임에도 인경궁이 모두 철거되고 경덕궁은 그대로 남아 궁궐로 활용된 이유도 이 사적과 관련이 있다. 영조는 더 나아가 이곳을 자신의 주된 거처로 이용했다. 이에 그동안 국왕의 주 궁궐이었던 창덕궁과 경희궁을 대칭적으로 이해하고, 그 중심에 경복궁을 놓았다.

《어제경복궁》에는 정작 경복궁과 직접 관련된 내용은 나오지 않는다. 그럼에도 제목에 굳이 경복궁을 넣은 이유는 열거된 도성의 사적과 건물들을 경복궁 중심으로 바라보았기 때문이다. 아마도 경복궁 터에 행차하여 이 글을 짓지 않았을까. 근정전 구기에 서서 사방을 둘러보며 그곳에 있거나 있었던 사적을 생각나는 대로 읊조렸을 영조의 모습이 그려진다.

이 글은 말년에 쓴 글이지만 재위 중반부터 이미 이러한 인식이 드러나고 있었다. 1747년(영조 23) 근정전 구기에서 베푼 과거 시험에서 영조는 다음과 같은 시를 지어 내렸다.

창업과 중흥은 만세의 법이요   創業中興萬世法

청룡과 백호가 걸터앉은 한양성이다   龍蹲虎踞漢陽城

경복궁은 창업과 중흥의 사적을 아울러 담고 있으면서 한양성을 인식하는 준거임을 분명히 하고 있다. 이는《어제경복궁》에 담긴 영조의 시선과 그대로 일치한다. 실제《어제경복궁》의 서두는 대구 부분만 추리면 "임신년에 한양 도성을 쌓고 오부를 설치하고 육조를 두었네[壬申年 城漢陽 設五部 判六曹]"라고 정리되며, 그 뒤에 도성의 4대문이 나온다.

이렇게 경복궁 터는 조선 창업 이래의 사적을 담은 공간으로 여전히 도성을 바라보는 기준이었다. 따라서 조선 전기 사적을 재현하고자 할 때 경복궁 터는 그 의미를 새기는 데 효과적인 공간이 될 수 있었다. 그리고 선왕의 사적 재현은 그 자체가 중흥을 표현하는 효과적인 방안이었다. 이렇게 창업의 사적인 경복궁은 영조에 의해 중흥의 공간으로 재탄생하게 된다.

당습 척결이 중흥의 길

영조의 중흥 사업은 당습 척결을 핵심 내용으로 하고 있었다. 1741년 (영조 17) 영희전에 참배하면서 지은 시에 이러한 지향이 고스란히 담겨 있다.

옛날 창업과 중흥의 날을 기억하니   憶先創業中興辰

오늘 나의 추모가 새롭다 今日小子追慕新

장차 어떻게 전날의 공업에 답할 것인가 其將何以答前烈

조정의 당습에 물든 신하를 씻어 내는 것이라네 洗滌朝廷黨習臣

영희전은 태조와 세조의 영정을 봉안한 진전이다. 본디 이름은 남별전이었으나 숙종 때 태조 영정을 새로 모사하여 이곳에 봉안하면서 이름을 영희전으로 고쳤다. 영조가 말한 창업과 중흥은 각각 태조와 세조의 영정을 모티프로 하고 있다. 창업주와 대표적 중흥주인 이들의 공업에 보답하는 방법이 당습 척결로 제시되었다. 그것은 홍쇠의 중흥을 이루어야 하는 과제를 안은 영조 자신의 과제였다.

그런데 영조는 며칠 뒤 이 시구 중에서 '씻는다[洗]'를 '힘쓴다[勉]'로 바꾸었다. 아직 당습을 개혁하지 못했기 때문에 씻어 낸다고 말할 수 없다는 이유에서였다. 이는 즉위 초 의욕적으로 추진한 탕평이 별 효과를 거두지 못했다고 자평한 결과이지만, 한편으로는 창업 및 중흥 이념과 연계하여 당습 척결에 힘을 실으려는 뜻도 담겨 있었다. 당습 척결은 앞으로도 계속 밀고 나갈 과제였다.

이 해에 영조는 신유대훈을 반포해 자신의 즉위를 둘러싼 모든 논의를 마무리하고 더 이상 이 당론에 따른 시비를 허용하지 않겠다고 선언했다. 영조는 2월에 영희전 참배를 통해 당습 척결을 다짐한 뒤, 9월에 대훈을 반포했다. 영희전의 태조와 세조 영정은 이러한 영조의 의지를 보증하는 역사적 근거였다.

이때부터 당습 척결은 중흥의 핵심 사업으로 깊이 각인되었다. 다만 그 방법은 즉위 초와 같은 조제보합의 탕평이 아니었다. 국왕의 권위를 확고히 함으로써 당습의 부당함을 반증하는 쪽으로 가닥을 잡았다. 그리고 그 정당성을 확보하는 근거로 선왕의 사적이 동원되었다. 1746년(영조 22) 영조는 이 해가 중흥의 해임을 말한 뒤 앞으로 해야 할 일을 다음과 같이 밝혔다.

> 만약 군신(君臣) 상하가 밝은 한마음으로 선왕의 옛 정치를 회복하고 선왕의 옛 법도를 행하며, 오늘날의 '잘못된 습속'을 척결하고 옛날의 성대한 정사를 일으키면 어찌 수성이 쉽지 않다는 탄식이 있겠는가.

이 해는 병인년으로 중종반정이 일어난 해와 간지가 일치한다. 영조는 이를 명분으로 중흥을 다시 천명했다. "잘못된 습속"은 당습을 말한다. 영조는 대응 방안으로 "선왕의 옛 정치를 회복하고 선왕의 옛 법도를 행하는 것"을 제시했다. 당습에 따른 세도의 타락은 곧 '쇠'이며, 선왕의 옛 정치와 법을 회복하는 것은 '흥쇠'가 된다. 그러므로 흥쇠의 방안은 곧 당습 척결이다.

영조는 당습을 없앨 수 있다면 이는 중흥을 하는 것이며, 중흥을 이루면 자신은 중흥주가 되고 신하들은 좌리공신이 된다고 말했다. 좌리공신은 1471년(성종 2) 어린 국왕을 잘 보필했다는 명분으로 책봉된 공신이다. 반란을 진압하고 외침을 극복해 책봉되는 일반 공신과 차이가 있다. 좌리공신은 '발란'이 아니라 '흥쇠'의 공로로 설명되는 단적인 사례로, 영조가 당습 척결을 중흥으로 설정하는 역사적 근거가 되었다.

영조 초반 소론 중심으로 추진된 탕평은 조제보합을 통해 붕당 간의 협조를 이끌어 내려는 의도가 있었다. 그러나 충역과 의리의 명확한 구분을 요구하는 노론의 반발로 한계에 부딪혔다. 영조가 기유처분을 통해 노론 4대신 중에서 조태채와 이건명을 먼저 복권시킨 것은 탕평의 한 방안이었다. 정계가 안정된 뒤 나머지도 복권을 고려하겠다는 입장이었으나 노론은 수긍하지 않았다.

10여 년 뒤 내려진 경신처분은 탕평의 한계를 공인한 것이었다. 이를 입증하듯 《영조실록》이나 《승정원일기》에는 그 뒤 '탕평'이라는 말 자체가 자취를 감추었다. 하지만 영조가 탕평을 통해 얻고자 한 근본 목적, 곧 왕권 확립과 체제 안정이라는 과제는 바뀌지 않았다. 그것을 실현하는 논리와 방안이 바뀐 것뿐이다.

《어제상훈》의 다섯 번째 조항은 '거당(袪黨)'이다. 이 조항의 원래 제목은 '조제(調劑)'였다. 영조는 제목을 '탕평(蕩平)'으로 붙이려고 했으나 신하들이 모두 이 말을 싫어했기 때문에 '조제'라 했다고 한다. 영조는 더 이상 탕평을 정치 논리로 사용하지 않은 것이다. 그런데 조제의 의미가 너무 좁다는 지적이 나오자, 이를 더 적극적인 의미를 가진 '거당'으로 바꾸었다. 《어제상훈》 찬술을 계기로 영조는 조제, 곧 탕평에서 거당으로 논리적 전환을 한 것이다.

거당은 중흥 이념에 의해 뒷받침되고, 중흥은 창업 사적에 대한 재인식을 통해 명분을 확보했다. 영희전 참배에서 그 단서가 나타나지만, 경복궁 터는 진전보다 더 극적인 공간이고 다양한 행사를 치를 수 있는 효용성도 갖추고 있었다. 경복궁 터의 가치에 주목한 영조는 이곳에 자주 행차하고 각종 행사 및 의례를 베풀었다. 그리고 자신의 이념을 마음껏 피력했다.

3

과거를 베풀고 의례를 행하다

근정전 뜰에 가득한 인재들

영조가 경복궁 터에서 베푼 행사는 주로 조선 전기 사적 중에서 의미가 크다고 여겨지는 요소들을 재현하는 일이었다. 그중 대표적인 행사가 과거와 방방*이었다. 여기에는 경복궁 터가 건물 없이 트여 있어 많은 인원을 수용하기 좋다는 현실적인 이유도 있었다. 하지만 굳이 경복궁 터까지 와서 과거를 치른 데에는 군신 관계의 출발이라 할 과거를 법궁에서 베풀어 그 의미를 배가시키려는 뜻도 담겨 있었다.

1773년(영조 49) 전국 규모의 과거는 경복궁 터에서 실시하는 것이 좋겠다는 건의가 올라오자, 영조는 신하가 감히 나설 문제가 아니라며 징계했다. 본디 정시*에는 대개 국왕이 직접 참석하기 때문에 시어소* 뜰이

●방방(放榜): 합격자 발표.

나 창덕궁 춘당대에서 행하는 게 관례였다. 경복궁 터는 영조가 처음으로 활용했는데, 이는 어디까지나 자신의 결정에 따른 것임을 분명 한 것이다. 신하의 요청에 따른 거라면 넓은 공간을 활용한 것 이상의 정치적 효과를 기대하기 어렵기 때문이다.

《영조실록》에 따르면, 영조대에는 대략 17회의 과거가 경복궁 터에서 열리거나 계획되었던 걸로 확인된다. 첫 사례는 1747년(영조 23) 9월에 근정전 구기에서 치른 정시이다. 특히 이 정시는 선조(宣祖)가 착용하던 옥대가 발견된 뒤에 치러진 과거였다. 선조의 옥대는 지난 3월 대비 인원왕후가 집상전에 있던 소장품을 살피던 중 발견되었다. 인원왕후는 "숙종도 1695년(숙종 21)에 이 옥대를 두르고 조참*을 치른 일이 있다"며 옥대를 영조에게 전해 주었다.

숙종의 계비 인원왕후는 신임사화로 위기에 몰린 연잉군(영조)을 보호했으며, 즉위 이후에도 영조의 강력한 정치적 후견인이 되었다. 특히 영조가 자신의 왕위를 정당화하려고 내세운 삼종혈맥론을 처음 제기한 인물로 알려져 있다. 인원왕후가 숙종의 고사가 담긴 선조의 옥대를 영조에게 준 것은, 결국 선조 이래 왕통 계승자이자 숙종의 후계자로서 영조의 위상을 보증해 주는 더할 나위 없는 단비였다.

특히 이 해(1747년)가 정묘년으로, 선조가 즉위한 해와 간지가 일치한다는 점에서 옥대 발견의 상징성이 그만큼 부각되었다. 선조의 옥대에 선조의 즉위 시점이 겹쳐 효과가 배가된 것이다. 그리고 한 해 전은 병

●정시(庭試) : 왕실에 경사가 있을 때 특정 지역의 유생이나 관리들을 대상으로 베푼 특별 과거.
●시어소(時御所) : 현재 국왕이 사용하고 있는 궁궐.
●조참(朝參) : 매달 네 차례 중앙의 관리들이 모여 국왕에게 문안 인사를 올리는 것.

인년(丙寅年)으로, 중종이 반정으로 즉위한 해와 간지가 일치했다. 중종은 반정으로 즉위한 뒤 앞서 1504년(연산군 10)에 실시한 식년시* 합격자 발표를 전격 취소하고 1507년(중종 2) 직접 근정전에 나아가 과거를 다시 베풀었다. 따라서 옥대를 찾은 해와 중종이 과거를 다시 치른 해의 간지도 일치한다.

영조가 선조의 옥대를 두르고 근정전 구기에 가서 과거를 베푼 것은 중종과 선조 그리고 숙종의 사적까지 함께 재현하는 행사인 셈이었다. 그리고 이것은 경복궁의 본원적 의미, 곧 태조의 창업 사적으로 연장되었다. 영조는 이 행사를 근정전 구기에서 베풀어 창업주 태조의 사적을 환기하고, 중흥주인 중종과 선조의 사적을 재현한 자신을 또 하나의 중흥주로 내세우는 한편 부왕 숙종을 계승했다는 정통성까지 입증할 수 있었다.

이 행사는 조선 후기에 경복궁 터에서 베푼 실질적인 첫 행사였다. 숙종 때 이곳에서 양로연을 연 적이 있지만, 그저 넓은 공간만 이용했을 따름이다. 경복궁의 상징성을 배경으로 베푼 첫 과거였던 것이다. 이튿날 영조가 행사의 의미를 "군신 관계의 일대 전기"로 평가한 이유도 이 때문이다.

〈친림광화문내근정전정시시도(親臨光化門內勤政殿庭試時圖)〉는 바로 이 정시를 기념해 그린 그림이다.

이 그림은 8폭 병풍인데, 첫 폭에는 근정전 구기에서 베푼 정시 장면을 그렸으며, 두 번째 폭에는 영조의 어제와 행사 일시를 적었다. 그리고 나

● 식년시(式年試) : 3년마다 치르는 정규 과거.

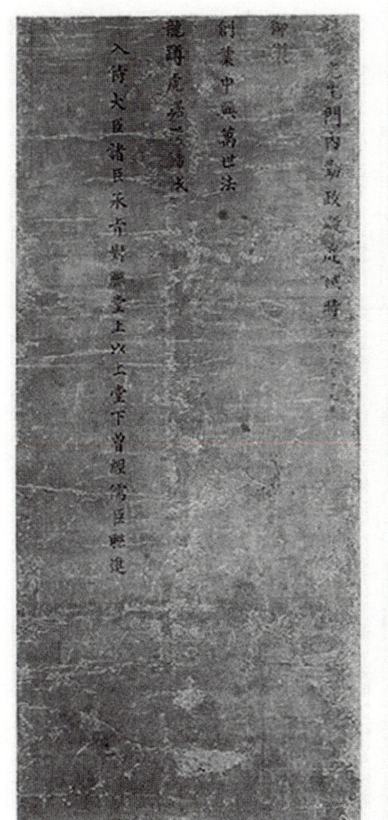

〈친림광화문내근정전정시시도〉의 1폭 행사도와 2폭 영조의 어제 부분

머지 폭에는 행사에 참여한 50명의 응제*를 적었다. 이때의 어제는 앞서 인용한 "창업과 중흥은 만세의 법이요, 청룡과 백호가 걸터앉은 한양성이다"이다. 이 글에는 창업과 중흥의 사적을 복합적으로 구현하는 영조의 뜻이 한곳에 표현되어 있다.

● 응제(應製) : 왕이 내린 시제에 응하여 지은 글.

경복궁 터에서 열린 과거로 또 하나 주목되는 사례는 1774년(영조 50)에 실시된 등준시이다. 등준시란 인재를 선발하는 특별 시험으로, 세조의 고사를 배경으로 한다. 세조는 1466년(세조 12년) 강녕전에 나와 과거를 치르고 직접 순위를 매겨 12명을 선발했는데, 이를 '등준시(登俊試)'라고 불렀다. 9월에는 세자에게 명하여 모화관[•]에서 무과의 등준시를 실시했다.

영조는 경복궁 터에 와서 등준시를 재현한 뒤, 이를 기념해 자신이 내린 전교와 시제, 시험관 및 합격자 명단, 합격자들이 감사의 뜻으로 지어 올린 글을 모아 책을 만들었다. 이 책이 《갑오재등준시방(甲午再登俊試榜)》으로, 세조의 등준시를 자신이 다시 치렀다는 뜻을 담았다.

또한 영조는 합격자의 초상화를 그려 문과는 예조에, 무과는 병조에 각각 보관하도록 했다. 초상화까지 작성하는 것은 그만큼 이 행사에 각별한 의미를 부여했다는 사실을 보여 준다. 숙종이 말년에 기로소 입소 행사를 열고 기로 대신들의 초상화를 그려 화첩을 만든 것과 같은 원리이다. 자신이 구성한 군신 관계가 후계자에게 무사히 이어지기를 바란 것인데, 숙종의 기로소 입소 행사는 세자(경종)를 위한 행사였고 영조의 등준시는 세손(정조)을 위한 과거였다.

숙종 이후 62년 만에 열린 친경례

영조가 경복궁 터에서 베푼 행사는 대부분 과거였으며, 그 장소는 근정전이 있던 자리였다. 하지만 다른 장소에서도 의례가 행해졌는데, 1767년(영조 43) 옛 후원에서 행한 친잠례도 그중 하나이다. 친잠은 왕비가 직접 뽕을 따고 누에를 치는 행사로 국왕이 직접 농사를 짓는 친경과 짝을 이룬다. 농상(農桑)의 중요성을 몸소 보여 줌으로써 백성들에게 이를 장려하는 취지를 담고 있다. 다만 친경에 비해 친잠은 그리 흔치 않은 행사였다.

영조는 재위 중 친경 행사를 네 차례 가졌다. 1739년(영조 15)에 실행한 친경은 앞서 숙종이 1677년(숙종 3)에 열려다가 큰비로 취소했던 행사를 62년 만에 연다는 취지였다. 곧 숙종이 이루지 못한 사업을 실현한다는 계술의 표현이다. 1753년(영조 29)에 있었던 두 번째 친경은 영조가 50세 되는 해를 기념해서 열렸다. 또한 전년에 원손(정조)이 태어나 후계 구도를 안정시킨 것도 한 배경이 되었다. 1764년(영조 40)의 친경은 재위 40년에 맞춰서 열렸다.

1767년(영조 43) 네 번째로 행한 친경은 왕비의 친잠과 함께 열렸다는 점에서 이전 사례와 구분된다. 불과 3년 만에 다시 열린 이유도 친잠에 맞췄기 때문이다. 행사 내용을 종합 정리한 《친경의궤》가 제작된 것도 눈에 띈다. 네 차례 친경 가운데 1739년 친경은 62년 만에 치러진 행사였고 영조의 첫 행사였던 만큼, 의례 내용을 정리하기 위해 의궤 제작이 필요했다. 그러나 그 뒤의 두 차례 친경은 따로 의궤를 만들지 않았다. 1767년의 친경은 앞서와 달리 의궤를 만들었는데, 그만큼 남다른 의미가 있었다는 뜻이다. 그것은 물론 친잠과 함께 치러졌기 때문이다.

이번 친잠의 초점은 새로 맞이한 중전, 곧 정순왕후의 위상을 다지는 데 있었다. 1477년(성종 8)에 있었던 친잠은 전년에 새로 중전(폐비 윤씨)을 책봉한 데 따른 행사였다. 윤씨는 성종의 첫 왕비인 공혜왕후가 사망한 뒤 후궁 중에서 선발되어 중전 자리에 올랐다. 친잠은 중전이 내명부[•]를 거느리고 진행하기 때문에, 내명부를 관할하는 중전의 지위를 한눈에 보여 주는 효과가 있었다. 윤씨는 후궁에서 올라온 만큼 기존의 다른 후궁들과 차별화된 위상을 보여 줄 수 있도록 친잠례를 행했다.

영조대의 친잠도 같은 의미를 띠었다. 1757년(영조 33) 영조비 정성왕후가 사망한 뒤 1759년(영조 35) 15세의 정순왕후가 중전으로 간택되었다. 어린 중전이 책봉되어 어느 정도 자리를 잡자, 그 위상을 확립할 수 있도록 친잠례를 열었다. 친잠례는 조선 전기에 몇 차례 실행되었으나 조선 후기에는 이번이 처음이었다. 영조는 친경과 짝하는 친잠의 상징성을 살려 행사를 가졌다는 점에 각별한 의의를 두었다.

흔치 않은 행사였던 만큼 그 의식 절차를 확정하기 위해 실록에서 예전의 사례를 찾아 정리하고 의주[•]를 마련했다. 그리고 3월 마침내 경복궁 후원에서 친잠례가 거행되었고, 영조는 근정전 구기에 나아가 세손과 백관의 하례를 받았다. 행사 다음 날에는 친잠과라는 명목으로 특별 과거가 실시되었다. 6월에는 후속 의례로 중전의 장종수견의(藏種受繭儀)를 치렀다. '장종'은 누에를 갈무리하는 것, '수견'은 고치를 따는 것을 말한

● 내명부(內命婦) : 궁궐 안에 있는 여자들을 총칭하는 말.
● 의주(儀註) : 의례의 세부 절차를 규정한 것.

다. 누에에 뽕잎을 먹이는 친잠의 후속 과정이 되는데, 친경에서는 같은 의미로 보리를 베는 수맥의가 치러진다.

영조는《친잠의궤》와 더불어《장종수견의궤》도 제작했다.

영조는 이 의례가 300년 만에 처음 있는 일이며, 특히 중전이 직접 작헌례*를 행한 것은 이 나라에서 처음이라며 행사 의미를 새겼다. 나아가 행사 절차를 정리한 의주를《속오례의》에 추가하도록 했다.

영조 때의 친잠례가 특별히 주목되는 또 다른 이유는 굳이 경복궁 후원까지 가서 행했다는 점이다. 친경은 선농단*에서 행하도록 되어 있지만, 친잠은 장소에 대한 특별한 규정이 없어 보통은 시어소 후원에서 열렸다. 그런데 영조는 자신이 주로 머물던 경희궁이나 과거 친잠례가 열리던 창덕궁 후원이 아니라 경복궁까지 일부러 가서 행했다. 영조가 당시 행사를 "구궐친잠(舊闕親蠶)"이라 부른 것도 이 때문이다. 여기에는 물론 선왕의 옛 궁궐인 경복궁 터에서 행함으로써 행사 재현의 효과를 높이려는 의도가 있었다.

이 친잠례는 경복궁 터에서 있었던 여러 행사들과도 연계되어 있었다. 이 행사를 기념하는 과거인 친잠과를 경복궁 터에서 베풀었고, 중전이 친잠을 마치자 영조는 근정전 구기에서 백관의 하례를 받았다. 친잠례는 중전의 의례로서 그 위상을 확립하기 위한 것이지만, 중전은 국왕과의 관계를 전제하므로 국왕의 위상을 높이는 의미도 띠었다.

그런 만큼 영조는 이 행사의 의미를 후대에 길이 전하고자 했다. 이를

●작헌례(酌獻禮) : 국왕이나 왕비가 직접 술잔을 올리며 지내는 제사.
●선농단(先農壇) : 농업의 신에게 제사를 지내는 제단.

정해친잠비 탁본

위해 근정전 북쪽에 단을 쌓고 의례를 행한 곳에 비를 세워 표시했다. 영조는 "정해친잠(丁亥親蠶)"이란 네 글자를 직접 써서 돌에 새기고 비의 뒷면에 그 내용을 적도록 했다.

영조는 《어제근정문내기회(御製勤政門內記懷)》에서 이 당시 치른 여러 행사의 감회를 종합적으로 밝혔는데, 그 안에는 친잠에 대한 내용도 있다. "친경도 드문 일인데 하물며 친잠이랴. 친히 글을 써서 그 단에 비를 세우니 길이 전해지게 하려는 것이다"라고 했다. 친잠례는 조선 후기에 처음 연 행사라는 점에서 영조가 지향하던 중흥의 의미를 잘 살릴 수 있었다. 특히 창업의 공간에서 행함으로써 더욱 극적인 효과를 낼 수 있었다. 이것이 영조가 굳이 경복궁 터까지 와서 친잠을 행하도록 한 이유이자 의궤를 제작하고 기념비까지 세운 이유이다.

태조의 고사를 원용한 진작례

영조가 경복궁 터를 배경으로 선왕의 고사를 재현한 또 하나의 행사로 1767년(영조 43) 근정전 구기에서 베푼 진작례를 들 수 있다. '진작'은 왕이나 대비에게 장수를 기원하는 의미에서 술을 올리는 의례를 말한다. 영조의 진작례는 특히 태조의 고사를 직접 원용했다는 점에서 주목되는

데, 1407년(태종 7) 작은 술자리를 베풀었다는 실록 기사를 근거로 삼고 있다.

1767년 영조는 이 해와 간지와 일치하는 국초의 정해년, 곧 1407년의 실록을 살펴 눈여겨볼 내용을 찾아오도록 했다. 이 과정에서 12월 16일에 베푼 잔치가 확인되었다. 영조는 이를 재현하는 의미에서 문신에게 중시*를 보여 6명을 뽑았다. 이어 여러 신하들과 더불어 음복*하고 선조의 뜻을 계술한다는 뜻에서 21자의 글을 쓰도록 했다.

이 21자는 "임금이 경복궁에 가서 여러 신하들과 더불어 음복하고 선왕의 뜻을 뒤따라 피리를 불게 했는데, 임금이 듣고 눈물을 흘렸다[上詣景福宮 與諸臣飮福 述先志 令吹笛 上聞隨涕下]"이다. 이 행사는 나중에 '구궐의 복주(福酒)'로 불리기도 했다.

《의령남씨가전화첩(宜寧南氏家傳畵帖)》에 포함된 〈구궐진작도〉는 이 행사를 소재로 한 그림이다. 그림과 함께 행사 경위를 담은 서문과 행사 참여자 명단을 정리한 좌목이 남아 있어 행사의 면면을 자세히 접할 수 있다. 서문에 따르면, 1767년 겨울 춘추관에 명해 국초의 실록을 조사해 오게 했는데, 1407년 가을 덕수궁*에서 작은 술자리를 베풀어 태상왕(태조)께 상수*하고 문무 관리의 중시를 베푼 사적이 확인되었다. 이에 감동받은 영조는 세손과 함께 근정전 구기에 행차하여 다시 문무 중시를 치르고, 이어 작은 술자리를 베풀어 세손이 영조에게 상수했다는 내용이다.

● 중시(重試) : 중하급 관원을 대상으로 10년마다 실시하는 과거.
● 음복(飮福) : 제사를 지내거나 연회를 가진 후 복을 받는 의미에서 술을 마시는 것.
● 덕수궁(德壽宮) : 상왕으로 있던 태조를 위해 마련한 궁궐.
● 상수(上壽) : 술을 올리며 장수를 기원하는 것. 헌수(獻壽)라고도 한다.

근정전 기단 위에서 연회를 베푸는 장면을 그린 〈구궐진작도〉

행사의 의의에 대해서는 "임금의 뜻이 대개 국초의 성대한 사적을 재현하려는 것이다"라고 설명했다. 좌목에서 현임 및 전임 대신과 종친, 왕실의 인척, 6조의 판서 들이 대거 참여한 사실을 확인할 수 있다.

위 그림은 근정전 기단 위에서 연회를 베푸는 장면이다.

그림 속 행사는 2년 전 베풀었던 수작 의례의 연장선에 있었다. 1765년

(영조41) 영조는 이 해의 간지[乙酉]가 태종이 개성에서 다시 한
양으로 천도한 해와 같다는 점에 주목하고, 실록에서 관련 내
용을 찾아보도록 했다. 태종은 정종의 도읍으로 개성으로 옮긴
뒤 그곳에서 2차 왕자의 난을 일으켜 왕위를 물려받았다. 그리
고 1405년(태종5) 다시 한양으로 도읍을 옮겼다.

보고 내용을 읽던 영조는 당시 상황이 현재의 사적과 부합하
는 부분이 많다며 의정부에서 헌수한 사적을 지목했다. 세손과
신하들은 이 고사를 따라 진연을 청했다. 영조는 처음에는 사
양했으나 세손의 간곡한 요청을 받아들여 행사를 허락했다. 다
만 의식과 절차를 간소하게 하도록 지시한 뒤, 경현당에서 수
작 의례를 베풀었다. 영조 스스로 이 행사는 잔치가 아니라며
'진연' 대신 '수작'으로 불렀다. 이 행사의 전말을 기록한 의궤
로《수작의궤(受爵儀軌)》가 전한다.

한편 행사 당시 신하들은 태종 때 의정부가 가요를 바친 전
례에 따라 가요를 지어 올렸다. 다음은 가요 내용 중 일부이다.

우리 왕께서 잔을 받으시니 바로 을유년이네　吾王受爵 維乙之歲

도읍이 정해진 지 갑자(甲子)가 여섯 번 돌아왔네　神京定鼎 星甲六屆

이 달 오늘 성대한 행사를 다시 계승하여　是月是日 盛事復繼

만수를 기원하니 한수(漢水)가 아득히 흘러가네　萬壽之獻 漢水瀰瀰

위 가사는 한양이 도읍으로 다시 확정된 해의 주갑이 돌아온 것을 기
념하고, 태종의 고사를 배경 삼아 이루어졌다는 의미를 그대로 반영하고

있다.

이러한 의미를 새기듯 영조는 "큰 업적을 이어받아 깊은 연못에 임한 듯 얇은 얼음을 밟듯 경계했노라[纘承鴻業 淵氷戒深]"라는 4언 시를 내리고 세손 및 신하들로 하여금 갱진*하도록 했다. 그리고 행사 뒤에 자신의 어제와 신하들이 갱진한 시를 모아《수작갱운록(受爵賡韻錄)》을 간행하여 내려 주었다. 또한 행사를 청한 신하들의 글과 세손의 상소, 갱운시 들을 따로 묶어《광효록(廣孝錄)》을 편찬했다.

이처럼 1765년의 수작 의례는 태종의 사적을 배경으로 태평성대 구현을 바라는 행사였는데, 2년 뒤에 있었던 진작례는 한 걸음 더 나아가 영조와 세손의 관계를 부각시키려는 의례였다. 사실 1407년(태종 7)의 고사는《태종실록》에 "작은 술자리를 베풀었다"라는 간단한 기사만 있을 뿐, 중시를 치르거나 상수하는 의례를 베풀었다는 내용은 없다. 하지만 이를 태조에게 헌수한 사적으로 해석하고 자신에게 적용하면서 이를 기념하는 중시까지 치렀다.

특히 영조는 경희궁에서 열었던 2년 전의 수작 의례와 달리 이번 진작례는 경복궁 근정전 구기에서 행함으로써 자의적 해석을 확고한 선왕 사적으로 포장했다. 이러한 행보는 숙종이 근거가 희박한 태조 고사를 배경으로 기로소 입소 행사를 치르고, 이를 통해 태조 사적의 존재를 확정시킨 사례과 같은 원리이다. 이렇게 해서 영조는 '흥쇠'의 중흥을 상징적으로 뒷받침하고 신하들에게 그 내용으로 당습 척결을 요구했다. 이 과제는 상징적 의례뿐만 아니라 교서 반포를 통해 직접 피력되었다.

●갱진(賡進) : 임금이 내린 시의 운에 맞추어 화답하는 시를 지어 올리는 것.

교서 반포와 문소전 터에 세운 비

근정전에서 교서를 반포하다

영조는 재위 말엽에 훈유*나 반사문*을 비롯해 여러 형태의 교서*를 내려 자신의 정치적 의지를 직접 천명하곤 했다. 이때 교서를 반포하는 주된 공간은 근정전 구기였다. 근정전은 경복궁의 정전으로 국왕의 즉위를 비롯해 핵심적인 왕실 행사가 베풀어지던 곳인 만큼, 경복궁 안에도 태조뿐만 아닌 여러 선왕들의 사적이 가장 집약적으로 담겨 있었다. 영조가 경복궁에서 베푼 행사 대부분이 근정전 구기에서 이루어진 이유도 다 이 때문이다.

영조가 근정전 구기에서 처음 교서를 반포한 때가 1763년(영조39)이지

●훈유(訓諭) : 후계자나 신하들에게 가르침을 전하는 글.
●반사문(頒赦文) : 사면령을 반포하는 글.
●교서(教書) : 국왕이 명령과 의지를 담아 내리는 문서.

만, 그보다 앞서 1756년(영조32) 정월 초하루에 근정전 구기에서 조하*를 처음 받은 일이 있었다. 이 행사는 대왕대비(인원왕후)의 칠순을 맞아 대비와 육상궁(숙빈 최씨), 영조, 중전에게 각각 존호를 추가로 올리는 것과 함께 치러졌다. 당시에도 영조는 육상궁을 거쳐 경복궁 터에 들렀으나 따로 행사를 가지지는 않았다.

1763년 행사 역시 정월 초하루에 백관의 조하를 받는 의례였다. 이번에는 사면령을 반포했는데, 전년부터 미리 준비된 행사였다. 곧 전년 11월에 영조는 이듬해 정초에 종묘를 참배하고 근정전 구기에서 교서를 반포하겠다는 뜻을 밝혔다. 그리고 이듬해 정월 초하루에 예정대로 의례를 진행했다.

영조는 이때 반포한 글에서 이번 행사가 선왕의 여러 사적과 부합함을 강조했다. 그는 자기 나이 70이 태조와 맞아떨어지고 즉위한 연수 40년은 숙종과 일치한다며, 이 행사가 "두 선왕의 성대한 일"을 따른 것으로 표방했다.

특히 태조와 관련해서는 70세에 백관의 산호* 소리를 들은 것이 300년 만의 일이라 했다. 조선 국왕 중 나이가 70세에 이른 왕은 태조와 영조뿐이었기에 이와 같이 표현한 것이다. 그리고 1713년(숙종 39) 숙종이 즉위 40년을 기념해 경덕궁 숭정전에서 백관의 하례를 받은 시점을 기준으로 50년 만의 경사라고 자축했다. 당시까지 조선 국왕 중 재위 40년을 넘긴 왕은 선조와 숙종 그리고 영조뿐이었다.

●조하(朝賀) : 정월 초하루와 동지, 삭망 등에 열리는 조회에서 신하들이 국왕에게 하례하는 것.
●산호(山呼) : 나라의 경사가 있을 때 왕의 장수를 축원하는 의미로, 두 손을 들어 만세를 외치는 것. 만세는 본디 황제에 대해서만 사용하며, 조선에서는 만세 대신에 천세(千歲)라 했다.

행사를 통해 영조가 얻고자 한 것은 신하들의 인협(寅協)과 백성의 풍년이었다. 인협이란 《서경》에 나오는 "동인협공(同寅協恭)"의 줄임말로 신하들이 서로 공경하고 협조하는 것을 말한다. 영조의 정책 목표였던 당습 척결의 또 다른 표현이다.

영조가 이 해에 굳이 근정전 구기에 나아가 사면령을 반포한 데에는 전년에 있었던 사도세자의 죽음과 무관하지 않다. 영조는 1749년(영조 25)에 겨우 14세에 불과한 세자에게 대리청정을 명했다. 자신이 왕위에 욕심이 없음을 보여 주려는 의도였다. 그러나 대리가 장기화되면서 영조와 사도세자로 권력이 나뉘고, 이로 인해 신하들의 당론이 다시 고개를 들었다.

영조의 즉위와 관련된 논의가 다시 불거질 것을 우려한 영조는 자신이 다시 정치 전면에 나서면서 사도세자를 뒤주에 가둬 죽이는 특단의 조치를 내렸다. 자신을 벗어난 어떤 권력도, 이를 둘러싼 신하들의 어떤 당론도 허용하지 않겠다는 강력한 경고였다. 신하들의 당론이 사도세자를 죽음으로 몰고 간 주범이라는 암시와 함께, 사도세자 사후 맞이한 새해 벽두에 새로운 정치를 열겠다는 다짐을 보였다. 사도세자의 죽음을 뒤로하고 세손에게 왕위를 잇도록 하는 새로운 계승 구도를 마련했다. 영조는 이 과정을 태조와 숙종의 사적을 배경으로 진행했으며, 근정전 구기는 그러한 영조의 뜻을 전하는 공간적 배경이었다.

이러한 중요성을 새길 수 있도록 영조는 당시 종묘와 사직 등에 고유●하는 글과 당시 반포한 교서, 백관의 하례를 받은 뒤에 내린 치사들을 묶

●고유(告由) : 나라나 가문에 특별한 일이나 조치가 있을 때 사당에 그 사정을 고하는 것.

어 책을 만들고 신하들에게 내려 주었다. 이 책이 《유영성열록(揄揚盛烈錄)》으로, 선왕의 성대한 사적을 드높인다는 뜻을 담고 있다.

영조는 1770년(영조 46) 2월 다시 근정전 구기에 나아가 직접 글을 지어 신하들에게 반포했다. 이 글에서 영조는 낡은 당습을 척결하여 효과가 있다면 조상들은 "후손이 있구나"라고 기뻐할 것이요, 자신도 그에 답하여 "어진 신하가 있습니다"라고 할 말이 있을 것이라고 했다. 자신에 대한 신하들의 '충'을 선왕에 대한 자신의 '효'와 연결시킴으로써 신하들에게 당습 척결을 강제했다. 당습을 가지고 선왕에 불효하게 만들지 말라는 뜻이다. 이번에도 근정전 구기가 전달 효과를 높이는 기능을 했다.

영조는 이듬해 정월 세 번째로 근정전 구기에 나아가 조참을 행한 뒤 훈유를 반포했다. 이 행사에는 영조의 정치적 의도가 한결 뚜렷이 드러났다. 전보다 더 직접적으로 붕당 폐습을 떨치라고 요구했다.

> 과연 (당습을) 스스로 없앤다면 진실로 조선의 신하이다. 그렇지 않으면 지금의 신하가 아닐 뿐더러 조상을 잊어버린 자이다. 조상을 잊은 자가 무슨 마음으로 임금을 섬기겠는가?

영조는 자신과 신하들을 선왕과 그 신하의 관계에 투영하여 자신에게 충성하는 것이 곧 조상에 대한 효도라는 논리를 이끌어 냈다. 전년에 유시한 내용은 당습 억제를 통해 신하들이 충의를 보여 주어야 자신도 조상에 대한 효를 말할 수 있다는 논리였다. 그런데 이번에 반포한 훈유는 자기 조상에 대한 신하들의 효도라는 의미로 강화되었다. 조상에 효도를 하려면 먼저 나에게 충성해야 한다는 공식이다.

이 훈유는 붕당 척결에 대한 영조의 인식을 집약하며 최강 논리를 완성했다. 이에 맞추어 영조는 훈유를 인쇄하여 신하들에게 반포하고 각 사고에도 봉안토록 했다. 이 책이 《어제근정훈유(御製勤政訓諭)》이다.

훈유 반포에서 영조가 보여 준 논리에서 보면, 국왕이 선왕에게 효를 다하는 모습은 신하들에게 충을 더 강하게 요구하는 효과를 이끌어 낸다. 이 점에서 근정전 구기는 그 효과에서 불충분했다. 근정전은 경복궁의 정전으로 국왕과 신하 사이의 공식적인 관계를 드러내 주는 공간이므로, 영조가 선왕에 대한 추모를 말한다 하더라도 사적인 의미가 강한 효를 과시하는 데는 한계가 분명했다. 인근의 육상궁 참배는 이 부분을 보완하는 효과가 있었으나 선왕, 구체적으로 태조에 대한 효를 강하게 직접 표현할 수 있는 매개가 필요했다. 영조는 그것을 경복궁 안에서 찾았으니, 바로 태조의 원묘였던 문소전 구기이다.

문소전 터에 비를 세우다

문소전은 태조의 혼전에서 출발하여 왕실의 원묘로 기능하던 곳이다. '혼전'은 국왕이나 왕비의 장례를 치른 뒤 그 신주를 종묘에 부묘할 때까지 모셔 두고 제사를 지내는 곳을 말한다. 신주가 종묘에 들어가면 혼전은 폐지된다. 훗날 왕이나 왕비로 추존된 경우에도 부묘 의례가 행해질 때가지 신주를 봉안하는 사당을 두었다. 왕비가 먼저 죽은 경우에는 국왕과 함께 부묘할 때까지 혼전이 유지되었다.

정종 때 생모 한씨를 신의왕후로 추존한 뒤 신주를 모신 사당으로 인소전을 두었다. 그 뒤에 태조가 승하하자, 그 신주를 이곳에 함께 봉안하고 이름을 문소전으로 고쳤다. 그런데 태조와 신의왕후를 부묘한 뒤에도 문소전은 폐지되지 않고 남아 왕실의 원묘가 되었다. 원묘는 앞서 설명한 것처럼 종묘와 별도로 왕실 제사가 이루어지는 사당으로, 사적인 측면에서 왕실의 전통을 드러내는 의미가 있었다. 그러나 문소전은 종묘 말고는 왕실의 제사 공간을 둘 수 없다는 신하들의 줄기찬 반대에 밀려 명종 때 폐지되었고, 임진왜란으로 경복궁이 불타면서 전각도 함께 사라졌다.

근정전 구기가 공적인 측면에서 신하들에게 충을 요구하는 장소로 기능했다면, 문소전 구기는 선조에 대한 국왕의 효를 드러내는 장소가 되었다. 효를 과시하여 당습을 척결하도록 요구하는 데 효과적인 공간이었던 것이다. 영조는 재위 중반부터 태조 사적에 주목하면서 그와 관련된 행사를 재현하고 사적이 담긴 공간에는 비를 세워 그 의미를 새겼다. 1755년(영조 31) 영흥 흑석리의 탄생기와 경기 풍양(남양주시)의 태조 이궁 터에 세운 사적비가 대표적이다. 이 해는 바로 태조가 태어난 해와 간지가 일치했다.

이 해 정월 영흥 주민이 글을 올려 태조가 태어난 곳으로 알려진 영흥 흑석리에 비를 세우기를 청했다. 이곳은 숙종 말에 이미 비를 세우자는 요청이 있었으나 받아들여지지 않았는데, 이번 요청은 통과되었다. 영조는 "태조대왕탄생구리(太祖大王誕生舊里)"라는 8자를 직접 써서 새겨 넣게 했다.

같은 달 영조는 풍양의 태조 이궁이 있던 자리에도 비를 세우도록 했다. 그런데 이곳은 실제로는 태조의 사적이 아니라 태종이 세종에게 왕

풍양구궐비와 비각

위를 물려준 뒤 머물던 이궁이었다. 언제부터인가 태조의 궁궐로 잘못 알려지면서 그대로 굳어진 것으로 보인다. 영조는 당시 신하들의 요청이 없었는데도 직접 비를 세우라고 명했다. 일전에 태조 탄생기에 비를 세운 것과 연동하여 태조의 사적으로 알려진 이곳에도 눈길을 돌린 것이다.

영조는 비의 전면에 친필로 "태조대왕이 상왕 때 지내던 옛 궁궐의 남은 터[太祖大王在上王時舊闕遺址]"라 쓰고 뒷면에도 직접 글씨를 썼다는 사실을 적었다. 이곳에는 고종 때 다시 한 번 비를 세웠다.

영조는 창업의 궁궐인 경복궁 터를 적극 활용하면서 그 안에 있던 태조의 사적 문소전에도 주목했다. 영조가 문소전 구기에 처음 행차한 때는 1772년(영조 48) 5월이다. 실록에서는 영조의 효성과 추모하는 마음이 우러난 행차라고 기록했다. 행차 당시 영조가 지은 글에 따르면, 이전까지 문소전이 어디에 있었는지 알 수 없었으나 이번에 확인할 수 있었다고 한다. 경복궁이 불탄 뒤 누구도 문소전에 관심을 두지 않았는데, 영조는 그 사적을 기억해 내고 위치까지 확인한 것이다.

영조는 이전부터 경복궁의 주요 전각에 관심을 보였는데, 특히 태조와 관련된 경우가 많았다. 1770년(영조 46) 영조는 《문헌비고》를 편찬하는 과정에서 인안전과 강녕전, 천추전의 터를 찾도록 했다. 인안전은 태조비 신덕왕후의 혼전으로, 조선 왕조에서 처음으로 설치된 혼전이다. 신덕왕후는 조선의 첫 왕비로 그 사적은 곧바로 태조에 대한 기억으로 연결된다. 강녕전은 국왕의 침전으로 현종 때 신덕왕후를 종묘에 추부하면서 제주*한 곳이다. 천추전은 주요 정무를 보던 편전인 사정전에 부속된 건물이다. 이를 계기로 다른 전각에 대한 고증 작업이 전개되었고, 그 과정에서 문소전 구기도 확인된 것으로 보인다.

영조는 1770년과 1771년에 연이어 근정전 구기에서 훈유를 반포하며 신하들에게 당습 척결을 요구하고 이를 '효'의 이념으로 포장했다. 영조가 문소전 구기를 찾아 선왕을 추모하는 모습을 보인 것도 이때의 일이다. 근정전 구기의 훈유 반포를 뒷받침하기 위해 문소전 구기를 활용했음을 알 수 있다.

이후 영조의 문소전 행차는 대개 근정전 구기에서의 행사와 연계되었다. 1773년(영조 49) 7월 문소전 구기에 나아가 의례를 행한 뒤 근정전 구기에 나아가 조참 의식을 가졌다. 이듬해 등준시 때에도 문소전 참배 뒤 근정전 구기로 나아갔다.

●제주(題主) : 신주에 내용을 적어 넣는 것.

영조는 신하들의 정치 행위를 비판할 때에도 문소전 구기를 활용했다. 1773년 11월, 신하들이 아첨을 일삼는다며 문소전 구기에 나아가 면류관을 벗고 계단에서 머리를 조아려 혼백에 사죄하기도 했다. 창업주 태조 앞에서 불효를 사죄함으로써 불효를 유도한 신료들의 불충을 비판하는 효과를 노린 것이다.

그런데 근정전은 석축 기단이 다른 건물과 달라 인멸 우려가 적은 반면, 문소전은 터만으로는 일반 전각과 구분할 수 없었다. 이에 비를 세워 표지를 삼게 했다. 1772년 문소전 자리를 지목한 영조는 이곳에 비를 세우도록 했다. 그리고 "문소전구기(文昭殿舊基) 임진팔월립(壬辰五月立)"이라고 직접 써서 내렸다. 하지만 현재 이 비는 전하지 않는다.

2장 · 정조, 스스로 창업주가 되고자 하다

① 정조의 창업 사적 정비

창업 사적 정비에 박차를 가하다

숙종 말부터 시작된 북도의 창업 사적 정비는 영조 때에도 부분적으로 진행되었지만, 제대로 성과를 낸 시기는 정조 때였다. 정조는 즉위 초 왕권 확립과 체제 정비에 주력했다. 그는 영조가 추진했던 탕평을 새로운 관점에서 해석하며 신하들과의 관계에서 우위를 확보해 나갔다. 그것은 조제를 기반으로 한 영조의 탕평과 달리, 붕당 타파를 천명하는 강력한 논리였다. 이 때문에 영조의 탕평을 완론(緩論), 정조의 탕평을 준론(峻論)으로 구분하기도 한다.

이렇게 붕당 타파를 천명한 정조의 정책을 이념적으로 뒷받침한 대상 또한 창업 사적이었다. 특히 정조의 사업은 창업 재현으로 중흥을 모색하는 수준을 넘어 그 자신이 창업주와 같은 위상과 역할을 자임하는 단계로 발전했다. 그만큼 창업 사적에 대한 관심과 정비 노력은 숙종과 영조에 비해 폭넓고 적극적이었다. 특히 태조와 직접 관련된 것뿐만 아니라 선조들의 사적으로까지 확대되는 추세가 뚜렷했다.

그 시작은 1787년(정조 11) 2월 함경도 덕원 적전사의 용주리에 있는 익조의 집터를 정비하는 일이었다. 이 정비는 당시 각지에서 올라온 상언˙에 들어 있던 것으로, 정조는 주무 관청에 검토를 지시했다. 3월에 함경감사는 고을 주민의 말만으로 갑자기 사적비 건립을 논하기에는 신중하지 못하다는 의견을 폈다.

정조는 이 문제를 대신들 논의에 부쳤는데, 영의정 김치인은《국조보감》과《여지승람》에 해당 사적과 관련된 기록이 있음을 근거로 함흥에 비를 세운 전례에 따라 이곳에도 비를 새우는 게 좋겠다고 건의했다. 정조 또한 영조가 영흥 흑석리에 비를 세우도록 한 것을 중요한 전례로 삼아 비 건립을 허락했다. 그리고 비문을 직접 짓겠다며 감사로 하여금 지역에 내려오는 이야기를 수집하고 여러 문헌을 조사하여 관련 자료를 확보하도록 했다.

이를 계기로 경흥에 있는 익조와 도조의 사적도 정계의 주목을 받았다. 두 선조의 사적은 적도와 적지를 말한다. 적도 사적은《용비어천가》4장의 설명에 나온다.

목조가 알동(간동)에 살 때 여진 추장들과 교유가 많았고, 익조도 그 관계를 이어갔다. 그러나 익조를 따르는 사람이 많아지자 추장들이 이를 싫어하여 익조를 해치고자 했다. 추장들은 사냥을 핑계로 20일 동안 모임을 하지 말자고 했다. 그러

●상언(上言) : 국왕에게 건의나 요청을 위해 올리는 글.

나 기일이 지나도 추장들이 오지 않자 익조가 직접 해관성으로 갔다. 도중에 만난 노파에게서 추장들이 실제로는 군대를 부르러 간 것이라는 말을 들었다. 익조는 황급히 돌아와 가족들에게 배를 타고 두만강을 내려가 적도에 모이라고 했다. 자신은 부인과 함께 경흥 언덕에서 알동의 들판을 바라보는데 적병이 들판에 가득했다. 익조와 부인이 말을 달려 해안 언덕에 이르렀는데, 적도까지는 600보쯤 되었다. 이곳은 본디 밀물과 썰물이 없고 수심이 깊기 때문에 그냥 건널 수 없었다. 하지만 미리 약속한 배가 오지 않아 어려운 상황이 되었는데, 갑자기 물이 빠져 100여 보 정도만 남았다. 익조와 부인이 백마 한 필을 같이 타고 건넜다. 일행이 모두 건너자 물이 다시 크게 일어 적은 건널 수 없었다. 이에 북도의 사람들이 지금도 하늘이 한 일이라고 말한다. 익조는 이곳에 움집을 만들어 살았는데 그 터가 아직 남아 있다. 알동 사람들은 익조가 적도에 있다는 말을 듣고 모두 뒤따라 왔다. 나중에 익조가 덕원으로 돌아와 살 때 경흥 사람도 많이 따라왔다.

적도는 익조가 오랑캐를 피해 살던 곳으로, 조선 왕업이 이루어질 수 있도록 하늘이 도운 사적으로 인식되었다.

한편 적지는 도조의 사적으로 용을 쏘았다는 이야기가 있다. 그 내용은 《용비어천가》 8장에 보인다.

도조의 꿈에 어떤 사람이 말하기를, "나는 백룡인데 흑룡이 내 집을 빼앗으려 하니 구해 주십시오"라고 했다. 도조가 깨어나 별일이 아니라고 여기고 넘어갔는데, 꿈에 백룡이 다시 와서 간청하기를, "공은 왜 내 말을 중요하게 생각하지 않습니까? 날짜를 알려드리겠습니다"라고 하니 도조가 비로소 이상하게 여겼다. 날짜가 되자 활과 화살을 가지고 갔다. 구름과 안개로 어두운데 흑룡과 백룡이 연못에서

경흥부적지기적비 음기

싸우고 있었다. 도조가 흑룡을 쏘아 한 화살에 죽이니 연못에 가라앉았다. 뒤에 백룡이 꿈에 나타나 사례하여 말하기를, "공의 큰 경사가 자손에게 있을 것입니다"라고 했다.

도조가 용을 쏘아 죽인 연못이 곧 적지이다. 화살을 맞은 용이 흘린 피로 붉게 물들었다는 데서 연유한 명칭인데, 용을 쏜 연못이라는 뜻으로 '사룡연(射龍淵)'이라고도 한다. 자손에게 큰 경사가 있다는 말은 자손이 왕조를 열 것이라는 암시를 담고 있다. 적도와 적지의 사적에 비를 세우자는 건의는 영조 때에도 있었으나 실현되지 않았다. 정조는 그동안 겨를이 없어 세우지 못한 것이라며 비 건립을 결정했다.

이 조치에 이어 태종이 태어난 해를 맞이하여 그가 태어난 곳에도 비를 세워 표지를 삼자는 요청이 올라왔다. 태종이 태어난 곳은 함흥 귀주동에 있는 경흥전을 말한다. 이곳은 환조와 태조의 잠저였으며, 태종에 앞서 정종이 태어난 곳이기도 하다. 정조는 다시 영조가 영흥 흑석리에 세운 비를 전례로 들며 귀주동에도 비를 세우도록 했다. 9월에 정조가 직접 짓고 쓴 비문이 완성되자, 이를 함경도로 보냈다. 12월에는 귀주동 외에 용주리·적지·적도에도 사적비 건립이 모두 마무리되었다.

1790년(정조14) 3월에는 영흥 저정에 비를 세우자는 논의가 있었다. 함경 감사는 영흥 주민의 요청에 따라 보고를 올려 저정의 사적을 소개했다. 저정은 영흥 준원전 동쪽 산기슭에 있는 정자로, 옛날에 가죽나무가 있었는데 태조가 일찍이 그 아래서 쉬었다는 이야기가 전해지고 있었다. 이 나무는 숙종 때 바람으로 넘어졌으나 묵은 뿌리에서 가지가 돋아 무성해졌다고 한다.

예조에서는 이에 대해 관리가 필요하다고 보면서도 태조가 심었다는 함흥본궁의 소나무에 대해서도 아직 비를 세우지 않은 만큼 저정에 대해 섣불리 논의할 수 없다는 의견을 올렸다. 이에 감사의 요청대로 석축을 두르고 지방관으로 하여금 관리하게 하는 선에서 마무리했다.

같은 해 8월에는 석왕사에 비를 세우도록 했다. 이곳에는 국초부터 태조의 친필로 알려진 누판이 보관되어 있었다. 숙종은 이곳 승려의 요청을 받아들여 이를 인출하고 그 경위를 적은 소지를 첨부했다. 영조는 숙종의 사적을 떠올리며 1758년(영조34) 누판 원문과 숙종의 글에 자신의 〈어제석왕사비문추기〉를 더하여 비를 세우도록 했다.

당초 숙종은 이 누판이 태조의 어필이라는 데 의문을 가졌지만, 오랫동안 보존된 것도 기이한 일이라며 인출하도록 했다. 그런데 영조는 추기에서 이 누판을 태조의 어필로 인정했고, 정조도 영조의 인식을 계승했다. 이는 숙종에서 시작된 태조 사적 정비가 영조와 정조로 이어지면서 자리 잡는 추세를 선명하게 보여 준다.

활기 띤 정조의 창업 사적 정비

정조대 창업 사적 정비는 재위 후반기에 더욱 확대되었다. 그 전환점
은 1795년(정조 19) 환조를 영흥본궁에 추가로 제사한 조치였다. 본디 영
흥본궁에는 태조와 신의왕후의 위판만 봉안하고 있었다. 그 뒤 1695년
(숙종 21) 신덕왕후 위판을 추가로 봉안했는데, 정조는 다시 환조와 그 비
인 의혜왕후의 위판을 더했다. 이는 정조가 생부인 사도세자의 위상을
강화하기 위해 취한 조치의 일환이었는데, 이에 대해서는 뒤에서 자세히
설명하기로 한다.

영흥본궁에 환조를 추가 봉안한 조치는 북도는 물론 여타 지역의 태조
사적을 발굴하고 더 적극적으로 주목하는 토대가 되었다. 같은 해 평안
감사는 정주 주민의 요청에 따라 정주 달천의 사적을 소개했다. 이곳은
태조가 개선한 곳이자 선조가 행차한 사적이라는 주장을 확인한 뒤, 그
내용을 정조에게 보고했다.

정조는 이에 대해 다음과 같이 말하면서 비 건립을 허락했다.

> 호남의 팔량치, 해서의 약마지, 관서의 이화정, 북관의 독서당·치마대에 혹은 비
> 를 세우고 혹은 누각을 설치해 선왕들께서 이미 먼 조상을 추모하는 뜻을 담은 바
> 있다. 지금 정주 달천의 태조 승첩지와 선조가 행차를 머무신 곳에만 사적을 기록
> 하는 일을 빠뜨릴 수 없다.

호남의 팔량치는 고려 말 태조가 왜구를 격퇴한 날을 기념하여 선조
때 비를 세운 운봉의 황산대첩비를 가리킨다. 해서의 약마지는 고려 우

왕 초 태조가 해주를 노략질하던 왜구를 토벌한 곳이다. 이곳에는 태조가 왜구를 추격할 때 깊은 수렁을 만났는데 태조의 말이 단숨에 뛰어넘어 적을 섬멸할 수 있었다는 이야기가 전하고 있었다. '약마지(躍馬地)'라는 이름도 여기서 유래했다.

1740년(영조 16) 해주 주민이 이 사적을 소개하며 비를 세워 태조의 공업을 기리자고 청했으나 영조는 대신들의 반대 의견을 좇아 수용하지 않았다. 그런데 1773년(영조 49) 다시 한 번 요청이 올라오자 이번에는 비석 건립을 허락했다. 즉위 초 영조는 탕평에 부심하며 태조 사적 정비에는 그리 적극적이지 않았다. 그러나 경복궁 빈터에 행차한 뒤로 태도가 바뀌었다. 태조 사적 정비에 관심을 기울이며 사적비 건립에 적극 나섰다. 영조는 경복궁의 문소전 구기에 비를 세운 전례에 따라 해주 승첩지에 "표승첩고기(表勝捷古基)"라고 직접 써서 내리면서 비를 세우고 비각도 건립하도록 했다.

이화정은 평안도 영유현에 소재한 정자로, 선조가 임진왜란으로 피난할 때 머물던 사적으로 알려져 있었다. 당시 선조가 직접 배나무를 심고 '이화정'이라는 이름도 지었다고 한다.

북관의 독서당·치마대는 함흥에 있는 태조의 사적이다. 정조는 직접 글을 지어 비를 세우게 했는데, 실제로는 2년 뒤에 세워졌다. 두 곳에 비를 세우려는 계획을 몇 년 전부터 준비해 온 셈이다. 《일성록》을 보면 1795년(정조 19) 6월에 독서당과 치마대 옛터에 비를 세우기 위해 미리 터를 측량한 사실이 확인된다. 두 곳에 비를 세우는 일에 대해서는 뒤에서 다시 설명하기로 한다.

논의의 중심이었던 정주 달천의 사적비는 태조와 선조의 사적을 함께

〈조선어필성적비〉 탁본

담은 것이기 때문에 '양성기적비(兩聖紀蹟碑)'라 불렀다.

이 사적비는 처음 성 밖 달천에 있었으나 얼마 후 성안으로 옮겼다. 1798년(정조 22) 3월 중국에 다녀온 사신이 태조와 선조의 사적비가 성 밖 대로변에 있어 왕래하는 청나라 사신이 보면 문제될 수 있다고 지적했기 때문이다. 이는 비문 내용 중에 명나라를 황조(皇朝), 명나라 황제를 황상(皇上)이라 표현한 부분을 의식한 것이었다.

이때 마침 성안에 선조가 머물렀다는 곳이 빈터로 남아 있어 이곳에 옮겨 세우게 되었다. 다만 정조는 두 사적지 중 한 곳에만 비를 세우는 것은 적절치 않다며 성 밖의 비를 성안으로 옮긴 뒤, 그 자리에는 저간의 사연을 따로 기록해 비를 세우도록 했다.

장서각에는 서지 미상의 '조선어필성적비(朝鮮御筆聖蹟碑)'라는 이름의 탁본이 소장되어 있다. '성적(聖蹟)'이라는 두 글자를 탁본한 이 자료는 언제 어떤 사적을 기린 것인지 알 수 없다. 다만 제목이 양성기적비와 통하는 점을 볼 때, 당시 따로 건립된 비 앞면이 아닐까 추정된다. 정조는 옮겨 세우게 된 경위를 적은 비를 세우도록 했고, 그 내용을 뒷면에 새겼을 것이나 지금 소재는 알 수 없다.

1797년(정조 21)에는 함흥의 독서당과 치마대에 비를 세웠다. 독서당은 태조가 함흥에서 살 때 초당을 짓고 책을 읽었다는 곳으로 숙종 말에 함경 감사 김연의 주도로 비를 건립한 일이 있었다. 치마대는 태조가 말을 달렸다는 곳으로 '치마장(馳馬場)'이라고도 하는데, 함흥 도련포에 있었다.

두 사적은 태조가 잠저 때부터 문무를 겸비했음을 보여 주는 사적이다. 앞서 숙종 때 이미 독서당에 비를 건립했음에도 다시 비를 건립한 이유는 치마대와 짝을 이루기 때문이었다. 특히 비석 건립은 대체로 현지 주민이나 신하의

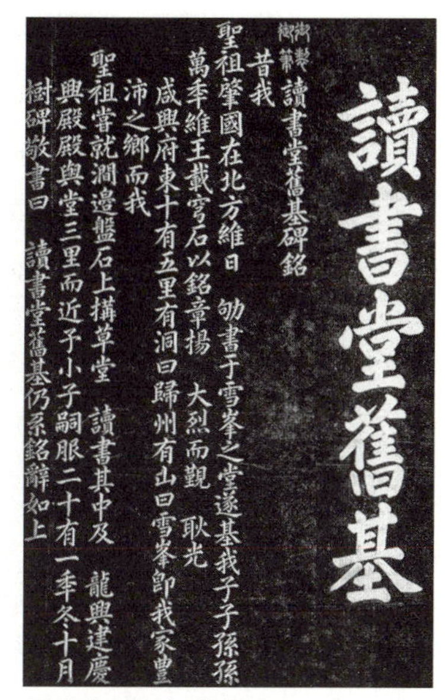

독서당구기비 탁본

요청과 논의를 거친 뒤 국왕이 수용하는 단계를 밟았던 것과 달리, 위의 조치는 직접 정조의 명에 따라 이루어졌다.

이것은 정조 자신이 문무를 아우르는 군주상을 수립하고자 한 결과였다. 정조는 전통적으로 문치•와 더불어 무비•를 강조했다. 무장으로서 학문을 겸비한 태조는 그 모범이었다. 정조는 그러한 태조의 면모를 구체적인 사적을 통해 보여 줌으로써, 자신을 계승할 국왕들에게도 그 원칙이 지켜지기를 원했다.

독서당과 치마대에 비를 건립한 해는 원자(순조)가 8세 되는 해였다.

●문치(文治) : 제도와 의례를 정비하여 안정된 사회를 이루는 것.
●무비(武備) : 미리 무력을 갖추어 외침과 내란에 대비하는 것.

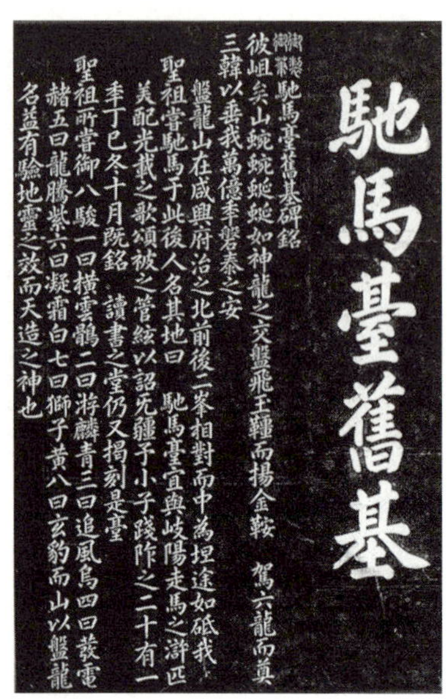

치마대구기비 탁본

이제 본격적으로 후계자 교육을 받게 될 원자에게 태조의 모범 사적을 환기시켜 준 것이다. 비 건립이 2년 이상 걸린 것도 원자의 나이에 맞추기 위한 정조의 의도로 해석된다.

한편 치마대가 있는 도련포에는 제성단(祭星壇)이라는 사적도 있었다. 이곳은 태조가 단을 쌓고 태백성(금성)에 제사를 지낸 곳으로 알려져 있었다. 함흥 주민이 본궁 제사와 더불어 이곳에서 태백제를 지냈다. 여기에는 따로 비를 세우지 않았지만, 정조가 본궁 제사를 정비하며 이곳 태백성 제사도 공인하여 태조 사적으로서 의미가 확립되었다.

1799년(정조 23)에는 신덕왕후 사적에 비를 세우는 작업이 진행되었다. 신덕왕후는 현종 때 '개국의 정후(正后)'로 공인되면서 태조 사적의 하나로 의미를 확보하고, 숙종 때 함흥과 영흥의 본궁에서 신덕왕후를 추가로 제사하면서 북도의 창업 사적이 주목받는 발판이 되었다. 정조는 한 걸음 더 나아가 다른 지역의 신덕왕후 사적에도 관심을 기울였다.

먼저 신덕왕후의 고향인 곡산에 태조가 왕후를 만난 시냇물과 그 근처의 집터에 대한 이야기가 내려오는 데 주목하고 조사를 명했다. 곡산 수령의 보고를 받은 정조는 신덕왕후 집터에 비를 세우고 비문에 새길 글을 직접 지어 내렸다. 이 조치는 선왕 때 있었던 신덕왕후 복위를 계술하는 것으로 표방되었다.

그런데 정조는 신덕왕후 집터에 비를 세우는 과정에서 곡산에도 치마곡이라는 곳이 있음을 발견하고 추가 조사를 명했다. 황해 감사는 태조가 지나갔다 하여 이름이 붙여졌다는 상유령(上踰嶺)을 비롯해 성조성, 용연 등의 사적에 대해 보고했다. 상유령은 북도에서 개경으로 통하는 길이고, 치마도(치마곡)와 성조성, 용연 등도 모두 태조가 고향에서 왕래하던 길에 있는 사적임을 확인했다.

정조는 치마도 터가 고을에서 멀리 떨어져 있으므로 옛터에서 가까운 곳에 '치마기(馳馬基)'라고 새긴 비를 세우도록 했다. 그리고 여기에 새길 글씨도 직접 써서 내렸다.

정조의 문집인《홍재전서》에는 이 비의 본문이 수록되어 있다. 정조는 2년 전에 함흥의 치마대에 비석을 세운 사실과 이번에 곡산의 신덕왕후 집터와 치마도 터를 확인하고 비석을 세운 경위를 설명했다. 아울러 위에서 말한 주변의 태조 사적들을 소개하면서 비를 세워 태조의 공업을 길이 전하려 한다는 의의를 밝혔다.

그런데 비의 앞면에 들어갈 표제가 작성되었음에도 비의 본문을 담은 비는 정조 당대에 세워지지 못했다. 1819년(순조 19)에 '곡산하남산치마도비(谷山河南山馳馬道碑)'라는 이름으로 비로소 건립되었다. 이 비의 제목은 '치마도'로 되어 있어 정조가 내린 글씨와 차이가 있다. 순조 때 비를 건립하면서 당초 정조가 쓴 글씨는 따로 새긴 것이 아닌가 한다.

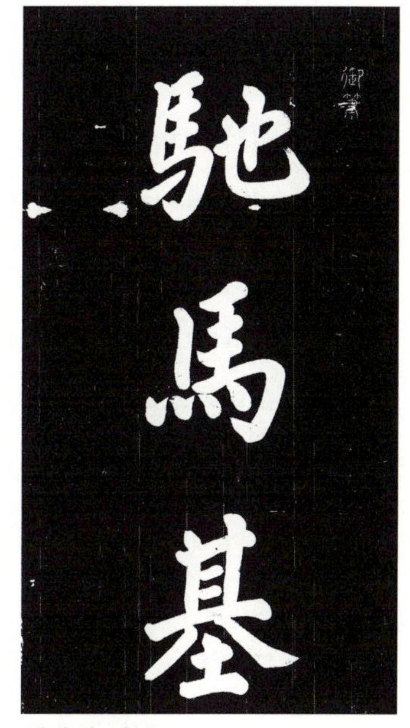

치마기 탁본

본궁 의례 정비와 환조의 영흥본궁 봉안

《본궁의식》을 편찬하다

정조는 북도를 비롯해 평안도와 황해도의 태조 관련 사적까지 찾아 정비하고 비를 세웠다. 이와 더불어 북도 사적의 핵심이라 할 본궁에 대해서도 본격적으로 손을 댔다. 함흥과 영흥의 본궁은 조선 후기에 그 사적이 중앙 정계에 알려진 뒤 끊임없이 폐지 주장에 시달렸다. 제사 내용이 예법에 어긋나고 내수사에서 알아서 관리한다는 게 주된 이유였다. 역대 국왕들은 선왕의 사적이라며 관행 유지를 고수했고, 숙종 때에는 신덕왕후를 추가 제사함으로써 창업 사적으로 의미를 부여했다.

하지만 본궁 운영의 근본 문제가 달라지지 않았기 때문에 이후에도 논란이 가라앉지 않았다. 다만 신덕왕후를 추가로 제사한 숙종의 사적으로도 의미가 있었기 때문에 전처럼 폐지를 주장할 수는 없었고, 이제 제사 내용과 운영 방식 개선이 주된 화두가 되었다. 1719년(숙종 45) 북도와 관련된 건의 가운데 본궁 의례에 관한 사항도 있었다. 여전히 내수사가 제사를 맡아 관리가 소홀하고 제사 내용도 예법에 어긋나니 정식 관원을 차출하고 제사도 고례를 참고해 재정비해야 한다는 내용이었다. 대리 중이던 세자는 이를 수용했으나 실행에 들어가지 못했다.

신덕왕후를 본궁에 추부하는 데 결정적 역할을 한 민진후도 제사 내용에는 비판적이었다. 그는 명목을 알 수 없는 기존 제사를 폐지하고 국가에서 정한 규정에 맞게 제의를 새로 마련해야 한다고 주장했다. 하지만 숙종은 외면했다. 논란은 정조 초

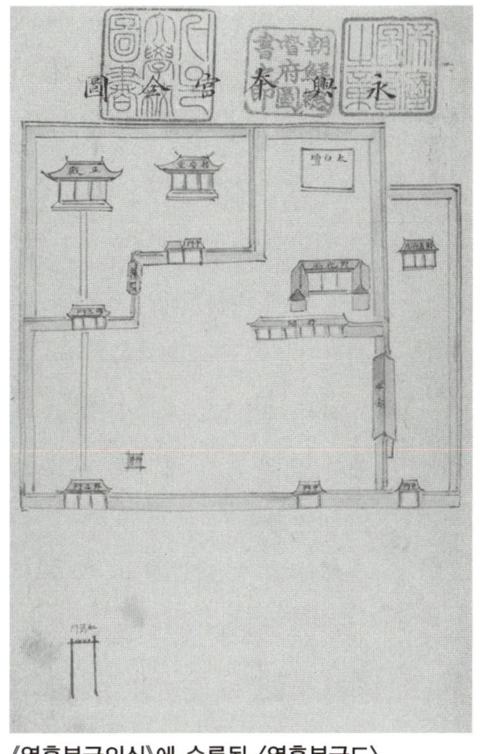

《영흥본궁의식》에 수록된 〈영흥본궁도〉

까지 계속되었으나 국왕과 신하의 입장은 달라지지 않았다.

국왕은 본궁을 창업 사적으로 인정함은 물론 본궁의 운영과 제의에도 선왕의 뜻이 담겨 있다고 보아 손댈 생각을 하지 않았다. 하지만 신하들은 창업 사적이라는 의미에는 동의했지만, 제사 운영과 내용까지 그냥 두고 볼 수는 없다는 입장이었다. 이에 따라 정조는 직접 제사를 재정비하여 논란을 종식시키고 창업 사적으로 확립하고자 했다.

본궁 운영이 새로운 국면을 맞는 시기는 1791년(정조15)이다. 이 해 10월 정조는 서영보를 보내 두 본궁을 살피고 제사 현황을 자세히 보고하도록

했다. 본궁 운영을 더 이상 그대로 둘 수만은 없다는 판단에 따른 것으로,
관행만 고집하던 이전 태도에서 한발 물러섰다.

서영보는 그동안 본궁 운영을 맡은 내수사 별차의 활동과 제사상에 올
리는 음식 구성 등에 대해 자세히 보고하는 한편, 제사 내용도 합리적으
로 개편할 필요가 있다는 의견도 첨부했다. 정조는 건의를 받아들여 제
사를 위해 내려보내는 물건과 수량, 그리고 제사에 쓰는 탁자 및 제기에
이르기까지 본궁 제사와 관련된 모든 사항을 손질했다.

먼저 제수는 모두 법도대로 할 수는 없어도 지나친 요소는 없애도록
했다. 또한 홀기˚에 수록된 형식과 절차도 조정에서 정한 내용이 아니므
로 바로잡도록 했다. 제례를 담당하는 하인들은 도식˚과 홀기를 외워 숙
달하게 하고, 제사를 맡은 관리와 하인들에게 급료를 주어 지속적으로
일할 수 있도록 했다. 제관의 경우, 일상적으로 이루어지는 삭망제는 별
차가 담당하되 규모가 큰 대향과 명절에 지내는 절제는 감사와 수령이
번갈아 참석하도록 했다. 대신이나 예조의 관원이 연례적으로 본궁을 살
피러 갔을 때 제향을 만나면 그가 제사를 주관하도록 했다. 가능한 한 제
관의 격을 높이도록 한 것이다.

정조는 개정한 내용을 책자로 만들어 각 본궁과 함경도 감영, 그리고
사고와 내각(규장각)·예조·내수사에 보관하도록 했는데, 이것이 《함흥
본궁의식》과 《영흥본궁의식》이다. 이 책은 1792년(정조 16)과 1795년 두
차례에 걸쳐 만들어졌다. 앞 책은 처음 본궁 제의를 정비하면서 만들었

●홀기(笏記) : 행사 절차를 정리해 참고할 수 있도록 한 작은 책자.
●도식(圖式) : 의례 내용을 그림으로 나타낸 것.

고, 뒤 책은 뒤에 설명하겠지만 환조의 위판을 영흥본궁에 추가로 봉안하면서 그에 따른 변화를 반영해 새로 만들었다.

당시 개정된 제의는 정조가 직접 쓴 서문과 더불어 《정조실록》에도 자세히 실려 있다. 이 가운데 제사의 종류는 기존의 내용을 대부분 그대로 유지했는데, 그 종류는 앞에서 설명했으므로 기타 부분의 개정 내용 몇 가지를 예시하면 다음과 같다.

① 제상에 올리는 품목 수 : 대제(大祭)에서는 함흥이 51품, 영흥이 63품. 소제(小祭)에서는 함흥이 39품, 영흥이 31품. 삭제와 망제에서는 함흥이 23품, 영흥이 22품.

② 음악·의복·폐백 : 음악은 향악(鄕樂)을 쓰고, 의복은 적색의 토산 비단을 쓰며, 폐백은 황색과 적색의 면포 2단을 쓴다. 초는 10월과 4월에만 적색을 사용한다. 향은 모두 자단*을 쓴다. 과일과 건어물은 토산품 대신 중앙에서 보낸다. 의복·폐백·향·초와 함께 동지에 가져간다.

③ 제기 : 주발에 술을 담고 사발에 음식을 올린다. 숟가락과 젓가락은 은으로 만들고 나머지 그릇은 놋그릇을 쓴다. 함흥은 585개에 추가로 70개를 쓰고, 영흥은 322개에 33개를 추가로 쓴다. 진설*은 도표(圖標)에 따라 하는데 함흥은 6도에 68표이고, 영흥은 6도에 74표이다.

정조의 개혁은 기존의 관행을 폐기하고 새 형식을 만드는 게 아니었

● 자단(紫檀) : 향나무의 일종.
● 진설(陳設) : 제수를 진열하는 것.

다. 가급적 관행을 수용하되 내용에 따라 부분 손질하여 품위와 일관성
을 유지하는 데 초점을 두었다. 제사 내용을 근본적으로 손대지 않은 것
은 선왕의 입장을 존중한다는 의미로, 정조는 직접 쓴 서문에서도 이를
분명히 했다. 다만 의례를 공식화함으로써 기존 관행으로 인한 문제를
해소하고자 했는데, 이것은 자신의 작은 정성이라고 정조는 설명했다.
이 문제로 신하들이 논란을 벌이는 신경전을 미리 차단하려는 의도를 둘
러서 표현한 것이다.

영흥본궁과 환조

영흥본궁은 본디 태조와 신의왕후의 위판만 봉안하고 있었는데, 숙종
때 신덕왕후의 위판도 추가로 봉안했다. 이에 영흥본궁도 함흥본궁처럼
태조의 사적으로 자리 잡게 되었지만, 제사 대상이 태조대에 국한되었다
는 점에서 태조의 4대조까지 제사하던 함흥본궁과 차이가 있었다. 그러
던 이곳에 추가한 환조와 의혜왕후의 위판은 기존과 다른 새로운 의미를
부여했다.

조선 후기 들어 정조 이전까지 환조의 사적을 특별히 주목한 경우는
거의 없었다. 태조가 태어난 곳으로 알려진 영흥 흑석리는 아버지 환조
의 사적이며, 태조의 잠저로서 정종과 태종이 태어난 함흥 귀주동의 옛
집 역시 환조의 집이었다. 하지만 이 사적들은 모두 환조보다 태조와 태
종에 초점을 두고 있었다. 그런데 정조가 새삼 환조에 주목한 이유는 환
조에게서 새로운 상징성을 찾았기 때문이다.

영흥본궁에 환조의 위판을 봉안한 직접적인 계기는 1795년 환조의 8주갑을 맞이하면서였다. 이 해에 정조는 환조의 능인 정릉에 대신을 보내 제사를 지냈다. 당일 밤에는 감회를 담은 시를 지어 정릉과 함흥본궁의 재실에 걸어 놓도록 했다.

정조의 명으로 실행된 정릉 제사는 환조에 대한 관심을 불러일으켰다. 영흥본궁에 환조를 추가로 제사해야 한다는 현지 유생의 요청이 올라온 것이다. 영흥본궁은 환조의 집이었으며, 환조가 이곳에 집터를 정해 왕업의 발판을 마련했다는 게 그 명분이었다. 그런데 실제 환조의 옛집은 영흥본궁이 아니라 준원전이며, 태조가 태어났다는 이야기가 전하는 곳도 따로 있었다. 다만 모두 흑석리에 소재하고 있어 여러 사적을 영흥본궁으로 모은 것이다. 요청을 1차 검토한 예조도 같은 의견으로 정조에게 보고했다. 제의를 정비한 뒤 영흥본궁이 태조의 사적으로 확고해진 결과였다.

당시 요청에는 태조가 왕이 되리라는 비기°와 이승°이 점 풀이를 한 자취 등 태조와 관련된 이야기 몇 가지가 인용되었다. 이성계가 왕이 되리라는 비기란, 그가 즉위하기 전에 어떤 사람이 지리산 바위 속에서 얻었다면서 전한 글에 "목자가 돼지를 타고 삼한의 경계를 다시 바로잡는다〔木子乘猪下 復正三韓境〕"라고 되어 있었다는 것을 말한다. '목자(木子)'는 '이(李)'를, 돼지는 이성계가 태어난 을해년을 각각 의미하며, 이성계가 새 왕조를 세울 것이라는 도참°을 담고 있다. 이승의 점 풀이란 석왕사 사적

●비기(秘記) : 미래의 일에 대해 비밀스럽게 전해지는 이야기.
●이승(異僧) : 외모나 행동이 평범하지 않은 승려.
●도참(圖讖) : 미래의 일을 예언하는 징조와 유언비어.

에서 언급했듯이 무학대사가 이성계가 왕이 될 꿈을 풀이해 준 것을 가리킨다.

또한 영흥본궁의 등록*에서 본궁 전사청*의 보수와 운영과 관련된 기록을 찾아 그곳에 인용된 내용도 소개했다. 이에 따르면, 1725년(영조 1) 4월 전사청을 중건하기 위해 옛날 청사를 철거할 때 그 대들보에 먹으로 쓴 글씨가 남아 있었는데, 거기에 1396년(태조 5)에 창건했고 1632년(인조 10)에 중건했으며 1665년(현종 6)에 다시 중수했다고 적혀 있었다고 한다.

이 기록을 그대로 받아들이면, 영흥본궁은 본디 태조가 환조를 위해 설치하고 제사를 올리던 곳이라는 해석이 가능하며, 환조 제사가 누락된 것은 잘못이라는 주장이 설득력을 얻게 된다. 이를 통해 영흥본궁에 "태조가 창건한 것"이라는 새로운 사적이 추가되었다. 이것은 환조에 대한 태조의 '효'를 드러내는 중요한 명분이 되었다.

정조는 근거 자료가 있고 시기상으로도 의미가 있다며 적극 찬동했다. 시기상으로 의미가 있다는 것은 곧 환조의 주갑을 맞이한 것을 가리킨다. 정조는 예조로 하여금 환조 이상 선조들 제사의 타당성도 검토하도록 했다. 예조는 환조를 함께 제향하는 건 타당하지만 그 이상의 선조는 제사할 근거를 찾을 수 없다고 보고했다. 이튿날 정조는 신하들을 부른 자리에서 영흥본궁에 환조를 추가로 제사하기로 결정하고 며칠 뒤 이를 종묘에 직접 고했다. 이어 백관의 하례를 받고 사면령을 반포했다.

●등록(謄錄) : 참고와 대조를 위해 서류 등을 베껴 놓은 책.
●전사청(典祀廳) : 제사 운영을 담당한 관청 또는 그 건물.

4월에 환조의 위판을 영흥본궁에 봉안하는 의례가 거행되었다. 정조는 특별히 주민들이 와서 구경하도록 허락했고, 직접 시제를 내려 영흥과 함흥의 유생과 무인들을 대상으로 현지에서 과거를 베풀었다. 그리고 감사로 하여금 양로연도 열도록 했다. 이 시험에서 선발된 사람의 명단과 시험 답안지를 모아 책으로 정리했는데, 이것이 《풍패빈흥록(豊沛賓興錄)》이다.

환조 위판 영흥본궁 봉안은 현지 유생의 요청을 계기로 시작되었지만, 진행 과정에는 정조의 의지가 강하게 배어 있었다. 연초에 이미 환조의 8주갑을 근거로 정릉에서 제사를 지냈고, 이것이 현지 여론을 자극해서 유생의 요청이 올라왔다. 추가 봉안을 결정할 때에도 이전에 본궁 의례를 정비한 사실을 언급하며 이미 관심을 두고 있음을 분명히 했다.

앞서 태조와 태종의 주갑에 맞추어 각각의 탄생처에 비를 세워 사적을 기록한 일이 있었다. 정조는 환조 주갑에도 이와 같은 조치를 찾았고, 그 하나가 바로 환조의 위판을 영흥본궁에 추가로 봉안하는 일이었다. 실제로 정조는 유생의 요청은 단순한 계기로 돌리고 결정적 요인은 엉뚱하게도 조상이 꿈에서 계시한 데서 찾았다.

대신들을 불러 논의할 때 정조는 조상이 꿈에서 가르쳐 주지 않았다면 그 필요성을 깨달을 수 없었을 거라며 실행 의지를 밝혔다. 이후에도 정조는 계속 꿈을 들먹였다. 견강부회로 비칠 수 있어 자세히 말할 수 없다고 하면서도 황당한 일로 치부할 수 없다고 강변했다.

정조가 비판의 소지가 있음을 알면서도 굳이 꿈을 결정적 명분으로 들고 나온 것은 자신의 행위를 선조의 뜻과 직접 연결시키려 했기 때문이다. 곧 선조의 뜻을 이해하고 그에 맞추어 의례를 실현할 수 있는 존재는 자신뿐임을 꿈을 매개로 피력한 것이다. 그런 정조에게 유생의 상소나 대신들의 논의는 국왕의 뜻을 뒷받침하는 부수적인 과정에 불과했다.

결국 환조를 영흥본궁에 추가로 제사한 것은 정조의 정치적 의도에 따라 준비되고 실행된 결과였다. 정조는 논의 과정에서 "의례의 실현은 때를 기다려야 한다"고 했는데, 이는 이전부터 환조의 8주갑에 맞추어 의례를 실행할 의도였음을 보여 준다. 그리고 그 배경에는 같은 해 회갑을 맞이한 사도세자 문제가 자리하고 있었다.

환조가 된 사도제사, 태조가 된 정조

정조와 아버지, 사도세자

사도세자를 뒤주에 가둬 죽인 영조는 그 아들인 세손을 자신의 첫 아들 효장세자의 아들로 삼았다. 효장세자는 영조가 연잉군 시절 정빈 이씨와의 사이에서 얻은 아들로 즉위 후 세자로 책봉되었으나 1728년(영조 4) 10살의 나이로 요절했다. 정조는 즉위 초 영조의 뜻대로 효장세자를 진종으로 추존하고 그 계승자가 되었다. 그러나 한편으로 사도세자의 아들이라는 점도 분명히 했다.

정조는 즉위 직후 영조의 빈전* 문 밖에서 대신을 접견하고 다음과 같은 윤음*을 내렸다.

●빈전(殯殿) : 시신을 안치한 전각.
●윤음(綸音) : 국왕의 뜻을 밝힌 글.

나는 사도세자의 아들이다. 선대왕(영조)께서 종통의 중요함을 위해 나에게 효장세자를 이어받도록 명하셨다. 전일에 선대왕께 올린 글에 "근본을 둘로 하지 않는다"는 내 뜻이 담겨 있다. 예(禮)는 엄격하게 해야 하지만, 정(情) 또한 펴지 않을 수 없다.

정조는 예와 정, 두 가지 측면에서 자신의 입장을 정리했다. 예법으로 보아 효장세자의 아들임을 인정했다. 사도세자를 제사할 때에는 대부의 예를 적용하여 종묘와 차이를 두도록 했다. 아울러 사도세자를 국왕으로 높이자고 요청하면 엄벌하고 영조의 영전에 고하겠다고 엄포를 놓았다. 그러나 자신을 낳아 준 아버지에 대한 마음 또한 부정할 수 없으므로 그에 합당한 도리를 다하겠다는 생각이었다. 그것은 곧 낳아 준 아버지에 대한 '효'를 구현한다는 의미였다.

정조는 즉위한 뒤 사도세자에게 '장헌(莊獻)'이라는 시호를 올렸다. 그리고 묘소를 영우원, 사당을 경모궁이라 했다. 이때 효에는 차이가 없으므로 전(殿)과 궁(宮)을 같게 하겠지만, 예에는 구분이 있으므로 죽책(竹冊)과 옥책(玉冊)을 구분하도록 했다. 전은 진종(효장세자)을 종묘에 부묘하기 전에 신주를 봉안하고 있던 연복전을 말하며, 궁은 사도세자의 사당으로 마련된 경모궁을 가리킨다.

죽책은 책문을 대나무로 만든 것으로 사도세자에게 적용된 대부의 의례에 해당한다. 옥책은 책문을 옥으로 만든 것으로 왕례이다. 책문은 책봉이나 존호·시호를 올릴 때 그 내용을 정리한 것으로 세자·세자빈·왕세손에게는 죽책을 사용하고, 국왕·왕비·대비에게는 옥책을 사용했다. 이것은 사도세자에 대한 영조의 조치에 토대를 두고 있다. 영조는 사도세자가 죽은 직후 내린 글에서 30년 가까운 부자의 의리를 생각하지 않을 수 없고 세손의 마음도 배려한다는 의미에서 세자의 지위를 그대로 인정하고 시호를 '사도(思悼)'라고 정해 주었다. 세자빈 홍씨에게는 혜빈이라는 위호*를 내렸다. 이것은 효장세자 사후에 세사빈 조씨를 현빈으로 책봉한 것과 같은 예이다.

영조의 조치는 정조를 효장세자의 아들로 삼았어도 사도세자와 정조 사이의 혈연 관계를 부정하지 않는다는 의미였다. 정조가 즉위한 뒤 곧바로 자신이 사도세자의 아들임을 강조하고 그에 부합하는 조치를 취할 수 있었던 것도 이 때문이다.

정조는 이후 왕실에서 존호를 새로 올리는 조치가 있을 때마다 사도세자도 그 대상에 넣었다. 1783년(정조 7) '수덕돈경(綏德敦慶)'이라는 존호를, 이듬해에는 '홍인경지(弘仁景祉)'라는 존호를 올렸다. 그리고 1795년(정조19)에는 '장륜융범기명창휴(章倫隆範基命彰休)'라는 존호를 올렸다.

그런데 1795년의 존호는 앞서 올린 것과 성격을 달리한다. 8자의 존호는 숙종 때 태조와 태종의 시호를 추가로 올릴 때 확인했듯이 국왕에게만 적용된다. 정조는 1783년 존호를 올릴 때 "우리나라의 의례에서 대왕의 존호는 8자"라고 전제한 뒤, 2자를 올리는 전례가 없다며 사도세자에게는 존호를 4자 올리도록 했다. 대개 왕비나 대비에게는 존호를 2자 올렸다. 죽은 세자에게 존호를 올리는 전례가 거의 없었기 때문에, 정조는 그 기회에 세자에게 올리는 존호를 4자로 못박은 것이다.

그러나 1795년, 정조는 자신이 세운 원칙을 깨면서까지 사도세자에게

● 위호(位號) : 지위를 표현하는 칭호.

8자의 존호를 올렸다. 여기에는 사도세자를 국왕에 준하여 인식하고 그에 맞는 예우를 한다는 의미가 담겨 있었다. 이전에 존호를 올릴 때에는 죽책을 사용했으나 이번에는 옥책을 올린 것도 그 표현이었다. 옥책과 죽책은 국왕과 세자를 구분하는 기준이었다.

사도세자에게 국왕과 다름없는 위상을 부여하려는 정조의 의도는 이전에 존호를 올릴 때부터 이미 예견된 일이었다. 1783년에 올린 존호는 사도세자에 대한 정조의 효심을 명분으로 삼았다. 이듬해인 1784년에는 영조 즉위 1주갑을 기념해 존호를 올렸는데, 이것은 당시 관례에 비추어 충분히 예견되는 일이었다. 정조는 이를 계산하고 효심을 명분으로 사도세자에게 미리 4자의 존호를 올리고, 이를 정식으로 삼아 이듬해 다시 4자의 존호를 더 추가했다. 결과적으로 8자 시호의 효과를 낸 것이다. 1783년에 올린 존호는 이듬해에 예정된 조치를 미리 생각하고 8자의 시호를 구성하기 위해 시행한 조치였던 것이다. 자신을 효장세자의 아들로 삼아 왕위를 계승케 한 영조의 조치를 부정하지 않으면서 사도세자를 진종과 다름없는 위치로 올려 놓는 묘책이었다.

1795년 정조는 한 걸음 더 나아갔다. 여전히 사도세자를 직접 국왕으로 추존할 수는 없었지만, 이전과 다르게 8자의 시호와 옥책을 사용함으로써 사실상 국왕의 의례를 구현했다. 당시 정조는 국왕과 다름없는 사도세자의 위상을 전면에 내세우기 시작했다. 환조를 영흥본궁에 추가로 봉안한 것도 이 맥락에서 이루어진 치밀한 조치였다.

정조가 화성을 건설한 의미

사도세자의 묘는 본디 양주에 있는 영우원이었으나 1789년(정조 13) 묘를 수원으로 옮기고 현륭원이라 했다. 이후 정조의 현륭원 행차는 해마다 이루어졌다. 앞서 정조는 궁궐 밖에서 묵을 때면 이틀 전에 종묘와 경모궁에 사유를 고했다. 그런데 원행*에서는 이를 폐지했다. 번거로움을 피한다는 의미였지만, 뒤집어보면 현륭원 행차를 정조의 일상적인 활동으로 규정하는 의미가 있었다.

상시적인 원행을 뒷받침하는 데 필요한 제도와 시설도 마련되었다. 한강을 건너기 위한 배다리 설치를 주관하는 주교사를 두었고, 이전에 거쳐 가던 과천 길이 험해서 금천(시흥)을 경유하는 신작로를 건설했다. 정조의 행차가 지나갈 때 직접 징을 치며 국왕에게 호소하는 격쟁도 관례가 되었다. 아울러 수원성을 쌓고 도시를 새로 건설했다. 고을의 등급도 최상인 유수부로 올렸다. 유수부는 도성을 사방에서 호위하는 동시에 필요할 경우 도읍의 기능을 대행할 수 있는 고을이다. 이렇게 해서 개성과 강화, 광주 그리고 수원 등 4개 유수부가 한양 도성을 둘러쌌다.

1792년(정조 16) 사도세자 30주기를 맞아 사도세자를 높이려는 정조의 행보도 빨라졌다. 이때 정조는 처음으로 임오의리에 대해 분명한 입장을 밝혔다. '임오의리'란 사도세자가 죽은 사건, 곧 임오화변에 대한 평가를 의미한다. 임오화변은 영조의 처분이었기에 정조는 그동안 이에 대해 침묵했다. 정조는 이 사건의 책임이 영조에게 있다고 생각하지 않았다. 그

보다는 줄곧 영조를 괴롭힌 당론이 결국 사도세자를 죽음으로 몰고 갔다고 보았다.

정조는 사도세자에 대한 효심과 선왕에 대한 존숭을 몸소 실천하면서 자신에 대한 신하들의 충성을 요구했다. 자신이 보여 주는 효심과 존숭처럼 신하들의 충성도 변할 수 없는 원칙이라 규정했다. 이 원칙은 인조반정 이후 신하들이 공론을 통해 국왕을 교체할 수 있다고 보는 명분을 뒤집는 것이었다. 일단 군신 관계가 맺어진 이상 그 관계는 절대 변할 수 없다는 생각이었다.

정조는 "충신은 두 임금을 섬기지 않고, 열녀는 두 지아비에 시집 가지 않는다[忠臣不事二君 烈女不更二夫]"라는 이념을 내세웠다. 단종에게 충성을 바친 사육신은 물론, 살아서 절의를 지켰다고 평가되는 생육신도 표창했다. 쫓겨난 임금이지만 자신이 섬기던 광해군에게 마지막까지 충성을 다한 유몽인을 복권시켰다. 부모와 자식 관계가 그러하듯 지아비와 지어미, 임금과 신하 관계도 모두 바뀔 수 없는 관계라고 간주했다. 그러한 규정에 맞게 정조는 충신과 열녀, 효자의 사적을 발굴하고 표창했다.

이것은 비단 국왕에게만 적용되지 않으며 그 후계자로 연장되었다. 이렇게 보면 임오화변 때 관직에 있던 자라면 그 누구도 사도세자의 죽음에서 자유로울 수 없었다. 정조는 즉위한 뒤 자신의 외할아버지인 홍봉한을 쫓아내고 그 동생인 홍인한과 고모 화완옹주의 양자인 정후겸을 사사한 데 대해 나중에 근본적인 이유가 사도세자 문제에 있었다고 밝혔다.

이러한 행보의 목표점은 자신과 후계자에 대한 신하들의 끝없는 충성에 있었다. 사도세자에 대한 정조의 효심은 이러한 정치적 의도를 포장하기에 충분했다. 사도세자는 정조의 권위를 확고부동하게 만드는 표상이었다. 이를 발판으로 정조의 권위는 왕조의 정점인 창업주 태조와 같은 의미로 발전해 갔다.

1793년(정조 17)에는 수원을 화성(華城)으로 고치면서 '왕도'에 버금가는 의미를 부여했다. 조선 왕조의 도읍은 분명 한양이지만, 정조는 화성을 풍패에 비유했다. 풍패는 각각 주나라와 한나라의 왕업이 일어난 곳이다. 조선에서는 주로 북도를 가리키는 말이었다. 정조가 화성을 풍패로 부른 데에는 이곳 화성을 자기 왕업의 출발로 삼는다는 깊은 뜻이 있었다. 그 근거는 사도세자의 능을 이곳으로 모셔 오고 화성을 새로 건설한 것만으로도 충분히 짐작할 수 있다.

또한 정조는 화성의 모습을 '영반호거'*라 했는데, 이는 영조가 경복궁의 근정전 구기에 행차하여 "창업과 중흥은 만세의 법이요, 청룡과 백호가 걸터앉은 한양성이다[創業中興萬世法 龍蹲虎踞漢陽城]"라고 노래한 것과 같다. 화성이 한양 도성과 같은 의미를 가진다면, 정조는 창업주 태조의 권위를 고스란히 얻는 거나 마찬가지였다.

《원행을묘정리의궤》 부록에 담긴 뜻

사도세자를 명분으로 삼은 정조의 정치적 행보가 가장 극명하게 드러난 움직임은 1795년(정조 19)의 원행이었다. 이 해는 바로 사도세자가 회

● 영반호거(龍盤虎踞) : 용이 서리고 호랑이가 뛰는 성대한 모습.

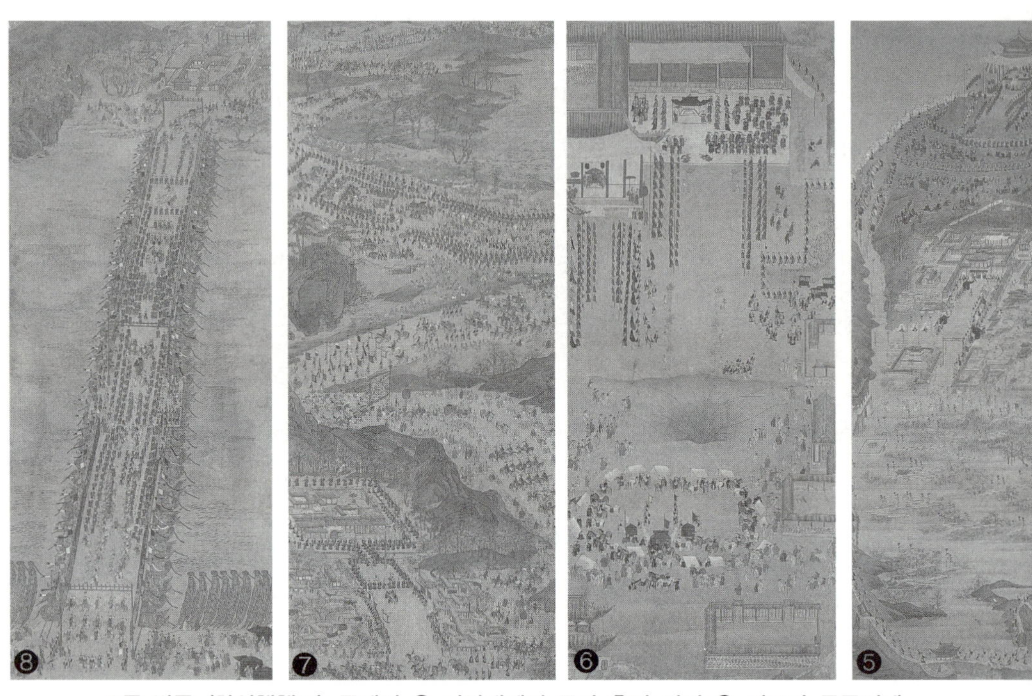

8폭 병풍 〈화성행행도〉 중에서 ❺ 서장대에서 군사 훈련 장면 ❻ 정조가 득중정에서 불꽃놀이 구경하는 장면 ❼ 어머니 혜경궁 홍씨를 모시고 화성을 떠나 돌아오는 장면 ❽ 정조 행렬이 배다리를 건너는 장면

갑을 맞는 해였다. 그리고 사도세자와 동갑이었던 혜경궁 홍씨의 회갑이기도 했다. 사도세자의 회갑을 기념하여 이루어진 현륭원 행차 뒤에는 행궁에서 연회를 여는 등 다양한 행사를 베풀었다.

당시 정조의 화성 행차와 그곳에서 베푼 행사는 8폭 병풍에 그림으로 담겨 전해 오고 있다. 이것이 잘 알려진 〈화성행행도(華城幸行圖)〉이다. 정조는 당시 원행과 관련된 여러 내용을 종합 정리한 의궤도 제작했는데, 이것이 《원행을묘정리의궤(園幸乙卯整理儀軌)》이다. 이 의궤에는 부록 4편이 함께 실려 있다.

영괴대비와 비각

　부록 1은 이 해 6월에 역시 회갑을 맞이한 혜경궁의 회갑연을 창경궁 명정전에서 베푼 일에 대한 내용이고, 부록 2는 이 해 정월에 경모궁에 참배한 일, 부록 3은 환조를 영흥본궁에 추가로 봉안한 일, 부록 4는 사도세자가 온양 행궁에 갔던 일을 기념하여 정조가 그곳 사적인 영괴대에 비를 세운 경위를 정리한 내용이다.

　이 부록들은 원행 외에 사도세자와 관련된 제반 행사를 함께 수록한 것인데, 여기에 환조에 대한 일이 포함되었다. 이 또한 사도세자를 기리는 사업의 일환이었다는 뜻이다. 환조와 사도세자를 연결하는 고리는 이

해가 환조의 8주갑이자 사도세자의 1주갑이었다는 데 있다. 두 사람은 공교롭게도 태어난 해의 간지가 '을묘'로 같았다.

앞서 설명한 《풍패빈흥록》 서문에는 환조와 경모궁, 혜경궁의 주갑이 일치하는 데서 정조의 생각이 출발했음이 드러나 있다. 환조와 관련된 행사의 궁극적인 목적은 환조 자체보다 사도세자를 향하고 있었다.

사도세자의 사당인 경모궁에서 행하는 의례는 본궁 의례를 참조하고 있었다. 1796년(정조 20) 8월, 경모궁의 크고작은 제사에서 자시˙반에 제사를 지내도록 했다. 원래 《오례의》에는 종묘와 사직의 제사를 축시(丑時)에 거행하도록 되어 있었으나, 함흥과 영흥의 본궁에서는 국초부터 자시 반에 지내는 것이 관례였다. 정조는 본궁의 관례를 그대로 인정함은 물론 이를 경모궁에도 적용했다.

정조가 사도세자를 기리는 일과 환조를 영흥본궁에 제사하는 일은 '효'라는 관점에서 연결되었다. 태조가 환조를 위해 영흥본궁을 창건했다고 본 데에는 태조의 효를 드러내려는 의도가 담겨 있다. 한편 정조가 이곳에 환조를 제사한 것은 태조의 효를 기리는 동시에 사도세자에 대한 자신의 효를 부각시키는 효과가 있었다.

나아가 사도세자를 환조에 견주고, 환조를 대하는 태조의 자리에 자신을 넣음으로써 결국 자신을 태조와 동일시하는 효과를 이끌어 냈다. 이해 정월 환조의 능에 지내는 제사는 이후 진행되는 모든 의례의 출발이었다. 이때 정조가 한 말은 그가 무엇을 노리고 있었는지 잘 보여 준다.

●자시(子時) : 밤 11시에서 1시 사이

내가 태조의 마음으로 내 마음을 삼았으니, 금년은 마땅히 정성과 사모를 펼치는 조치가 있어야 할 것이다. 함흥의 정릉은 바로 우리 환조의 능이니 대신을 보내 술을 올리는 의례를 대신 행하게 하되, 먼저 그 사유를 종묘의 영녕전과 함흥본궁에 고하게 하고, 행하기에 합당한 절차를 널리 조사해 정한 뒤 보고하라.

환조의 영흥본궁 봉안은 효를 매개로 태조와 환조의 부자 관계를 부각시키는 것이며, 이는 곧 정조가 사도세자를 높이는 것과 같은 맥락이었다. 따라서 두 조치가 연결되면 환조와 태조의 관계를 사도세자와 정조 자신의 관계에 투영하는 결과를 유도할 수 있었다. 이로부터 10여 일 뒤 사도세자에게 8자 존호를 올리는 조치가 있었다.

정조가 환조를 기린 중요한 명분은 태조를 낳아 창업의 토대를 마련했다는 데 있었다. 이것은 영흥본궁에 위판을 봉안한 뒤 반포한 사면령 서두에서 "환조대왕께서는 성인을 낳아 왕업의 터전을 여셨다"라고 명시한 데서 잘 나타난다. 비록 왕위에 오르지는 않았으나 조선의 창업주를 낳은 사실은 부정할 수 없는 공업이었다. 마찬가지로 정조를 낳은 사도세자도 정조 왕권의 전제였다. 정조는 즉위 초부터 이를 분명히 했지만, 1795년에 그 이념이 전면 분출되었다.

이렇게 정조는 사도세자를 추존하지 않고서도 국왕이나 다름없는 존재로 만들었고, 자신은 창업주가 아님에도 그와 다름없는 권위를 확보했다. 이렇게 해서 중흥 사업을 자임했던 영조에 비해 창업에 한 걸음 더 다가갔다. 이것을 가능하게 한 동력은 사도세자에 대한 효심이며, 환조는 그 가치를 역사적으로 보증했다.

《원행을묘정리의궤》 부록 3에 수록된 정조의 시 두 편에는 환조의 상

정성이 잘 표현되어 있다.

① 혼령께서 길이 이 해의 터를 여셨으니 공손히 주나라 칠저의 시를 올립니

다   靈麻長發是年基 恭薦周家漆沮詩

② 8번째 주갑에 황하가 맑아지기를 기약하고 세 심지 마음의 향은 밤을 새웁

니다   八回寶甲河淸期 三炷心香漏撤時

①은 정릉에 제사 지낼 때 내린 시로, 환조가 자신까지 이어져 온 왕업의 터를 열었음을 말하면서 이를 주나라 시작에 비유했다. 칠저는 《시경》에 나오는 말로 주나라 백성이 칠수와 저수에서 연원했음을 가리킨다. 이는 곧 환조를 조선 창업의 표상으로 확정하는 것이다.

②는 환조의 위판을 영흥본궁에 봉안할 때 내린 시로, 당시 조치를 황하가 맑아지는 데 비유했다. '중흥'으로 규정한다는 뜻이다. "세 심지 마음의 향"은 태조와 환조 그리고 사도세자에 대한 정조의 추모를 상징한다. 환조의 위판을 봉안하는 날, 정조는 경모궁에서 밤을 새웠다고 한다.

정조는 환조와 사도세자의 주갑이 일치하는 점을 이용해 사도세자에 대한 사실상의 추존을 행했다. 그리고 자신은 효를 매개로 태조와 같은 자리에 섰다. 이것은 정조의 학문적 자신감과 더불어 군신 관계에서 국왕의 강력한 주도권을 뒷받침했다.

숙종이 되살린 창업주 태조는 그렇게 정조에게 스며들었다. 그리고 19세기를 거쳐 대한제국기까지 태조는 왕조의 상징으로 그 자리를 지켜 나간다.

숙종은 왜 태조의 후광이 필요했을까

선왕, 왕조시대의 정치적 후광

권력은 두 가지를 뼈대로 삼아 만들어진다. 하나는 자신의 능력, 하나는 다른 사람의 후광이다. 모든 권력자는 당연히 자신의 능력을 내세운다. 권력을 다지는 과정에서 아무리 남의 도움이 컸다 해도 자신의 능력을 내세워야 한다. 그래야 권위가 선다. 하지만 그것만으로 부족할 때가 있다. 자신의 능력이 충분히 입증되지 않을 때, 혹은 자신의 능력만으로 정치를 이끌어 가거나 난관을 넘어서기 어려울 때, 혹은 다른 사람의 도전을 받거나 하여 더 많은 힘이 필요할 때에는 누군가의 후광을 빌리게 된다. 그것은 '나'만이 가진 특권이자 또 다른 의미의 능력이다. 그 특권을 가진 나는 다른 사람과 다른 차원의 권력 정당성을 가진다.

왕조의 권력은 혈통에서 온다. 국왕의 아들이라야 국왕이 될 자격을 가진다. 그리고 국왕과 신하가 모두 동의할 수 있도록 '적장자'가 왕위를 이어 가는 것을 이상으로 삼았다. 하지만 늘 적장자가 왕위를 잇는 것은 그리 쉬운 일이 아니다. 왕비가 아들을 낳아야 하고, 그 아들이 무사히 장성해야 한다.

적장자가 없을 때에는 그다음 아들이, 혹은 후궁이 낳은 아들이 왕위를 잇기도 한다. 때로는 동생이, 때로는 장손이 왕위를 잇는다. 드물게는 왕의 아들이 아닌 사람이 왕위에 오르기도 하는데, 명종의 후계자가 되는 선조, 반정으로 즉위한 인조는 후궁이 낳은 아들(왕자)의 아들이다. 그리고 철종은 영조의 아들 사도세자의 후손이다.

이렇게 국왕과의 혈연이 멀어질수록 저절로 주어지는 권위는 줄어들고 신하들의 입김은 커질 수밖에 없다. 모든 권력이 국왕에게 집중되는 속성상 국왕은 어떻게든 권력을 다지고 넓히려 한다. 하지만 신하들은 마음대로 권력을 휘두르려는 국왕의 행동을 최대한 막으려 한다. 정통성에 약점이 있는 국왕일수록 신하들의 간여가 커지며, 국왕은 반대로 이를 돌파하기 위해 여러 방법을 모색한다.

광해군은 이미 세상을 뜬 생모를 공성왕후라 하여 왕비로 높였고, 인조 또한 자신의 아버지를 원종이라 하여 국왕으로 추존했다. 마치 자신이 정통성을 가진 국왕인 듯. 하지만 나중에 가상으로 만든 이러한 형식은 겉모습은 그럴듯해도 실제로 의미를 가지는 데는 한계가 분명했다. 그래서 좀 더 현실적이고 무게 있는 조치가 필요했다.

이때 가장 강력한 방법이 바로 선왕의 권위를 내세우는 것이다. 권위의 토대를 쌓을수록 자신의 부족함을 효과적으로 덮을 수 있다. 적장자가 아니라는 허점을 절대 권위를 가진 선왕의 후손이라는 명분을 끌어들여 포장한다. 선왕의 뜻을 이어받아 사업을 실현해 나간다는 '계지술사

(繼志述事)', 곧 '계술'의 이념이다. 국왕은 선왕의 처분을 준수해 나가는 것을 원칙으로 삼았고, 신하들 또한 이 원칙을 쉽게 건드리지 못했다. 나아가 선왕의 뜻을 실현하기 위해 새로운 사업을 벌여 나갈 수 있는 길도 터 주었다. 선왕은 그만큼 국왕의 독자적인 행보를 받쳐 주는 후광이었다.

무력으로 권력을 잡고 조카 단종을 밀어낸 세조는 즉위 명분에 큰 약점을 안고 있었다. 자신을 부정하고 단종을 복위시키려는 사건을 만났고, 함경도에서 이징옥과 이시애의 반란을 연이어 겪었다. 세조는 이러한 공격에 맞서 세종의 뜻을 이어받아 실현한다는 점을 집권 명분으로 내세웠다. 그리고 《경국대전》 편찬을 비롯해 체제 정비에 주력했다. 이 명분은 장자인 의경세자가 죽고 다시 세자로 책봉된 둘째 아들, 곧 예종에게 내려준 《훈사》에 고스란히 담긴다.

국왕으로서 새겨야 할 내용을 자세히 설명한 이 책에서, 세조는 선왕의 행적을 그대로 따르려고만 한다면 둥근 구멍에 네모난 손잡이를 끼우려는 행태와 같다고 비유했다. 모름지기 국왕은 선왕의 뜻을 준수해야겠지만, 그렇다고 시대 상황이 달라졌는데도 선왕의 조치만 그대로 고집하면 안 된다는 것이다. 상황에 맞게 적절히 변통해야 통치가 제대로 이루어진다는 충고였다. 이때 선왕의 뜻을 이해하고 현실에 맞게 실현해 나가는 주체는 국왕이다. 국왕의 주도적 판단을 강조한 부분이다.

이렇게 현 국왕의 권력을 보증하는 선왕의 권위는 당연히 창업주 태조에서부터 출발한다. 하지만 1부에서 설명했듯이, 조선 전기 내내 태조의 권위는 그다지 드러나지 않았다. 태종에 의해 태조의 권위가 묻혀 버린 탓이 크지만, 이를 다시 살려 낼 만큼 절실한 국왕 또한 없었기 때문이다. 왕위 계승에 굴곡은 있었지만, 그래도 국왕과 왕비의 아들이 왕위를 잇는 정통성만큼은 유지되었다. 연산군은 생모가 폐위되었지만 새 왕비인 정현왕후의 아들로 장성해 세자로 책봉되는 과정을 정상적으로 밟았다.

왕위 계승에서 처음 문제가 나타난 임금은 선조이다. 그는 중종의 아들 덕흥군의 아들로 본디 군호(君號)는 하성군이었다. 명종의 아들 순회세자가 아들 없이 사망한 뒤 후계자를 다시 정하지 못한 채 명종마저 사망하자, 하성군이 후계자로 지명되었다. 그는 국왕의 아들이 아니었지만 중종의 장자인 복성군에게 입후*되어 그의 제사를 이어받았다. 곧 중종의 장손이 된 것이다. 이러한 명분 덕분에 명종의 후계자로 선택될 수 있는 우월한 위치에 있었다. 물론 그렇다고 해서 국왕의 아들이 아니라는 태생적인 약점이 묻혀진 건 아니다.

선조를 이은 광해군은 적자도 장자도 아니었다. 친형 임해군이 있었고 인목왕후가 낳은 영창대군이 있었다. 이 문제로 세자의 자리까지 위협받았던 광해군은 즉위 뒤에도 명나라의 인정을 제때 받지 못했다. 이에 자질을 갖춘 사람을 후계자로 삼는다는 '택현 이념'으로 자신의 즉위를 정당화했지만, 그것만으로는 한계가 있었다. 이미 오랜 세월 세습 왕조가 거듭된 상황에서 중국 고대의 이상적 방식이었던 택현이 다른 명분을 압도할 수 있는 힘은 없었다. 이때부터 태조가 되살아날 조건이 갖추어지기 시작했다.

광해군의 행보는 인조반정으로 그가 폐위되면서 꺾이기는 했지만, 왕의 아들이 아닌 인조는 정통성에서만큼은 광해군보다 취약했다. 아버지 정원군을 대원군*으로 올렸다가 다시 원종으로 추존해 이를 만회하려 했

───────────────

● 입후(立後) : 후손이 없는 사람에게 제사를 받들 후계자를 정해 주는 것.

지만, 가상으로 설정된 국왕의 아들로서 얻어 낼 수 있는 현실적인 도움은 그리 크지 않았다.

인조의 다음 왕위는 둘째 아들이 이었다. 장자인 소현세자가 의문의 죽음을 맞이한 뒤, 인조는 원손으로 왕위를 잇게 해야 한다는 신하들의 중론을 무시하고 둘째 아들 봉림대군(효종)을 새로 세자로 책봉했다. 이렇게 형의 그림자를 안고 즉위한 효종은 태조의 사적에 다시 주목하는 움직임을 보였다. 하지만 북벌이라는 당면 과제에 몰두하다가 뜻을 이루지 못한 채 세상을 떠나 이렇다 할 성과를 내지는 못했다.

이러한 흐름을 볼 때, 숙종에 이르러 태조 사적을 재인식하는 본격적인 조치가 나타난 현상은 그리 이상하지 않다. 오히려 충분히 그럴 때가 되었다고 볼 수 있다. 그러나 숙종에 대해 깊이 들여다보면 의문이 생길 수 있다. 숙종은 조선 왕조에서 가장 정통성이 확실한 존재였기 때문이다. 그는 국왕과 왕비의 아들로 태어났으며, 적장자로서 원자와 세자를 거쳐 즉위했다. 왕위를 위협할 다른 남동생이 있었던 것도 아니다. 이렇게 즉위한 국왕은 숙종이 사실상 유일하다.

연산군은 태어날 때에는 왕비의 아들이 아니었고 이후 왕비가 된 어머니는 폐위되고 사약을 받는 곡절을 겪었다. 인종은 왕비의 아들로 태어나 세자가 되었으나 모후를 일찍 잃었고 도중에 세자 자리를 노리는 세력의 위협을 받아야 했다. 그리고 자신의 재위 기간도 극히 짧았다. 명종은 왕비의 아들이었지만, 인종이 후계자 없이 사망하자 세자를 거치지 않고 왕위에 올랐다. 현종은 인조의 둘째 아들인 효종이 즉위하기 전에

● 대원군(大院君) : 왕이 아니면서 왕의 아버지가 된 사람을 높여 준 칭호.

태어났다.

가장 완벽한 즉위 과정을 가진 숙종에게는 권력의 정당성이 자연스럽게 확보되어 있었다. 애써 태조의 권위를 빌려 가면서까지 자신의 정치 권력을 보강해야 할 특별한 사정이 없었다.

그런 그가 왜 태조에 주목하고 열광하며 자신의 정치적 후광으로 활용했을까? 북벌이 현실적 의미를 잃어 가는 시대 상황도 한몫했지만, 그것만으로 태조를 재발견하려는 노력을 설명하기는 어렵다. 여기에는 17세기 조선 정치사의 굴곡이 자리하고 있다.

붕당, 공론의 부작용

왕조 국가에서 정치는 군주의 몫이었다. 도덕성을 갖춘 훌륭한 인물이 정치를 이끌고, 신하들에게는 그를 열심히 보필할 책무가 주어졌다. 세습 왕조에서도 그 원리는 다르지 않았다. 신하들이 무리 지어 정치를 논하는 행위는 금기였고, 때로는 정치적 숙청의 근거가 되었다. 후한 때 개혁을 요구하던 태학생* 대부분이 평생 관리가 될 수 없는 금고 처분을 받은 것이 바로 그 예이다.

그런데 송나라에 이르러 이에 대한 인식이 바뀌기 시작했다. 학문을 수련하여 자질을 갖춘 사대부라면 응당 정치에 참여하여 그 뜻을 펼쳐야 한다고 생각했다. 정계는 도덕을 갖춘 군자와 사리사욕을 추구하는 소인

●태학생(太學生) : 국립학교인 태학에서 공부하는 사람들.

으로 나뉘며, 군자는 군자끼리, 소인은 소인끼리 모여 붕당이 형성된다고 보았다. 군주의 역할은 소인을 멀리하고 군자를 등용하여 좋은 정치를 할 수 있도록 밀어 주는 것이었다. 이러한 인식은 성리학 보급과 함께 일반화되었다.

조선에서도 같은 인식 변화를 겪었다. 개국 초에는 물론 국왕이 주도하는 정치가 당연하게 여겨졌다. 그런데 극단적이고 일방적인 정치 형태를 보인 연산군이 반정으로 폐위되고 중종이 즉위한 뒤 송나라와 같은 붕당론이 고개를 들었다. 중종이 새로 발탁한 조광조 등 사림파는 당시 정계를 이끌던 사람들을 도덕적으로 비판하며 세력을 넓혀 갔다. 반정으로 즉위한 탓에 정치적 운신의 폭이 좁았던 중종은 새로운 세력을 키움으로써 이를 자신의 권력 기반으로 삼으려 했다. 그러나 사림파가 도리어 자신을 강력히 제약하자 이들을 일거에 숙청해 버렸는데, 이것이 '기묘사화'이다. 사화의 명분이 바로 붕당을 지어 국왕을 능멸했다는 것이다.

그러나 중종 말부터 정계는 사림파가 지나치게 급진적이었지만 그래도 진심이 있는 올바른 방향을 제시했다고 정당성을 인정하는 분위기로 바뀌었다. 많은 사람들이 그들과 학문적으로, 또는 혈연이나 교우 관계를 통해 연결 고리를 만들었고, 이를 통해 자신의 정체성을 확보했다. 이렇게 해서 학문과 정치를 병행하는 '사림(士林)'이라는 의식이 보편화되었다. 사람들은 저마다 군자로서 자신이 닦은 학문을 정치에 펼치고자 했다.

'공론(公論)'은 군자를 자처하는 신하들 다수에 의해 형성된 여론을 말한다. 국왕은 이제 공론을 적극 받아들여야 한다고 보았다. 신하들은 학문적 차이, 정치적 차이, 나아가 혈연과 교우의 차이 들이 얽히면서 붕당을 만들어 갔다. 붕당을 넘어서는 공론이 형성될 수도 있지만, 붕당의 입

장이 다를 경우 서로 자기 주장을 공론이라 우기며 정치 투쟁을 벌일 수
도 있었다.

일반적으로 조선에서 붕당이 형성된 시기는 선조 초 동서 분당을 시작
으로 삼고 있는데, 이는 이조정랑의 인사 문제를 둘러싸고 발생했다. 이
조정랑은 문관의 인사권을 쥔 이조의 정5품 관리이다. 인사 회의에는 국
왕과 이조의 판서, 참판, 참의만 참석하므로 정랑은 직접적인 인사권은
없었다. 하지만 인사 회의에 올라갈 후보자를 추천하는 데 큰 영향력을
행사했다. 이 때문에 '전랑(銓郎)'이라 부르기도 했다. 당연히 청렴하고 인
망이 높은 인물을 선임했는데, 이조정랑을 새로 임명할 때에는 그 중요
성을 감안하여 전임자가 후임자를 추천하는 방식을 취했다. 이를 '자대
(自代)'라 한다. 명예가 클 뿐더러 나중에 고위직으로 올라갈 수 있는 이른
바 '청요직(清要職)'이었다.

그런데 1575년(선조 8) 이조정랑의 후임자를 결정하는 과정에서 심의
겸과 김효원 사이에 갈등이 빚어졌다. 처음 김효원이 이조정랑으로 추천
되었을 때 이조참의 심의겸이 반대해 임명되지 못했다. 그러나 김효원은
나중에 다시 추천을 받아 결국 이조정랑이 되었다. 그리고 후임자로 심
충겸이 추천되자, 외척이 이조정랑을 맡을 수는 없다며 이를 거부했다.
심충겸은 심의겸의 동생이자 명종비 인순왕후 심씨의 동생이다. 명종 초
중종비 문정왕후 윤씨의 동생인 윤원형이 권세를 휘두르다가 숙청되었
고, 이후에는 명종비 가문의 위세가 컸다.

심의겸 형제와 김효원의 갈등이 커지면서 정계 사람들도 제각각 지지
하는 쪽이 갈렸다. 이를 두고 심의겸이 경복궁 서쪽에 살고 김효원이 동
쪽에 산 것에 빗대어 각기 '서인(西人)'과 '동인(東人)'이라 불렀다. 심의겸

은 외척이기는 했으나 사림으로서 명망이 높았다. 명종대 이래 정계에 포진하고 있던 선배 사림들은 심의겸과 교유가 깊었기에 그를 옹호했다. 하지만 상대적으로 젊은 사림으로, 외척의 정치적 영향력이 커지는 데 비판적이던 사람들은 김효원을 지지했다.

동인은 원칙을 강조했고 그만큼 공격적이며 비판적이었다. 당시의 기득권 세력이라 할 서인은 무난한 화합을 도모했기에, 처음에는 붕당으로서 모습이 뚜렷하지 않았다. 그러나 점점 강도를 더해 가는 동인의 공격에 맞서면서 서인 또한 붕당의 면모를 갖추어 나갔다. 붕당의 폐해를 우려한 이이가 이들의 대립을 막기 위해 조정에 나섰으나 오히려 동인의 공격을 받는 처지가 되었다. 결국 이이는 본인의 뜻과 무관하게 서인의 구심점이 되었다.

1589년(선조 22) 정여립이 반란을 꾀한 사건이 일어나며 정계에 폭풍이 몰아쳤다. 정여립은 본디 서인이었다가 동인으로 옮긴 인물이다. 당시 서인의 핵심으로 정국을 이끌던 정철은 이 문제를 엄하게 다스렸다. 그러던 중 왕에게 세자 책봉을 건의했다가 동인의 공격을 받아 실각했다. 권력을 잡은 동인은 정철을 처벌하는 문제를 두고 강경파와 온건파로 나뉘었는데, 조식과 서경덕의 제자를 중심으로 한 강경파가 북인(北人), 이황의 제자를 중심으로 한 온건파가 남인(南人)이 되었다.

임진왜란을 겪은 뒤에는 일본에 대해 강경책을 견지하며 의병 활동에도 큰 공을 세운 북인이 정계를 이끌었다. 북인은 선조의 후계자 문제를 두고 그 사이 세자가 된 광해군을 지지하는 대북(大北)과 인목왕후가 낳은 영창대군으로 세자를 교체해야 한다고 생각한 소북(小北)으로 나뉘었다. 우여곡절 끝에 광해군이 즉위하면서 소북은 숙청되고 대북이 정권을 잡았다. 그러나 영창대군을 죽이고 인목대비를 유폐한 일을 계기로 서인과 남인이 합세하여 광해군 정권을 무너뜨렸다. 이와 함께 대북도 실각했다. 이렇게 하여 인조대 이후 정계는 서인의 주도 아래 남인이 협력하는 형태로 전개되었다.

선조대 이후 급속하게 붕당이 형성, 분화된 것은 누가 공론을 주도할 것인가에서 비롯되었다. 기묘사화를 계기로 군자와 소인을 구분하는 의식이 날카로워지고 저마다 군자를 자처하면서 붕당 형성의 조건을 갖추었다. 군자로서 시대 과제에 정당성을 갖춘 논의를 제기하고 실현해 나간다는 의식이 뚜렷해졌다. 이러한 의식은 학문 내용과 학맥 차이와도 밀접히 연결되었다. 상황 인식과 대안 제시에서 의견이 나뉘고 여기에 군자와 소인을 나누는 의식이 첨가되자, 저마다 자신이 군자이며 자신의 주장이 공론이라고 내세웠다. 그럴수록 다른 의견을 배척하는 경향이 두드러졌다.

처음 동인과 서인의 분열은 명종대 이래 외척 중심의 정치 상황을 청산해야 한다는 의식에서 비롯되었다. 정계의 중심에 있던 사람들은 대개 명종대부터 정계에 진출했기 때문에 이러한 원론에 미온적이었다. 사림의 신망이 높던 심의겸을 외척이라는 이유로 배척하는 것도 내키지 않았다. 반면 젊은 사림들은 명종대의 정치적 유산에 구애되지 않았기 때문에 자신들의 주장이 공론으로서 정당성이 있다고 믿어 의심치 않았다. 그래서 자신을 비판하는 사람들에게 강하게 반발했다.

그러나 동인과 서인의 분열은 붕당의 연원으로 설명될 수는 있지만, 정치적으로 크게 대립한 수준은 아니었다. 실제 붕당은 정여립 모반 사건을 다루는 과정에서 현실화되었다. 동인의 최영경이 모반 사건의 주모자로 지목된 길삼봉이라는 의혹이 제기되었고, 조사를 담당하던 정철이 최영경을 문초하던 중 그가 옥사하는 사건이 일어났다. 이를 '기축옥사'라 한다. 이로 인해 감정이 크게 상한 동인은 2년 뒤 정철이 선조에게 광해군을 세자로 책봉하기를 건의했다가 선조의 노여움을 산 것을 빌미로 집중 공격을 퍼부었다. 이 일로 동인과 서인의 반목이 심해졌고, 동인은 서인에 대한 대응 과정에서 남인과 북인으로 나뉘었다. 그리고 후계자 문제로 북인이 다시 대북과 소북으로 나뉘는 상황으로 치달았다.

이처럼 붕당 문제는 신하들이 공론을 통해 정치를 주도하게 된 상황과 깊이 관련되어 있다. 국왕의 정통성에 약점이 드러난 선조대에 붕당이 부각된 것도 이 때문이다. 인조반정 이후 정계를 함께 구성한 서인과 남인은 소인의 무리인 대북을 청산한 군자라는 의식으로 공존을 함께 이어 갔지만, 이 역시 권력과 관련된 문제가 개입될 경우 언제든지 깨질 수 있었다. 이를 현실로 보여 준 계기가 바로 예송이다.

예송, 신하를 믿지 않는 국왕

예송은 아들 및 며느리에 대해 상복을 얼마나 입어야 하는가에 대한 이해 차이를 드러낸 것이었다. 여기에는 16세기 말부터 활발히 전개된 예학, 곧 예법에 대한 학문적 탐구가 밑바탕이 되었다. 예법이란 한마디로 사람 사이의 관계를 형식과 행동을 통해 표현하는 것을 말한다. 세상의 모든 사람은 저마다 자리가 있고, 서로 조화로운 관계 속에 사는 것이유학의 기본 이념이었다.

이를 잘 보여 주는 것이 삼강오륜이다. 오륜은 사회에 존재하는 사람 사이의 관계를 다섯 가지로 분류하고 각각의 관계를 원만히 유지하기 위해 필요한 덕목을 제시한다. 임금과 신하 사이에는 의리가 있어야 하고(군신유의), 어버이와 자식 사이에는 친함이 있어야 하며(부자유친), 부부 사이에는 구분이 있어야 하고(부부유별), 어른과 아이 사이에는 순서가 있어야 하며(장유유서), 친구 사이에는 믿음이 있어야 한다(붕우유신)는 것이다. 이 가운데 앞 세 가지에 대하여 상하 관계의 관점에서 해석한 게 곧 삼강이다. 신하는 임금을 따라야 하고(군위신강), 자식은 어버이를 따라야 하며(부위자강), 아내는 남편을 따라야 한다(부위부강)는 것이다. 이렇게 관계에 맞게 분수를 지켜야 조화롭고 이상적인 사회가 이루어진다고 보았다.

예법은 이러한 관계를 직접 표현하는 것이기 때문에 그만큼 중요했다. 이것이 가장 뚜렷하게 나타나는 부분이 상례였다. 죽은 사람과 그를 위해 복을 입는 사람의 관계가 상복의 종류와 기간에 고스란히 드러나기 때문이다. 이는 지금 생각하듯 허례허식이 아니라 당시 사회를 운영하는 기본 지침이었다.

조선에서 예법을 이해하는 보편 기준은 《가례》였다. 이는 주자 가문에서 행한 예법을 바탕으로 모든 가문에서 행해야 할 관혼상제의 기본 예법을 정리한 책이다. 우리나라에는 고려 말에 들어와 보급되었고 조선의 예법에서도 가장 기본 지침이 되었다. 그러나 이것만으로 예법에 관련된 모든 상황을 소화할 수 없었고, 때로는 고유 예법과 맞지 않는 내용도 많았다. 《가례》에서 규정한 결혼 예법의 하나인 묘현(廟見)은 우리나라에서는 거의 행해지지 않았고, 친영*도 드물었다. 우리나라에서는 전통적으로 신부 집에서 혼례를 치르고 신방을 차리는 게 관례였기 때문이다.

이밖에 함께 운용되는 예법의 지침이 두 가지 더 있었다. 하나는 '고례(古禮)'이다. 고례는 중국 고대에 정리된 예법을 통틀어 말한다. 오경(五經)의 하나인 《예기》를 비롯해 《의례》 같은 책이 있고, 여러 경서에 예법에 대한 내용이 담겨 있었다. 《가례》 또한 이러한 고례를 토대로 주자가 살던 시대에 맞게 정리한 책이다.

다른 하나는 '시왕지제(時王之制)'이다. 쉽게 말해 현재 사회에 실제 적용하는 예법을 말한다. 유교 이념에서 고례가 이상적이라고는 하지만, 나라도 다르고 풍속도 다르며 시대도 다르기 때문에 각기 저마다의 사정에 맞는 제도가 있게 마련이다. 그러므로 고례를 지향한다 하더라도 시왕지제가 먼저 적용되는 것은 한편으론 당연한 일이다.

조선에서 시왕지제는 《경국대전》과 《오례의》였다. 여기에는 고려 이래의 전통과 유교 이념이 혼재된 형태로 예법이 정리되었다. 중국의 예법에서는 상복을 입지 않는 어머니의 자매, 곧 이모에 대해 조선에서는 1년의 복을 입도록 했다. 우리나라 결혼 습속이 중국과 달랐기 때문이다. 중국에서는 남자가 여자를 맞이해 결혼하므로 결혼과 함께 친정과 분리된다. 따라서 이모를 볼 기회가 거의 없어 남과 같이 여겼고, 상복도 입지 않았다. 그런데 우리나라에서는 전통적으로 남자가 여자 집에 가서 결혼하고 그곳에서 아이를 낳고 이들이 자랄 때까지 살다가 분가하는 것이 보통이었다. 그곳에서 이모는 같이 사는 가족일 뿐만 아니라 어머니 다음으로 친한 사람이기도 했다. 그래서 1년 복을 입도록 한 것이다.

서인과 남인은 예법에서 무게를 두는 바가 달랐다. 서인은 《경국대전》

● 친영(親迎) : 직접 부인을 맞이해 오는 것.

을 중심으로 시왕지제를 중시해《경국대전》의 예법을 우선 적용하는 데 문제를 느끼지 않았다.《경국대전》의 예법에서는 국왕과 신하를 나누지도 신분을 구분하지도 않았다. 그래서 서인은 왕실이나 사대부, 서민들이 모두 같은 예법을 따르는 것이라 이해했다.

그러나 남인은 달랐다. 그들은 중국 고대의 예법 연구에 매진했고 그 예법을 우리 사회에 적극 채용하고자 했다. 그리고 예법 적용에서 왕실은 일반인들과는 달라야 한다고 보았다. 가문의 계승이라는 면과 더불어 왕위 계승이라는 특수성이 있기 때문이었다.

예법 이해에 차이를 가진 서인과 남인 사이에 예송이 발생한 것은 예송이 왕실의 문제이거니와 효종이라는 국왕의 정통성에 대한 이해와 결부되었기 때문이다. 조대비가 효종에 대해 입은 1년 복은 고례가 어떠했든《경국대전》의 시왕지제를 따랐기 때문에 논란의 여지가 없었다. 그런데 고례에도 부합되는 사례가 있다며 사종설을 덧붙인 게 화근이 되었다.

두 번째 예송, 곧 갑인예송 때 조대비의 복을 1년에서 9개월로 변경한 것은 쉽게 납득하기 어려운 상황이었다. 사종설은《경국대전》보다 고례를 우선하는 남인의 주장을 반박하기 위해 나온 논리였지만, 인선왕후의 상례를 담당한 예관들은 사종설을《경국대전》보다 우선하는 규정으로 생각하는 오류를 범했다. 효종을 둘째 아들로 생각하는 것 자체는 크게 문제될 게 없지만, 인조의 후계자가 누가 되는 게 맞느냐에 이르면 사태는 심각해진다.

《경국대전》에서는 아들에 대한 복에서 장자와 중자를 구분하지 않았다. 하지만 그 부인, 곧 며느리에 대해서는 구분을 두었다. 장자처(큰며느리)에 대해서는 가문의 계승에서 가지는 지위를 인정했기 때문이다. 그런데 인선왕후를 중자처로 보면 소현세자의 부인 곧 강빈이 장자처로 간주된다. 이는 강빈의 아들이 왕위를 이어야 한다는 의미로 연결되고, 이는 다시 효종의 즉위가 잘못되었다는 의미를 낳게 된다. 더구나 소현세자의 막내아들이 살아 있는 한, 현 국왕인 현종이 왕위를 계승한 부분도 문제가 있다는 주장으로 얼마든지 번질 수 있었다. 보기에 따라서는 반역으로 간주될 상황이다.

이에 대해 해명을 요구하는 현종에게 대신들은 누구도 답하지 못했다. 서둘러 송시열의 자문을 구하려 했으나, 이는 타는 장작에 기름을 끼얹는 격이 되었다. 현종은 신하들이 국왕을 무시하고 송시열의 주장에 휘둘려 자신을 속였다고 받아들였다. 그리고 선왕 효종의 은혜를 저버리고 송시열의 사종설에 붙었다며 대신들을 몰아붙였다. 할 말이 없어진 대신들과 문제의 빌미를 제공한 송시열은 현종의 처분만 기다려야 했고 결국 유배에 처해졌다. 이 와중에 현종이 갑자기 사망했다. 확언할 수는 없으나 예송의 충격과 분노와 무관하지 않았던 것 같다.

14세의 나이로 즉위한 세자(숙종)는 아버지의 분노와 죽음을 지켜보았고, 신하들에 대한 큰 불신을 안고 정치를 시작했다. 예송의 책임자인 서인에 국한하지 않고 신하들이 공론을 내세우며 국왕을 흔드는 것 자체에 심한 반감을 가졌다. 한편 대비가 된 명성왕후는 어린 숙종의 왕위에 대한 도전을 우려했다. 예송으로 효종의 직계들이 왕위를 계승하는 것에 대해 부정할 수 있는 논리가 표출되었기 때문이다. 이를 막기 위해 미리 불안의 싹을 자르고자 했다. 신하에 대한 깊어진 불신, 그리고 흔들린 왕통을 안정시켜야 하는 과제가 숙종 앞에 놓였다. 격렬한 정치적 지각 변동을 예고하는 조짐이었다.

환국, 공론에 대한 숙종의 반격

숙종대, 특히 전반기의 정치 변동은 거듭된 환국에서 그 특징을 찾을
수 있다. 급격한 정국 전환을 의미하는 환국은 붕당 사이에 대대적인 숙
청과 보복을 수반했다. 보편적 공론의 형성이 아니라 특정 붕당이 공론
을 독점하는 상황이 빚어졌다. 각 분당의 대립과 투쟁이 환국기 정치사
를 바라보는 시각이었다. 그러나 그 뒤에는 국왕 숙종이 있었다. 환국은
정국 개편을 통해 정치적 주도권을 강화하려는 숙종의 의도에 따라 진행
되었다. 환국이 반복되면서 그 성향은 더욱 짙어졌다.

갑인예송으로 남인이 집권한 것은 그 예고편이었다. 서인의 정신적 지
주였던 송시열과 정계의 구심점이었던 영의정 김수흥이 잘못된 예론의
책임을 지고 유배되었다. 김수흥의 동생인 김수항과 숙종의 외삼촌인 김
석주, 인경왕후의 아버지 곧 숙종의 장인인 김만기 등 서인에 속하는 여
러 인물이 정계에 남아 있었지만, 정국 운영은 허적을 중심으로 남인이
이끌었다. 대비 명성왕후는 서인 가문 출신으로 서인에 우호적이었지만,
갑인예송 이후 서인을 크게 불신하던 숙종을 무시하고 서인을 두둔할 수
는 없었다. 다만 동생 김석주를 통해 서인이 재기할 수 있는 기회를 확보
하고자 했다.

1680년(숙종 6) 그 기회가 찾아왔다. 남인 영수 허적은 당시 조부에게
시호를 내린 날을 기념하는 잔치를 베풀면서 정계의 주요 인사들을 초대
했다. 그런데 이 자리를 이용해 남인이 김석주와 김만기 등 왕실과 인척
인 서인의 핵심 인사들을 암살하려 한다는 유언비어가 돌았다. 이에 의
혹을 품은 김석주는 참석하지 않았고 김만기만 연회에 참석했다. 연회

당일 비가 오자 숙종은 왕실에서 쓰는 천막을 보내 주도록 했는데, 이미 허적이 가져간 뒤였다.

청년기로 접어들면서 국왕으로서 뚜렷한 의식을 갖추기 시작하던 숙종은 남인이 자신의 권위를 넘어서려 한다고 생각하며 견제하려 했다. 과거 중종이 조광조 일파를 숙청한 상황과 비슷했다. 기회가 왔다고 생각한 김석주는 허적의 서자인 허견이 역모를 꾀한다고 고변했다.

이 고변은 '삼복(三福)의 난'으로도 알려져 있다. 삼복이란 인조의 셋째 아들 인평대군의 세 아들 복창군·복선군·복평군을 말한다. 소현세자의 아들들이 제거된 상태에서 현종과 숙종이 모두 외아들인지라, 이들은 인조의 후손으로서 국왕과 가장 가까운 친척이었다. 삼복은 현종 때부터 궁궐에 자주 출입하며 숙종과 긴밀한 친분을 쌓았다. 그러나 이들은 뒤집어 생각하면 숙종을 왕위에서 밀어낼 경우 그 자리에 가장 먼저 들어갈 수 있는 인물들이었다.

김석주는 이들이 허견과 결탁하여 역모를 꾀했다고 보고했다. 이 사건은 김석주가 조작했거나 유도했다는 의혹도 있었다. 숙종을 위협할 수 있는 존재를 아예 없애려는 대비의 의중에 따른 조치였다는 것이다. 삼복과 허견은 결국 역모 혐의로 모두 처형되었다. 허적은 처음에 사실을 몰랐다는 이유로 극형은 면했지만, 뒤에 역적 아들을 엄호했다는 이유로 역시 사사되었다. 이 사건을 계기로 숙종은 남인들을 대거 축출하고 다시 서인을 등용했다. 이 사건이 바로 '경신환국'이다.

이로써 서인이 다시 정계에 등장하고 송시열도 유배에서 풀려났다. 대비는 고향으로 내려가려던 송시열을 붙잡았다.

송시열은 왕실의 권위를 높이는 일에 전념했다. 이는 그가 평생 연구해 온 예학을 실현한다는 의미도 있었지만, 그 이면에는 그동안 자신에게 씌워진 혐의를 벗기 위한 의도도 있었다. 유배에서 풀려나면서 사종설을 유포해 효종을 깎아내렸다는 혐의도 벗은 듯 보였지만, 송시열은 근본적으로 자신에게 그러한 의도가 없었음을 입증하고자 했다. 효종을 세실로 정하고 태조의 시호를 추상한 것은 모두 그 산물이었다. 숙종은 이러한 움직임을 적극 수용하며 자신의 권위를 다지는 데 활용했다.

그러나 숙종은 국왕의 권위를 높이는 논의는 크게 반기면서도 신하들에 대한 불신을 거두지 않았다. 태조의 영정을 모사하는 과정에서 신하들이 시호 추상 때와 사뭇 다른 태도를 보이면서 다시 의심이 커졌다. 신하들이 국왕인 자신보다 송시열의 주장을 중시한다고 생각하게 되었다. 그것은 효종의 위상보다 송시열의 사종설에 휘둘려 잘못된 예론을 정했다는 갑인예송의 혐의를 다시 불러일으켰다.

숙종은 국왕과 그 계승자에 대해 신하들이 왈가왈부하는 태도를 결코 용납하지 않았다. 그것은 인조의 계승자로서 효종의 위상을 확고하게 정립한 부분과 맥을 같이한다. 당시 숙종에게는 왕비 소생의 아들이 없었기 때문에 후계자 선정은 첨예한 정치적 문제로 비화될 우려가 높았다. 숙종이 소의 장씨가 낳은 아들을 원자로 삼을 뜻을 보이면서 우려는 현실로 다가왔다.

숙종과 두 번째 왕비 인현왕후의 나이가 아직 젊은 상황에서 후궁 소생의 아들을 원자로 삼는 것에 대해 신하들은 강하게 반대했다. 그러나 숙종은 원자 결정을 보류하라는 신하들의 요구를 단칼에 묵살했다. 그러자 송시열이 나서서 숙종을 비판하는 글을 올렸다. 그 내용은 두 가지로 요약된다. 하나는 원자를 정하는 시기가 너무 빠르다는 것, 다른 하나는 서인이 조선의 도통을 이어 가고 있다는 것이었다.

송시열의 글은 서인이 공론을 담당하고 있으며, 원자 결정을 보류하는 것은 공론이므로 국왕도 따라야 한다는 의미였다. 다시 말해 자신을 중심으로 한 서인이 세도(世道)를 담당한다는 선언이었다. '세도'란 유교 정치 이념에서 세상을 이끄는 법도를 말한다. 이상적인 시대로 평가되는 삼대*에는 군주가 세도를 이끌었지만, 이후 세상이 타락하면서 공자 이래 신하에게 세도가 내려왔다고 보았다. 따라서 이상적인 시대로 복귀하기 위해서는 군주가 학문을 닦으며 세도를 담당한 신하들이 제시하는 공론을 따라야 한다는 입론이 수립되었다.

효종은 송시열과 독대를 가지면서 자신의 사후에도 북벌을 수행하라고 당부하는 한편 그에게 세도를 위임했다. 송시열은 숙종에게 이를 환기시키면서 원자 결정을 보류하기를 청했다. 그러나 숙종은 이 상소를 국왕에 대한 도전으로 간주했다. 후계자 선정은 온전히 국왕의 뜻이라는 것이었다. 인조가 소현세자 사후 원손을 제쳐 두고 봉림대군을 세자로 정할 때에도 신하들과 협의하거나 공론을 기다리지 않은 채 국왕 스스로 결단했다. 숙종은 이 경험을 내세우며 신하들이 왕위 계승에 간여하는 움직임을 사실상의 반역으로 간주했다.

숙종은 더 이상 신하들이 공론을 내세우며 국왕을 압박하는 행위를 그냥 놔두지 않았다. 송시열과 서인의 영수 김수항을 사사하고 서인을 대대적으로 숙청했다. 그리고 남인을 다시 등용했는데, 이것이 기사환국이다. 실제 역모가 아니었음에도 원자 결정을 비판했다는 이유만으로 주요

●삼대(三代) : 하·은·주의 이상 정치가 구현되던 시기.

인사를 사사한 것은 대단히 감정적인 반응이었지만, 그만큼 신하들의 공론에 휘둘리지 않겠다는 의지의 표현이기도 했다.

결국 송시열의 주장은 숙종의 거친 반격을 부른 것이다. 그러나 다시 집권한 남인도 숙종의 원칙을 정확히 인지하지 못했다. 기사환국이 일어나고 5년 뒤 서인의 일부 인사가 폐출된 인현왕후의 복위를 청원하는 운동을 시작했다. 남인은 이를 빌미로 옥사를 확대해 서인을 확실히 타도하려 했지만, 예상과 달리 숙종의 더 강한 반발을 불러왔다. 왕비를 들이고 쫓아내는 문제 또한 국왕 몫이었다. 그런 일에 신하들이 나선 것은 앞서 서인이 원자 결정에 개입한 것과 같은 행위였다. 남인에게 반감이 생긴 숙종은 다시 남인을 숙청하고 서인을 등용하는 환국을 단행했으니, 이것이 갑술환국이다.

이렇게 재위 전반기 20년 동안 숙종은 세 차례의 환국을 단행했다. 수많은 신하들이 사약을 받았고 인현왕후는 폐출과 복위라는 굴곡을 겪었다. 서인의 상징이었던 이이 역시 문묘에 종사되었다가 출향되고 다시 복구되는 굴곡을 겪었다. 더 이상 공론에 일방적으로 끌려가지 않기 위한 특단의 조치였지만, 합리적이지도 공정하지도 않은 정치 행위에 정치적 부담만 커져 갔다. 누가 봐도 숙종의 변덕과 자의적인 권력 행사였다. 이를 합리화하고 이후 정치 과정을 무난히 이끌기 위해서는 사실상 위력을 잃은 공론을 대신할 강력한 권위의 상징이 필요했다. 그것이 바로 태조였다.

태조는 창업주로서 천명을 받아 숱한 고난과 도전을 이겨 내고 왕조를 열었다. 태조는 왕조와 같은 의미였다. 그 왕조에서 벼슬살이를 하는 신하들은 모두 그 권위에 복종해야 했다. 그것은 태조의 후계자로서 군림

하는 현 국왕에 대한 복종을 의미했다. 숙종은 태조를 내세워 절대적인 권력을 확보하고 정치를 주도해 나갔다. 이제 신하들의 의견을 묻는 것은 그들의 보편적 의사를 따르겠다는 뜻이 아니라, 자신의 의지에 맞는 논리를 개발하고 이에 대한 신하들 전반의 동의로 포장하기 위해서 거치는 절차에 불과했다.

숙종은 이를 자신의 치세뿐만 아니라 후계자의 시대로 이어 가고자 했고, 태조 및 창업 사적에 대한 지속적인 정비와 기념을 통해 그 정당성을 환기시켰다. 숙종의 계승자인 영조, 그리고 그를 이은 정조도 태조 및 창업 사적 정비를 더욱 확대해 나갔다.

부왕의 정당한 후계자임을 과시하고자 한 영조에게 숙종의 정치에 강력한 힘을 부여했던 태조의 상징성은 적지 않았으며, 사도세자 사후 영조에게 철저한 후계자 수련을 받은 정조 역시 그 궤적에서 벗어나지 않았다.

이제 태조는 조선의 창업주로서 조선 왕조에서 누구도 부정할 수 없는 절대 권위를 상징했다. 그리하여 태조의 후계자인 현 국왕은 신하에 대해 절대적으로 우월한 지위를 가질 수 있었다. 이러한 권위를 바탕으로 국왕은 체제 정비를 통해 중흥을 표방했으며, 자신의 통치를 민생 안정을 먼저 내세웠던 선왕의 정치를 계승한 것으로 포장했다.

이처럼 숙종이 되살린 태조는 영조와 정조의 정치에 권위를 부여했고, 숙종 자신은 태조의 권위를 매개로 현실 정치의 모범으로 확립되었다. 영조와 정조에게 숙종은 또 하나의 '태조'로 자리하고 있었던 것이다.

■ 이 책 내용의 기반이 된 필자의 연구논문

「조선 世祖代『訓辭』편찬의 정치사상적 의미」,『韓國學報』108, 2002

「숙종대 端宗 追復의 정치사적 의미」,『韓國思想史學』22, 2004

「英祖의 三相 追復과 '善述' 이념: 영조 정치사상의 일 단면」,『韓國學報』116, 2004

「正祖代 端宗 事蹟 정비와 '君臣分義'의 확립」,『韓國文化』35, 2005

「18세기 景福宮 遺址의 행사와 의례: 영조대를 중심으로」,『서울학연구』25, 2005

「조선시대 魂殿 운영에 대한 기초적 정리」,『奎章閣』28, 2005

「숙종대『聖學輯要』進講의 경위와 의미 : 숙종 정국운영의 일 단면」,『南冥學研
　　　究』21, 2006

「숙종대 太祖 諡號의 追上과 政界의 인식 : 조선 創業과 威化島回軍에 대한 재평
　　　가」,『東方學志』134, 2006

「正祖의 本宮 祭儀 정비와 '中興主' 의식의 강화」,『韓國史研究』136, 2007

「조선후기 開城 潛邸舊基의 표장과 국왕의 인식:숙종·영조대를 중심으로」,『조선
　　　시대 문화사(상):문물의 정비와 왕실문화』一志社, 2007

「숙종 14년 太祖 影幀 模寫의 경위와 政界의 인식」,『韓國史研究』141, 2008

「영조의 慶熙宮 改號와 移御의 정치사적 의미 : 思悼世子 賜死와의 상관성에 대한
　　　분석」,『서울학연구』34, 2009

「太祖代 貞陵 건설의 정치사적 의미」,『서울학연구』37, 2009

「숙종대 神德王后 本宮 追祔 논의와 本宮 인식의 변화」,『韓國史學報』37, 2009

「18세기 '단종제신' 포장의 확대와 '生六臣'의 성립」,『역사문화연구』36, 2010

「19세기 '端宗諸臣' 褒獎과 事蹟 정비:純祖代 前半期를 중심으로」,『史學研究』99,
　　　2010

「숙종 후반기 北道 사적 인식과 정비 논의」,『역사와경계』76, 2010

「세종 초 上王(太宗)의 궁궐경영과 그 정치적 의미 : 壽康宮·豊壤離宮을 중심으
　　　로」,『서울학연구』41, 2010

「宣祖 후반~光海君 초반 궁궐 경영과 '慶運宮'의 수립」,『서울학연구』42, 2011

「광해군대 궁궐 경영과 '新闕'의 영건:慶德宮의 영건과 성격 변화를 중심으로」,

『서울학연구』 43, 2011

「仁祖 전반기의 舊闕(昌慶宮)의 중건과 궁궐 경영:『承政院日記』 인조 임어 기사의
　　분석」, 『韓國文化』 55, 2011

「仁祖代 '塞門洞王氣' 說 생성의 정치사적 의미:慶德宮의 역사적 연원에 대한 고
　　찰」, 『서울학연구』 48, 2012

「肅宗 45년, 국왕의 耆老所 입소 경위와 그 정치적 함의:세자(景宗) 代理聽政의 명
　　분적 보강」, 『역사문화연구』 43, 2012

「英祖의 '中興' 인식과 '祛黨'의 모색」, 『歷史와實學』 48, 2012

「태종 18년 開城 移御와 한양 還都의 정치사적 의미: 讓寧大君 세자 폐립과 세종
　　즉위과정에 대한 공간적 이해」, 『서울학연구』 50, 2013

「세종 3년 上王 太宗의 漢陽都城 改築의 정치사적 의미」, 『鄕土서울』 83, 2013

■ 사진자료 출처

문화재청

25쪽 연주암 효령대군의 영정 | 27쪽 세종대왕 태실 | 39쪽 인조별서구기 | 48쪽 효종이 송시열에게 내려 준 초구 | 89쪽 박태유 필적 | 101쪽 이황의 사당인 도산서원 상덕사와 그 내부 | 119쪽 영조의 영정 | 183쪽 숙종과 인현왕후의 명릉 | 220쪽 이경석 궤장 및 사궤장연회도첩 | 226쪽 성석린 왕지 | 273쪽 동궐도와 서궐도안 | 283쪽 친림광화문내근정전정시시도 | 333쪽 화성행행도 | 334쪽 영괴대비

고적도보

31쪽 선죽교와 선죽교비 | 42쪽 남한산성 전경 | 43쪽 삼전도비 | 62쪽 종묘의 정전과 내부 | 72쪽 환조 이자춘의 정릉과 의혜왕후 최씨의 화릉 | 116쪽 영희전 | 129쪽 개성의 목청전 | 145쪽 건원릉비 | 152쪽 건원릉 | 166쪽 영흥본궁 정전 전면과 내부 | 179쪽 성균관 대성전 동무 | 204쪽 석왕사 전경과 용비루

한국학 중앙연구원 장서각

35쪽 황산대첩비 탁본 | 132쪽 경덕궁비계영경지비와 경덕궁비계영경지비 탁본 | 214쪽 독

서당구기비 탁본 | 288쪽 정해친잠비 탁본 | 299쪽 풍양구궐비와 비각 | 305쪽 독서당과 치마기 탁본 | 308쪽 경흥부적지기적비 음기 | 312쪽 조선어필성적비 탁본 | 313쪽 독서당구기비 탁본 | 314쪽 치마대구기비 탁본 | 315쪽 치마기 탁본

박물관

55쪽 명성왕후가 송시열에게 내려 준 간찰(국립청주박물관) | 98쪽 왕건 동상(국립중앙박물관) | 106쪽 경기전과 준원전의 태조 영정(국립전주박물관) | 108쪽 집경전구기비와 집경전구기도(국립전주박물관) | 110쪽 원종이 쓴 맹자언해(서울서예박물관) | 146쪽 도성대지도(都城大地圖)의 취현방(서울역사박물관) | 173쪽 김수항과 그의 아들 김창업이 그린 송시열 초상 초본(국립청주 박물관) | 198쪽 유린청과 현표(국립중앙박물관) | 209쪽 정선의 함흥본궁송(국립중앙박물관) | 210쪽 함흥본궁과 준원전의 도형(국립전주박물관) | 212쪽 함흥본궁 소장 태조의 활과 화살(국립전주박물관) | 242쪽 어첩봉안도와 숭정전진하도(국립중앙박물관) | 243쪽 경연당석연도와 봉배귀사도(국립중앙박물관)

기타

45쪽 심관구지도(全州李氏大同宗約院, 『朝鮮의 胎室』) | 76쪽 공민왕과 노국공주의 현릉(『북한의 문화재와 문화유산』4) | 118쪽 『선원보략』에 실린 세조와 원종의 영정(全州李氏大同宗約院, 『朝鮮의 胎室』) | 135쪽 개성의 후릉(全州李氏大同宗約院, 『朝鮮의 胎室』) | 148쪽 도성삼군문분계지도(서울대학교 규장각) | 153쪽 1900년대의 광통교와 복원공사 당시 정릉의 병풍석(중앙문화재연구원, 『다시 찾은 청계천』) | 161쪽 동여도의 간동 부분(서울대학교 규장각) | 166쪽 당태종의 소릉에 있는 육준의 여섯 번째(陝西省博物館) | 261쪽 정선의 경복궁도(서울학연구소 『서울의 옛 그림』) | 270쪽 어제칙유원량(서울대학교 규장각) | 290쪽 구궐진작도(홍익대학교) | 318쪽 『영흥본궁의식』에 수록된 〈영흥본궁도〉(서울대학교 규장각)

★ 여유당출판사에서는 이 책에 실린 사진에 대해 저작권자의 허락을 받기 위해 최선을 다했습니다. 혹시 내용이 빠졌거나 잘못 기록된 부분이 있으면 연락주시기 바랍니다. 출판 관행에 따라 신속하게 처리하겠습니다.